Heinz Joachim Müller

Mut zur Familie

Offene Gemeinde

Band 33

Herausgegeben vom Institut der Orden
für missionarische Seelsorge
und Spiritualität, Frankfurt/Main

Heinz Joachim Müller

Mut zur Familie

Hilfen für die Verkündigung
Reflexionen —
Predigtvorlagen — Fürbitten

Meinen Eltern und
Geschwistern

CIP-Kurztitelaufnahme
der Deutschen Bibliothek

Müller, Heinz Joachim
Mut zur Familie:
Hilfen für die Verkündigung, Reflexionen, Predigtvorlagen, Fürbitten.
Heinz Joachim Müller.
Limburg: Lahn-Verlag, 1979.
(Offene Gemeinde; Bd. 33)
ISBN 3-7840-1036-9

Mitglied der Verlagsgruppe Engagement.
Umschlaggestaltung: Jürgen Borgers, Pallottinerdruck.
Gesamtherstellung: Pallottinerdruck
und Lahn-Verlag GmbH, Limburg.

ISBN 3-7840-1036-9

Inhalt

Einführung – Zur Zielsetzung dieses Buches

Die in diesem Buch vorgelegten Predigten sind aus einem Predigtzyklus über das Thema Familie entstanden. Sie wurden auf Wunsch des Herausgebers der Reihe »Offene Gemeinde«, dem der Verfasser hiermit seinen Dank für die Veröffentlichung ausspricht, erweitert, mit anthropologischen und pastoraltheologischen Überlegungen und mit Fürbitten versehen.
Die Familie ist in Theologie und Seelsorge neu entdeckt worden. Das zeigt sich in zahlreichen, z. T. hervorragenden Bildungsangeboten in Ehevorbereitung und Ehe- und Familienbegleitung. Die Erfahrung lehrt jedoch, daß sie relativ wenig in Anspruch genommen werden. Andererseits nimmt immer noch ein hoher Prozentsatz der Christen an den sonntäglichen Gottesdiensten teil. Sie kommen nahezu ausnahmslos aus Familien. Es sind Eheleute, Väter und Mütter, Kinder und Jugendliche aus familiärem Milieu. Es sind Verwitwete, Geschiedene, Alleinstehende, die eine Familie hatten und sie vielleicht schmerzlich vermissen. Sie haben Fragen und Probleme, die sich auf Ehe und Familie im weiten Umfang dieser Thematik beziehen. Mit Recht erwarten sie ein orientierendes und wegweisendes Wort.
Sollte die Chance des sonntäglichen Dienstes am Wort nicht mehr als bisher bewußt und gezielt für die Ehe- und Familienpastoral genutzt werden? Die hier angebotenen Materialien und Anregungen möchten dafür Hilfe anbieten.
Im ersten Teil wird der Versuch eines Situationsberichtes über die Familie unternommen. Der zweite Teil enthält zehn Predigten über die Familie. Ihnen sind jeweils einführende Reflexionen vorangestellt. Sie beanspruchen – wie auch der Situationsbericht – keine wissenschaftliche Tiefe und Ausführlichkeit, sondern sollen in kurzer Zusammenfassung der heutigen anthropologischen und theologischen Erkenntnisse den Hintergrund der zu behandelnden Themen aus-

leuchten. Der Akzent liegt dabei weniger auf dem, was problematisch ist und in Theorie und Praxis von vielen heute im Widerspruch zum herkömmlichen Verständnis von Ehe und Familie vertreten wird, als auf dem, was in Sacheinsicht und Glaube gewiß ist.
Die umstrittenen Materien werden nicht ausgeklammert; es wird dazu Stellung genommen. Doch wird in der Verkündigung nicht durch Problematisieren, sondern durch Aufweis der bleibenden Fundamente von Ehe und Familie »Mut zur Familie« gemacht.
Die Predigten sind für Predigtreihen, aber auch für die gewöhnliche Sonntagsverkündigung gedacht. Wenn sie als Ganze zu umfangreich erscheinen, können, so hofft der Verfasser, ihre Bauelemente auch einzeln oder in anderer Zusammenstellung verwendet werden. Sie sind als Versuch zu verstehen, das Wesentliche und Dringliche in einer hinsichtlich Inhalt und Gedankenfolge geordneten Zusammenstellung vorzulegen. So können sie auch als Unterlagen für Vorträge, Gesprächsrunden, Familienkreise und andere Arbeiten im Dienste von Ehe und Familie verwendet werden.
Die im Text eingefügten Literaturangaben verweisen auf Titel und Seitenzahl im Literaturverzeichnis. Es wurden möglichst leicht erreichbare Veröffentlichungen zitiert.
Die den Predigten beigefügten Fürbitten sollen die Zielsetzung der Predigten als Wort an die Familie im Rahmen des Gottesdienstes unterstreichen.

Heinz Joachim Müller

Erster Teil
Die Familie in der Verkündigung: Zur Situation

1. Die vergessene Familie

1.1 Erstaunliches und Notwendiges tut sich seit etwa 20 Jahren in Theologie und Seelsorge: die Entdeckung der Familie. Natürlich haben sich Theologen und Seelsorger auch früher dafür interessiert. Aber *es gab keine Familienseelsorge* im eigentlichen Sinne. Zwar hat es seit den Zeiten der neutestamentlichen Briefliteratur niemals an Ermahnungen zu einer christlichen Familie gefehlt. Die Adressaten waren jedoch die einzelnen in der Familie: die Eheleute, die Eltern und die Kinder. Die Pflichten der Familienmitglieder standen im Vordergrund, wobei im Laufe der Zeit immer mehr die sexualethischen Fragen an Bedeutung gewannen. Die Familie als Ganze stand nicht oder kaum im Blickpunkt. Es schien offenbar zu genügen, wenn die Ehe als ihre Voraussetzung gültig geschlossen war. Somit konnte auch von einer Theologie der Familie als der Grundlage einer Familienpastoral nicht die Rede sein, zumal erst seit dem 12. Jahrhundert die Sakramentalität der Ehe endgültig geklärt war und vertieftes theologisches Gedankengut in die Unterweisung der Eheleute eingebracht werden konnte.
Die relativ geringe Beachtung, die der Familie als Ganzer in der Seelsorge zuteil wurde, ist kein Beweis, daß ihre Bedeutung als erster Ort der Glaubensvermittlung geringgeschätzt wurde. Bis zur Einführung des Religionsunterrichtes vor etwa 200 Jahren hat die Familie – im Zusammenhang mit der Gemeindeseelsorge, soweit sie vorhanden war – den Hauptanteil an der Einführung und Einübung des Glaubens getragen. Dies erschien so selbstverständlich, daß es keiner weiteren Begründung bedurfte. In einer Zeit, da die christliche Umwelt noch stützender Faktor der patriarchalisch verstandenen Familie war, mochte eine solche »Familien-Katechese« genügen. Brauchtum und Gesetze sicherten die Werte und Normen des familiären Lebens auch im Glaubensbereich. Sie stabilisierten die religiöse Sozialisation des Kindes durch die Familie, die als bäuerliche und handwerkliche Großfamilie »den grundlegenden sozialen Handlungsrahmen« bildete, »in dem der einzelne aufwuchs und wo er seine Verhaltensnormen und seine Verhaltensmuster erhielt« (Greinacher 91).
Die Industrialisierung drängte die auf Besitz beruhende, bodenständige, stabile, weitgehend autarke und geschlossene Großfamilie zurück. An ihre Stelle rückte die auf Erwerbstätigkeit beruhende, mobile, fast total abhängige und außerfamiliären Einflüssen offene Kleinfamilie. Es zeigte sich, daß dieser heute vorherrschende Fami-

lientyp wenig geeignet ist, angesichts der Säkularisierung der Werte und Normen die Glaubensvermittlung zu gewährleisten.

1.2 Seitens der Seelsorge wurde darum versucht, neben der Familie christliche Sondermilieus zu schaffen, in denen der Glaube und christliche Lebenswerte weitergegeben werden konnten. Als geeignete Gruppen boten sich die Naturstände an. Ihnen wandte sich die Seelsorge seit dem 19. Jahrhundert gezielt und intensiv als *Naturstände-Seelsorge* zu. Männer, Frauen, Jungen und Mädchen wurden in jener grundlegenden Situation, die allen späteren gesellschaftlichen Situationen vorausgeht, erfaßt. Eine Fülle von Vereinen, Organisationen und Institutionen für Bildung, Freizeit und Fürsorge sollte den Angehörigen der Naturstände das nötige Rüstzeug verschaffen, mit dem sie als Gläubige in einer sich dem Glauben und der Kirche entfremdenden Welt bestehen konnten.
Die naturständische Pastoral hat Männer, Frauen und Jugendliche außerhalb des Familienlebens erfaßt. Sie hat nicht gegen die Familie pastoriert, hat sie aber seelsorglich geteilt, bis hin zu getrennten Plätzen beim Gottesdienst, zur »Standeskommunion« und zu Standesgottesdiensten. Die einzelnen Familienmitglieder wurden als Stände auf ihre Pflichten in der Familie hingewiesen, die Familie als Ganze wurde wenig als verantwortlicher Träger der Glaubensvermittlung dargestellt.
Es steht uns nicht zu, über diese Bemühungen um Bewahrung des Glaubens in einer Zeit zunehmender Entchristlichung und antikirchlicher Einstellung abfällig zu urteilen. Es war der Versuch einer zeitgemäßen Anpassung der Seelsorge. In vieler Hinsicht und bei vielen hat er den Ausfall familiärer Glaubensweitergabe wettgemacht. Er hat freilich auch dazu beigetragen, die Chancen der Kleinfamilie brachliegen zu lassen. Statt das neue partnerschaftliche Verständnis im biblisch-theologischen Sinne aufzugreifen und der Ehe und Familie zu einem vertieften Selbstverständnis und damit zu einer neuen Weise der Glaubenseinübung zu verhelfen, löste die Naturstände- und Vereinsseelsorge die einzelnen Familienmitglieder zuweilen derart aus dem Familienleben heraus, daß die Familie nur noch selten vollzählig in der Freizeit beisammen war.

1.3 Ein anderer Faktor, der sich für die Erarbeitung einer Familienpastoral ungünstig auswirkte, war das *Übergewicht des schulischen Religionsunterrichtes.* Wie die Standes- und Vereinsseelsorge wurde

er als eine Möglichkeit der Glaubensvermittlung für Heranwachsende verstanden, die früher die Großfamilie mit der Gesamtgesellschaft leistete, die weiterzuführen die Kleinfamilie aber nicht gerüstet war. Es entstand der Eindruck, daß Religion in Lehre und Praxis eine Sache der Schule ist. Beten, Sakramentenempfang und Leben aus dem Glauben gerieten in das Fahrwasser eines ungeliebten Schulfaches, das neben anderen zu erlernen ist. Die Überbewertung der rationalen Wissensvermittlung als des Hauptweges der Erziehung – ein Erbstück der Aufklärungszeit, in welcher der Religionsunterricht als Fach eingeführt wurde – hat die Bedeutung der fundamentalen gelebten Glaubenseinübung in der Familie zurücktreten lassen.
Im Blick auf dieses Übergewicht des Religionsunterrichtes hat Klemens Tilmann 1964 von einer »grundlegenden Fehlplanung« pfarrlicher Seelsorgearbeit gesprochen, nachdem er schon 1955 in seiner Schrift »Um die Arbeitsmethoden in unserer Seelsorge« eine bessere Schwergewichtsverteilung gefordert hatte (Tilmann 60). Der außerordentliche schulische Einsatz hat sich nicht in dem Maße ausgewirkt, wie erwartet wurde. Schon bald nach Ende der Schulzeit setzte und setzt eine stille Auswanderung jener jungen Menschen aus der Kirche ein, deren Familie die schulische Arbeit nicht unterstützt. Unzählige schmerzliche Erfahrungen haben gelehrt, daß ein noch so guter Religionsunterricht in der Regel wenig ausrichtet, wenn das Elternhaus nicht mitzieht. Er ist nicht schlechthin nutzlos. Für viele Kinder stellt er die einzige Möglichkeit dar, mit dem Glauben und dem kirchlichen Leben bekannt gemacht zu werden. Bei den meisten Kindern kann er ergänzen und vertiefen, was auch in engagierten christlichen Familien an Glaubensvermittlung fehlt. Es wäre kurzsichtig und leichtsinnig, wollte man die bestehenden rechtlichen Möglichkeiten des schulischen Religionsunterrichtes resignierend und kampflos aufgeben. Doch läßt sich die Frage nicht abweisen, ob die Tradierung des Glaubens an die Kinder mit einem derartigen Einsatz von Zeit und Kraft wie bisher ein Hauptziel der Seelsorge sein kann. Man mag dem globalen Urteil nicht zustimmen, wonach in der pastoralen »Zielverschiebung von der Erwachsenengemeinde zu den Unmündigen unter den Gemeindemitgliedern« die wesentlichen Ursachen liegen dürften, »warum heute die traditionelle Form der Pastoral in zunehmendem Maß mit ihrem eigenen Versagen konfrontiert wird« (Lange 211). Den Gründen für eine allgemeine Gewichtsverlagerung zugunsten der Ehe- und Familienpastoral wird man sich nicht entziehen können. Heinrich Pompey kommt in seiner Untersuchung über »Glaubens-

haltungen und Glaubenspraxis kirchlich orientierter Jugendlicher« zu der abschließenden Frage, »ob nicht in Zukunft der entscheidende Schwerpunkt kirchlicher Jugendpastoral in der Familienarbeit liegen muß«. Dafür müsse von den Verantwortlichen der notwendige personelle und materielle Ausbau einer familienbegleitenden Jugendseelsorge ermöglicht werden. Das Verständnis dafür »sollte zu erwarten sein, wenn bedacht wird, daß dem Religionsunterricht lediglich eine sekundierende Funktion bei der religiös-sittlichen Verhaltensprägung zukommt. Nur was in der Familie grundgelegt wird, kann der schulische Religionsunterricht später verdeutlichen« (Pompey 81).

2. Die verunsicherte Familie

Die Dringlichkeit verstärkter familienpastoraler Arbeit ergibt sich auch aus den Schwierigkeiten, denen sich die Familie heute gegenübersieht. Sie ist in hohem Maße verunsichert.

2.1 Die Verunsicherung der Familie ist zunächst in dem bereits erwähnten tiefgreifenden *Wandel von der vorindustriellen Großfamilie zur industriellen Kleinfamilie* begründet. Er hat nicht nur die äußere Struktur der Familie verändert. Auch die innere Struktur hat sich gewandelt. Nicht nur wurde das überkommene patriarchalische Verständnis mit seinem ausgeprägten Autoritätsgefüge in Richtung auf ein partnerschaftliches Verhältnis der Ehegatten zueinander und zu ihren Kindern aufgebrochen. Nicht nur vollzog sich eine weitgehende Neuverteilung der »Rollen« in der Familie. Nachhaltiger wirkte der Wandel der Leitbilder von Ehe und Familie. Er erschütterte bis in die Grundlagen hinein deren Sinndeutung und Zielrichtung.
Die Offenheit der modernen Familie zu den differenzierten Formen der Welt der Arbeit, der Freizeit und des gesellschaftlichen Lebens haben den einzelnen Familienmitgliedern einen früher unbekannten Zuwachs an Freiheitsmöglichkeiten beschert. Sie begegnen einer Vielzahl von Meinungen, Lebensentwürfen und Praktiken, die den überkommenen und in der eigenen Familie noch anerkannten Werten und Maßstäben widersprechen. Andere Vorstellungen drängen sich auf, andere Vorbilder bieten sich an. Aus den Massenmedien, aus Rundfunk, Fernsehen und den Massenblättern kommen Einflüsse in den Innenraum von Ehe und Familie, die deren Existenz in Frage

stellen. Warum überhaupt die gesetzlich geregelte Institution der Ehe? Warum nicht das freie Zusammenleben nach Maß und Dauer der Liebe? 80 Prozent aller Befragten zwischen 16 und 29 Jahren erklärten 1978 bei einer Umfrage, sie fänden nichts dabei, wenn ein Paar »ohne Trauschein« zusammen lebt (vgl. Köhne 329).

Die freie Selbstverwirklichung wird gefordert. Jede Bindung ist verdächtig. Für viele Frauen ist die Bindung an Familie und Haus nicht mehr selbstverständlich. Die Berufstätigkeit ist ein Merkmal ihrer Emanzipation. Sie gerät häufig in Konflikt mit den Anforderungen, die an Hausfrau und Mutter gestellt werden. Früher war es ein Prestigegewinn, wenn sie einen Haushalt mit mehreren Kindern zu leiten verstand. Heute gilt es als Verlust von Freiheit, »nur« Hausfrau zu sein. Die Entscheidung für oder gegen die Berufstätigkeit fällt Müttern mit Kleinkindern und Schulkindern oft schwer, zumal der Ausfall des Zweitverdienstes zu empfindlichen Einbußen an sozialer Stellung führen kann. Manche können die Berufstätigkeit nicht vermeiden. Andere könnten es, fürchten aber, zu Hause nicht ausgefüllt zu sein oder auf den gewohnten Lebensstil verzichten zu müssen. Es fällt schwer, die Selbstverwirklichung auch in der Einschränkung um anderer willen zu erkennen. Manche meinen, das eine bekommen zu können, ohne das andere zu verlieren: eine harmonische Ehe, gut erzogene Kinder, ein glückliches Familienleben, aber auch weiterhin die gute Stellung mit dem Kreis der Freunde und Bekannten und die ungehinderte Befriedigung der eigenen Interessen. Weil niemand alles zugleich haben kann, in einer Zeit vermeintlicher Machbarkeit aller Dinge aber solche Erwartungen produziert werden, bleiben die Konflikte und Krisen nicht aus.

Auch das Leitbild der Partnerschaft kann Krisen heraufbeschwören, wenn es utopisch vorgestellt wird. Die Kleinfamilie hat größere Chancen, Liebe und Geborgenheit zu schenken. Die Menschen suchen danach. In der Hektik der Arbeitswelt, im gnadenlosen Kampf um die Verteilung von Besitz und Macht, in der anonymen Masse moderner Menschenzusammenballungen erscheint die Zweisamkeit von Mann und Frau, mit oder ohne Trauschein, wie eine Insel des Glücks. Die Erwartungen an den Partner steigern sich ins Übermenschliche: Er wird mich immer verstehen, bei ihm bin ich ganz frei, bei ihm kann ich ganz ich selbst sein. Die unausweichlich auftretenden Meinungsverschiedenheiten erweisen solche Beziehungen schon bald als Scheinpartnerschaft. Oft war sie mit falschen Voraussetzungen geschlossen worden. Oft übersahen beide, daß Partner-

schaft nicht einfach da ist; sie muß werden, wachsen und reifen. Partnerschaft wurde oft nur als Mittel eigener Lebenssteigerung angesehen. Das Haben-Wollen stand über dem Geben-Wollen.
Die »leichte« Lösung der Konflikte durch Scheidung läßt sie nicht um ihre Liebe ringen. Warum sich das Leben unnötig schwermachen? Warum in Verbitterung zusammenbleiben? Warum nicht einen neuen Anfang machen, mit einem Partner, der »mich besser versteht«? Warum nicht erst einmal versuchen, ob man zusammenpaßt? Die vielen Hunderttausend zerrütteter und geschiedener Ehen, die Ungezählten, die ohne Bindung zusammen leben, bezeugen unübersehbar die verunsicherte Ehe und Familie in unserer Zeit.
Nicht alle sind verunsichert. Nicht alle stehen in einer Krise. Im Gegenteil: 1978 gaben bei einer Umfrage 87 Prozent an, eine glückliche bzw. sehr glückliche Ehe zu führen; aber nur 29 Prozent glaubten, daß die meisten Ehen bei uns glücklich verlaufen (vgl. Köcher 88). Hier zeigt sich deutlich, daß die Meinungen über die Situation der Ehe nicht der Realität entsprechen und durch mancherlei Fehlinformationen manipuliert sind.
Immerhin sind auch stabile christliche Ehen insofern verunsichert, als viele Eltern den Auseinandersetzungen mit den ehe- und familienfeindlichen Auffassungen nicht gewachsen sind, die ihre Kinder aus Schule und Arbeitswelt nach Hause bringen. Sie vermögen nicht, die Sinnfrage zu verstehen, die sich hinter dem Protest der jungen Generation verbirgt. Sie sind fassungslos, wenn Jugendliche radikal beiseite schieben, was ihre Eltern mit großer Mühe aufgebaut haben, damit ihre Kinder »es einmal besser haben«. Die Verunsicherung vieler Familien besteht in der Hilflosigkeit, mit den Ansichten und Praktiken der Heranwachsenden richtig umzugehen. Es ist nur zu verständlich, daß sie in Extremen reagieren: autoritär oder permissiv. In beiden Fällen erfüllt die Familie nicht die Erwartungen, die sich auf sie richten.

2.2 Dieses Versagen vieler Familien wird von interessierter Seite zum Anlaß genommen, Ehe und Familie *grundsätzlich in Frage zu stellen und zu bekämpfen.* Beides ist heute deutlich zu beobachten. Die Ehe ist die Hauptverdächtige. Eine lebenslängliche Einehe gilt als unzumutbar, wo auf Grund der höheren Lebenserwartung die durchschnittliche Ehe heute eine dreimal so große Lebenschance hat als noch vor einem halben Jahrhundert. Es ist, so wird weiter gesagt, unverantwortlich, einen 20jährigen Menschen zu solch lebenslanger

Bindung zu zwingen. Spätestens wenn die Kinder aus dem Hause sind, stirbt die moderne Kleinfamilie an sexueller, geistiger und räumlicher Langeweile. Warum nicht eine einverständliche Trennung und ein neuer Anfang mit einem anderen Partner? Warum nicht vorher schon einander sexuelle Freiheit gewähren?

Manche gehen noch weiter. Sie halten die Zeit der Ehe überhaupt für gezählt. Sie werde sich im Gefolge totaler Demokratisierung zu völliger Privatisierung entwickeln. Die Partner werden zusammen leben, solange es ihnen gefällt. Sie werden auseinandergehen, wenn es ihnen paßt. Wenn Kinder da sind, wird die Gesellschaft für sie aufkommen. So wird der Frau endlich jene wirtschaftliche und sexuelle Unabhängigkeit garantiert, die der Mann schon immer für sich beansprucht hat. Ein Zusammenbleiben nur unter gesetzlicher Verordnung ist seitens der Partner Heuchelei, seitens der Gesellschaft Freiheitsberaubung.

Radikale Gegner der Ehe und Familie sind jene, die sie als Produkt der aussterbenden kapitalistischen Gesellschaftsordnung erklären: als einen ideologischen Überbau der Ausbeutergesellschaft, als ein Machtmittel in der Hand der Herrschenden, ein Instrument zur Versklavung von Frau und Kindern. Ehe und Familie unterdrücken die Sexualität und damit die freie Entfaltung des Menschen; sie verursachen Frustrationen und Aggressionen. Um der Freiheit des Menschen willen müssen sie abgeschafft werden.

Wo dies praktisch geschehen ist, folgte nicht die Befreiung, sondern die Erschütterung der Gesellschaft bis in die Grundlagen ihrer Existenz. Es zeigte sich, daß ein Staat ohne stabile Ehen und Familien nicht bestehen kann. So werden sie auch dort geschützt, wo sie in ihrem Eigenwert nicht anerkannt werden. Aber sie stehen ganz im Dienst der Gesellschaft. Die Eltern sind dem Staat verantwortlich als »Ingenieure der Erziehung«. Der Staat hat bestimmendes Recht über Ehe und Familie. Er muß eingreifen, wenn sie nicht in seinem Sinne geführt werden.

Vorstellungen und Forderungen dieser Art können bei allen jenen nachgelesen werden, die – auf Grund welcher Ideologie auch immer – Ehe und Familie am liebsten abschaffen möchten, weil sie sich am nachhaltigsten ihren Manipulationen widersetzen. Sie handeln folgerichtig. Wer das »System« verändern will, muß bei Ehe und Familie anfangen.

Es ist notwendig, die Ursprünge und Motive solcher Ideen und Absichten zu erkennen. Sie werden offen oder verschleiert vorgetragen.

Radikale Vertreter sagen es unverblümt. Im Gefolge von W. Reich setzen sie Sexualunterdrückung mit kapitalistischer Gesellschaftsordnung gleich. In der völligen Freigabe der Sexualität erhoffen sie sich das »Brecheisen«, mit dem die bürgerliche Gesellschaft aus den Angeln gehoben werden kann. Andere propagieren indirekt die Beseitigung der Ehe- und Familieninstitution. Sie sei leistungsunfähig geworden. Sie ist nach Meinung des Sexualwissenschaftlers V. Sigusch »heute eine bevorzugte Bühne für Öde, Sprachlosigkeit, Brutalität, für soziale, emotionale und sexuelle Deprivation. Sie ist eine wichtige psycho-soziale Krankheitsursache« (zit. bei Köhne 324). Ein neues Menschen- und Gesellschaftsbild braucht eine neue Art des Zusammenlebens von Mann und Frau in einer »Neuen Moral«, frei vom Zwang überholter Normen und Institutionen. Die Eltern sind durchweg unfähig, Kinder für die Aufgaben in der komplizierten Welt von heute zu erziehen. Ausgebildete Fachleute sollen diese Aufgabe übernehmen.

Wer aufmerksam manche Publikationen verfolgt, wer die Inhalte mancher Schulbücher überprüft, wer die Stellungnahmen mancher Wissenschaftler und Bildungspolitiker bedenkt, kann die Tendenzen nicht übersehen, die Ehe und Familie nach bestimmten Ideologien umfunktionieren wollen. Im Zweiten Familienbericht der Bundesregierung (1975) stehen neben vielem Positiven über die Leistungen der Familie Sätze, die aufhorchen lassen. »Erziehung der Kinder«, heißt es darin, »ist eine gesamtgesellschaftliche Aufgabe besonderer Art und Bedeutung. Die Wahrnehmung dieser Aufgabe überträgt unsere Gesellschaft Familien und außerfamilialen Einrichtungen« (S. 120). Hier ist Alarm zu schlagen. Denn hier wird die Gesellschaft, d. h. konkret der Staat, über die Familie gestellt. Die Familie wird zum Befehlsempfänger des Staates, der die Familie als ein Machbares versteht, das nach seinen Vorstellungen umzuändern ist.

Wenn es dann hier und in anderen Veröffentlichungen heißt, die Kinder seien »Objekte elterlicher Fremdbestimmung«, wenn von der »Machtdifferenz« zwischen den »Pflegepersonen« und den Kindern die Rede ist, die abgebaut werden müsse, wenn darum die Familie »sozialisationspolitisch zu verändern« sei, dann mag man über dieses unverständliche Soziologen-Chinesisch den Kopf schütteln. Aber die Absichten, die sich darin äußern, sind ernst zu nehmen. Ehe und Familie werden diffamiert. Es wird Mißtrauen in das Verhältnis von Kindern und Eltern getragen. Aus dem Miteinander und Füreinander wird ein Gegeneinander. Statt der Liebe und Geborgenheit stehen

Rechtsverhältnisse im Vordergrund. »Konfliktstrategien« werden entwickelt, um die »Machtverhältnisse« in Ehe und Familie zu verändern. Einzelne Fälle von Machtmißbrauch der Eltern und von Familientragödien werden pauschalisiert und zur Begründung eines grundsätzlichen Mißtrauens gegenüber dieser Institution verwendet. Die Verrechtlichung der Eltern-Kind-Beziehungen begünstigt immer mehr den Eingriff des Staates in den Innenraum der Familie.

2.3 Ein Überblick über die Situation ergibt einerseits den Eindruck einer starken Erschütterung, andererseits aber auch den einer *bemerkenswerten Stabilität* der Ehe- und Familieninstitution.
Die Erschütterung geht auf den Wandel der äußeren Strukturen und der maßgeblichen Leitbilder zurück. Sie zeigt sich im wahrnehmbaren Ansteigen der Scheidungen und informellen Trennungen, des Zusammenlebens ohne Trauung und im Rückgang der Geburtenrate. Eheschließungen und Scheidungen stehen etwa im Verhältnis 4:1. »Tendenziell wird jede vierte Ehe scheitern« (Becher 4). 40 Prozent der geschiedenen Ehen scheitern in den ersten fünf Jahren, zwei Drittel in den ersten zehn Jahren der Ehe. Jedes 10. Kind wächst in einer unvollständigen Familie auf. »In den 1,47 Mio. unvollständigen Familien mit einem ledigen, geschiedenen oder verwitweten Elternteil lebten rd. 2,2 Mio. Kinder« (ebd. 5). Das war 1971. Die Zahlen dürften sich seither kaum verbessert haben.
Hinsichtlich des generativen Verhaltens weist die Bundesrepublik z. Z. die niedrigste Geburtenrate der Welt auf. Sie liegt deutlich unter 9 pro 1000 der Bevölkerung oder bei etwa 1,45 Kindern pro Familie. Für die Bestanderhaltung sind etwa 14 pro 1000 oder 2,2 Kinder pro Familie erforderlich (vgl. ebd. 5; Köhne 325). Im Geflecht der Ursachen für den Geburtenrückgang steht die soziale und wirtschaftliche Minderstellung der Mehrkindfamilie deutlich obenan. Das Emporschnellen der Zahl der legalen Abtreibungen nach der Reform des § 218 aus Gründen der »Sozialen Indikation« weist in die gleiche Richtung.
Diesen Beobachtungen steht die, wenngleich gesunkene, so doch immer noch hohe Wertschätzung der Ehe und Familie gegenüber. 1976 hielten 72 Prozent die Ehe weiterhin für grundsätzlich notwendig (1963: 93 Prozent). Dreiviertel aller Geschiedenen heiraten wieder. Die meisten Jugendlichen verstehen ihre intimen Beziehungen wörtlich als vor-ehelich. Zu 78 Prozent waren sie bei einer Umfrage von 1977 der Meinung, daß sich die Partner der Ehe die Treue halten soll-

ten (89 Prozent waren es bei kirchengebundenen Jugendlichen, von denen allerdings nur 52 Prozent die Ehe als soziale Institution für unbedingt erforderlich hielten) (vgl. Pompey 70-74). 1968 veröffentlichten die Sexualwissenschaftler H. Giese und G. Schmidt das Ergebnis einer umfangreichen Untersuchung über die Studentensexualität. Sie stellten fest, daß trotz beträchtlicher Abweichung von der traditionellen Moral von einer »Sexuellen Revolution« nicht die Rede sein kann, weil die meisten Studenten nach wie vor die »traditionelle Familienideologie« akzeptieren, »die auf monogame, lebenslang treue, fertile Ehe abzielt« (Giese/Schmidt 394). Die Veröffentlichung der Untersuchungen über Arbeitersexualität von G. Schmidt und V. Sigusch aus dem Jahre 1971 erbrachte, daß 89 Prozent der befragten männlichen und 95 Prozent der befragten weiblichen Jugendlichen später heiraten und zu 91 Prozent bzw. zu 95 Prozent auch Kinder haben wollten (9 Prozent bzw. 12 Prozent wollten ein Kind, alle anderen zwei und mehr Kinder) (vgl. Schmidt/Sigusch 102). So dürfte die Feststellung von Helge Proß, Direktorin des Soziologischen Seminars an der Universität Gießen, aus dem Jahre 1971 auch heute noch zutreffen, daß die Ehe sich nach wie vor »als sehr vielfältig nützliche Institution« erweist, »die die Zweifler an ihrer Stabilität ständig und nachdrücklich widerlegt. Mir scheint es wichtig, diese Stabilität zu betonen, weil die erwähnten Zweifel nicht nur die Realität verfehlen, sondern obendrein häufig fragwürdigen Zwecken dienen« (Proß 503).

Es ist gut, daß die Seelsorge auch mit solchen Feststellungen aufwarten kann. Es gibt überdies deutliche Anzeichen einer kritischeren Beurteilung radikaler Sexualideologien und des Interesses an einer tieferen Sinngebung von Sexualität, Liebe, Ehe und Familie. Es gibt eine deutliche Aufforderung an die Kirche, eine helfende und einsichtige Sexualmoral und eine Ehe- und Familienlehre vorzulegen, nach der die Menschen heute zu erfülltem Menschsein finden können.

3. Die neuentdeckte Familie

3.1 Diese Anfrage trifft auf eine *zunehmende Erkenntnis der Bedeutung von Ehe und Familie seitens Seelsorge, Theologie und kirchlicher Leitung.* Die Impulse scheinen mehr »von unten« als »von oben« ausgegangen zu sein. Zwar erschienen seit dem Ersten Weltkrieg vermehrt päpstliche und bischöfliche Verlautbarungen zum Thema Ehe und Familie. Die nachhaltigeren Aktivitäten gingen jedoch wohl hauptsächlich auf die Not der Betroffenen »vor Ort« zurück: auf die Eheleute und Eltern und auf die Seelsorger, die ihrerseits die Pastoraltheologie zu verstärkten Bemühungen um die theologischen Grundlagen anregten.

Mitte der 30er Jahre brach in Frankreich eine Bewegung auf, die in erheblichem Maße das Selbstbewußtsein und die Selbstverantwortung der Familie im Glaubensleben stärkte: Die Bewegung der Familiengruppen. Sie verbreiteten sich nach dem Kriege auch in der Bundesrepublik spontan und rasch. In vielen Pfarreien sind sie zu Zellen religiöser und kirchlicher Erneuerung geworden.

In der pfarrlichen und überpfarrlichen Seelsorge wurden die bereits bestehenden Einrichtungen der ehevorbereitenden Seelsorge erweitert und vertieft. Der spärliche »Brautunterricht« von früher mit seinem Akzent auf dem »Brautexamen« wurde zum Angebot von umfassenderen Brautleute-Bildungsveranstaltungen. Zyklen von Vortrags- und Gesprächsabenden, Wochenenden, Kursen und sogar Exerzitien für die entferntere und nähere Ehevorbereitung werden angeboten und mehr oder weniger als Voraussetzung für die kirchliche Trauung gefordert. Das Brautgespräch wurde theologisch und organisatorisch neu gefaßt. Es erschienen Handreichungen, die dem geplagten Seelsorger die Arbeit erleichtern (z. B. Hörmann/Jäger/Meyer). Werkbücher stellten die Ehevorbereitung in den umfassenderen Rahmen von Ehe- und Familienbildung (z. B. Adenauer, Eglauer, Neysters, Zulehner/Baumgartner/Mühlek). Immer mehr gewann die ehebegleitende und familienbegleitende Seelsorge an Gewicht (vgl. Liß, Lange/Liß, Platz, Tröndle, zuletzt das umfangreiche Werk von Lange: »Ehe- und Familienpastoral heute«).

Die deutschen Bischöfe ergriffen ihrerseits Initiativen. 1953 forderten sie den Zusammenschluß der katholischen Familien. Es entstand der »Familienbund deutscher Katholiken«. Ein »Katholisches Zentralinstitut für Ehe- und Familienfragen« mit den Abteilungen Ehe- und Familienberatung, Ehe- und Familienbildung, Ehe- und Familienseelsorge wurde geschaffen, um eine zeitgemäße Theologie von Ehe und Familie zu entwickeln und die Priesterausbildung und -fortbildung entsprechend zu fördern. Ungemein wirksam wurde die Herausgabe der Elternbriefe DU UND WIR durch dieses Institut. 1975 wurde es aufgelöst und in die Abteilung »Ehe und Familie« der gesamtdeutschen »Zentralstelle Pastoral« eingegliedert. In den einzelnen Diözesen wird die Arbeit von den Referaten »Ehe und Familie« fortgeführt und intensiviert. Die Anschriftenverzeichnisse für die Ehe- und Familienarbeit in den Diözesen weisen ein vielfältiges Angebot von Hilfen nach. Sie umfassen Dienste in konkreten Notsituationen und Bildungsangebote aller Art. Handreichungen wie »Neue Gespräche« erleichtern die Familienarbeit in den Gemeinden und Dekanaten.

3.2 Diesen erfreulichen Daten steht hinsichtlich der Familie ein deutliches *Defizit an theologischer Arbeit* gegenüber. Während zur Theologie der Ehe gründliche theologische Erörterungen zur Verfügung stehen (vgl. neuestens Kasper), bleibt eine »Theologie der Familie« nach wie vor mehr Wunsch als Wirklichkeit. Folgerichtig steht eine umfassende Pastoraltheologie der Familie noch aus. Das vierbändige »Handbuch der Pastoraltheologie« hat über dieses Thema kaum mehr als 20 Seiten (vgl. Handbuch . . . IV 52–65, 85–94). Auch die »Handreichung für den pastoralen Dienst: Ehe und Familie« enthält außer einigen Ansätzen dazu wenig. Es scheint schwierig zu sein, das Spezifische der Familientheologie und -pastoral zu konzipieren. Bemerkenswert ist in diesem Zusammenhang, daß die neue »Rahmenordnung für die Priesterbildung« (1978) unter den Studieninhalten für die Pastoraltheologie die Ehe- und Familienpastoral unter den vielen angeführten Themen nicht ausdrücklich nennt (vgl. S. 47).
Man muß die mangelhafte Konzeption einer Familienpastoral heute nicht »pathologisch« nennen, wie Lange es tut, an der Dringlichkeit und dem Stellenwert der Ehe- und Familienpastoral in der Gesamtpastoral besteht kein Zweifel (vgl. Lange 209–253). Es kann sich in ihr nicht um Bewahrung der christlichen Familie vor den Bedrohungen in der Welt von heute handeln. Ihr Heilswert ist zu erkennen und für den Familienalltag fruchtbar zu machen. Auch wenn es noch keine ausgebaute Theologie der Familie gibt, die Bausteine dazu sind in reicher Zahl vorhanden, so daß es nicht an grundlegender Hilfe für die Seelsorge fehlt. Die Synode der Bistümer in der Bundesrepublik hat sie in einer guten Zusammenfassung in ihrem Dokument »Christlich gelebte Ehe und Familie« dargelegt.

3.3 Die vermehrten pastoralen Anstrengungen treffen auf eine *unterschiedliche Erwartungshaltung* bei Eheleuten und Eltern. Wenn die Mehrzahl derer, die sich zwar noch katholisch nennen, aber nicht

am Leben der Kirche teilnehmen, die Seelsorge hauptsächlich als Dienstleistungsbetrieb für Taufe, Trauung und Beerdigung in Anspruch nimmt, werden die bei solchen Gelegenheiten vorgetragenen Gedanken über den Heilswert von Ehe und Familie kaum verstanden werden. Aber auch unter den Praktizierenden sind viele in Distanz zu bestimmten kirchlichen Lehren. Als sittlich normgebende Autorität wurde die Kirche bei der Synoden-Umfrage nur von 22 Prozent anerkannt (zit. bei Pompey 68, A. 55). Was von der Kirche in erster Linie erwartet wird, ist ihr Einsatz im Bereich der Sozialarbeit und Fürsorge, aber auch ihr Engagement in Fragen der Kindererziehung und in Eheschwierigkeiten (vgl. Lange 120–126). Allerdings werden die herkömmlichen Formen von Ehevorbereitung und Elternbildung, die heute in erneuerter und didaktisch oft hervorragender Form angeboten werden, nur von relativ wenigen Katholiken besucht. Dies nur der kirchlichen Leitung und der Seelsorge anzulasten, die hergebrachte Aussagen wiederhole und sich nur im Vorfeld anthropologischer und christlicher Fragen aufhalte, wäre Unrecht. Die Bildungsmüdigkeit ist, bei gleichzeitig festzustellender Erkenntnis der Notwendigkeit, sich im Glauben weiterzubilden, eine allgemeine und nicht nur auf Ehe- und Familienprobleme bezogene Erscheinung des kirchlichen Lebens heute. Daran hat gewiß auch die herkömmliche Seelsorgskonzeption und -praxis ihren Schuldanteil. Aber eine unbewegliche, harte und das Evangelium verfehlende Amtskirche den suchenden, ringenden und bei aller Kirchendistanz im Innersten gläubigen Menschen von heute gegenüberzustellen, würde an der Realität der Geschichte des Evangeliums unter den Menschen vorbeisehen. Sie hat es mit Bekehrungsunwilligkeit und Schuld bei ausnahmslos allen Christen zu tun.
Richtig ist jedoch, daß es die Suchenden und Fragenden in großer Zahl gibt und daß sie sich Sonntag für Sonntag zu den Gottesdiensten versammeln. Nehmen wir ihre oft unbewußten Fragen und unreflektierten Probleme wahr? Versuchen wir, ihnen zu helfen?

4. Die suchende und fragende Familie

4.1 Was Eheleute und Eltern in der Begegnung mit der Seelsorge vor allem anderen suchen, ist das *Verständnis für ihre Lage*. Sie erwarten Verständnis dafür, daß sie das Idealbild von Ehe und Familie, das ihnen der Priester vorzeichnet, im Widerspruch zur Realität des

Ehe- und Familienalltages erleben. Sie erwarten Verständnis dafür, daß vieles mißlingt, was sie selber anstreben, und daß sie nicht in die Situation von Schuldigen hineinmanövriert werden möchten. Sie möchten ferner, daß der Seelsorger begreift, wie uneinsichtig ihnen manches in der überkommenen Ehe- und Sexuallehre der Kirche geworden ist. Sie möchten, daß der Priester nicht unwillig wird, wenn auch ihre Ehe in Krisen gerät oder sogar scheitert, wenn auch ihre Kinder, wie sie meinen, »mißraten« sind. Sie suchen Verständnis für das schwere Los alleinerziehender Mütter und alleinbleibender diskriminierter Geschiedener. Sie erwarten mehr Einfühlungsvermögen in die Schwierigkeiten, denen Eltern von Mehrkindfamilien auf Schritt und Tritt begegnen: der sozialen Deklassierung, der kinderunfreundlichen Umwelt, dem spöttelnden und unverständigen Reden auch seitens der Verwandtschaft, der Härte von Vermietern. Sie suchen wenigstens bei der Kirche Schutz und Bestätigung und wollen nicht auch noch von ihr als die »Dummen« angesehen werden. Schließlich gibt es auch die Bedrängnis von Familien, die wegen der in ihnen mitversorgten Eltern oder Schwiegereltern in Krisen geraten. Es gibt nicht nur ein liebloses Abschieben der Alten, es gibt auch die Notwendigkeit, sie in Heimen unterzubringen, wenn sie zu einer unerträglichen Belastung für die Familie werden und deren Frieden zerstören. Ein undifferenziertes Reden über die »Lieblosigkeit« der Kinder, die ihre alten Eltern nicht mehr bei sich haben wollen, kann den Prediger selber der Lieblosigkeit überführen.

4.2 Was die Menschen von uns erwarten, ist eine verständnisvolle, *sachlich begründete und im Glauben verwurzelte Auskunft über die Werte und Maßstäbe, die ihnen zu einer verantwortlichen Gewissensentscheidung verhelfen.* Anders als im Einzelgespräch können in der allgemeinen Verkündigung kaum mehr als die grundsätzlichen Orientierungen gegeben werden. Die Seelsorgsgespräche in Sprechzimmer und Beichtstuhl, bei Kranken- und anderen Hausbesuchen können jedoch die Realitätsnähe der Predigt sehr fördern. Die heutigen Gesprächstheorien und -methoden leisten auch für die Predigt insofern gute Dienste, als sie mit dem gedanklichen Gesprächspartner anders umzugehen und die Monologpredigt möglichst zu vermeiden lehren. Auch die grundsätzlichen Stellungnahmen zu den anstehenden Fragen sollten ein klärendes Wort sein. Es geht m. E. nicht an, umstrittene und bestrittene Dinge »im Raum stehen zu lassen«. Der Ratschlag »Handeln Sie nach Ihrem Gewissen!« ist, ob im Einzelgespräch oder in der Predigt, nichtssagend, wenn nicht sogar eine lieblose Ausflucht. Damit lassen wir den Ratsuchenden im Grunde allein. Daß er nach seinem Gewissen handeln muß, weiß er selbst. Er sucht Hilfe zu rechtem Gewissensurteil und richtiger Gewissensentscheidung. Er sucht Richtlinien, Weisungen, die sich aus sachlicher Begründung auf der Grundlage des Glaubens ergeben. Er lehnt sittliche Normen, Gebote und Verbote nicht ab, möchte sie aber einsehen. Zur Interpretation des Glaubens gehören auch dessen sittliche Konsequenzen, die sich daraus in beständigem Hinblick auf die Sacheinsichten ergeben. Wir dürfen uns dieser Pflicht und diesen Erwartungen vieler Christen heute nicht mit dem Hinweis auf das moraltheologisch Ungeklärte entziehen. Die oft gehörte Frage: »Was gilt eigentlich noch? Ist alles überholt, was man uns früher beigebracht hat? Kann heute jeder so handeln, wie er es für richtig hält?« entspringt keineswegs nur einem statischen Ordnungsdenken oder einer verbitterten Rechthaberei. Es äußert sich darin eine allgemeine tiefe Verunsicherung, die auf Gewissenshilfe seitens der Theologen und Seelsorger wartet. Mit bloßen Infragestellungen oder dem Verschweigen umstrittener Materien wird den Gläubigen nicht das Brot gereicht, auf das sie Anspruch haben. Auch wenn sie nur zu einem höchst geringen Teil ihre Fragen persönlich stellen, unausgesprochen liegen diese in der Luft, wenn wir die anstehende Thematik berühren. Daß so viele sich in den Briefkastenecken fragwürdiger Massenblätter Rat holen, kann auch in der Enttäuschung über die Kirche begründet sein, die angeblich auch nicht mehr weiß, was gilt, oder unglaubwürdige Antworten gibt.

Das klärende Wort kann und muß im Sexual- und Ehebereich in Widerspruch zu herrschenden Meinungen und Praktiken geraten. Daß die kirchliche Lehre als »unzeitgemäß« kritisiert wird (Lange 248), beweist nicht, daß sie überholt ist und sich »anpassen« muß, wenn die Kirche noch ernstgenommen werden will. Das Leben aus dem christlichen Glauben wird und muß immer in einem bestimmten Ausmaß dem Zeitgeist widersprechen. Die Frage ist die nach dem Bleibenden in allem Wandel notwendiger Anpassung.

In der Antwort auf diese Frage können die unterschiedlichen moraltheologischen Positionen nicht verschwiegen werden. Auch die einer nicht unfehlbaren kirchlichen Lehraussage entgegenstehenden begründeten Überzeugungen sind nicht tabu. Entscheidend ist die umfassende Information zur Gewissensbildung. Darin hat die kirchliche Lehre, auch wenn sie nicht unfehlbar, aber authentisch ist, ein qualifiziertes Gewicht. Sie kann nicht als indiskutabel übergangen, sondern muß, wie die Synode über die Methode der Empfängnisregelung sagt, in die gewissenhafte Prüfung miteinbezogen werden (vgl. Synode 2.2.2.3). Die Diskussion um »Humanae vitae« bietet ein lehrreiches Beispiel für die Art und Weise einer Gewissensbildung in der Verkündigung (vgl. S. 140–146).

4.3 Das klärende Wort kann keine Patentlösungen für alle Probleme bereitstellen. Es soll helfen, Ehe und Familie konsequent aus dem Glauben zu verstehen und zu leben. Alle Bemühungen um den einsichtig zu machenden Sachverhalt der ehelichen und familiären Lebensordnungen gewinnen erst dann an Tiefe und Überzeugungskraft, wenn sie im Licht der *Spiritualität von Ehe und Familie* unternommen werden.
Wenn die Spiritualität »ein Schlüsselbegriff in dem Bemühen um Erneuerung und Glaubwürdigkeit der Kirche« ist, »zu der gerade die verheirateten Christen einen unersetzlichen Beitrag leisten können« (Dietrich 44), dann dürfte der Auftrag kirchlicher Verkündigung darin bestehen, ein Leitbild christlicher Ehe vorzustellen, das in dieser unserer Zeit gläubig angenommen und gelebt werden kann. Davon wird es zu einem großen Teil abhängen, ob Eheleute und Eltern vom bloßen Objekt seelsorglicher Betreuung zu Trägern des Dienstes am Glauben in ihrer Ehe und Familie werden, ob ihre Gemeinschaft als »Kirche im kleinen« den unverzichtbaren Dienst an der Zukunft des Glaubens der Kirche leisten kann und ob in diesem Verständnis und Vollzug von Ehe und Familie die heranwachsende Generation findet, was sie sucht: Orientierung, Erfüllung und Zukunft. »In der modernen Übersättigung durch dirigierte Daseinsformen und dem damit verbundenen Unbehagen an allem Institutionellen kommt alles darauf an, daß auch Kirche als etwas Lebendiges und Befreiendes und ihre Botschaft wirklich als froh machend erfahren wird« (Dietrich ebd.).
In dieser spirituellen Sicht werden die natürlichen menschlichen Werte nicht verdrängt, sondern zur vollen Geltung gebracht. Die Grundwerte, ohne die keine Gesellschaft bestehen kann, erhalten darin ihre tiefste Begründung, Verankerung und Einübung.
Der Dienst des Wortes an Ehe und Familie wird heute vor allen Einzelthemen diese Grundaussagen einer christlich gelebten Ehe und Familie behandeln müssen. Dafür reicht es nicht aus, in der Ehevorbereitung, bei der Trauung, bei Taufe und Erstkommunion zum The-

ma zu sprechen. Ehe und Familie konfrontieren uns mit allen Lebensbereichen und Lebensaltern. Die Seelsorge an ihnen umfaßt das Gesamtfeld der verunsicherten, suchenden und überforderten Menschen von heute. Wenn wir darüber sprechen, behandeln wir kein Sonderthema, sondern den Alltag der Menschen, die sich zu unseren Gottesdiensten versammeln.
Vielleicht bedenken wir zuwenig, daß die vielen, die wir Sonntag für Sonntag vor uns haben, fast ausnahmslos Angehörige von Familien sind oder Familie hatten: Eheleute, Väter, Mütter, Kinder und Jugendliche, Alleinstehende und Geschiedene, Menschen aus unglücklichen Ehen und zerstrittenen Familien, aber auch aus harmonischen Familienverhältnissen. Sie haben alle ihre Lebensgeschichte, ihre Ängste und Hoffnungen, ihre Enttäuschungen und Erwartungen, ihr Leid und ihre Freude. Niemand wird erwarten, daß gerade für seine Situation das klärende und helfende Wort gefunden wird. Aber der ehe- und familienbezogene Aspekt unserer Verkündigung müßte mehr als bisher Beachtung finden. Über die Ungerechtigkeiten irgendwo in der Welt zu reden, hilft denen wenig, die unter ihrem egoistischen Ehepartner leiden. Moderne biblische und theologische Hypothesen interessieren jene Eltern nicht, die sich mit ihren rebellierenden Heranwachsenden auseinandersetzen müssen. Antworten auf Fragen, die wir haben, sind nicht schon die Antworten auf Fragen, die Jugendliche haben und in Schlagwörtern ihren Eltern stellen. Sicher würde unser Wort am Sonntag an Lebendigkeit gewinnen, wenn wir es verstünden, die Fragen und Nöte der Familien zu erspüren und anzusprechen.

4.4 Was Ehe und Familie heute in allem Dargelegten am meisten brauchen und suchen, ist *Ermutigung*. In einer Zeit, in der sie verunsichert und angefeindet sind, in der Hunderttausende scheitern, in einer Zeit vermehrter Belastung und Diskriminierung kinderreicher Familien, in der viel von den Rechten des Kindes gesprochen und viel für sie getan wird, aber das Recht auf eine gute Familie und deren allseitige Unterstützung wenig genannt werden, in dieser Zeit sollten Eheleute und Eltern wenigstens von der Kirche hören, daß sie nicht überholten Institutionen verhaftet sind. Sie sollen bestärkt werden in der menschlichen Grundinstitution, in der sie leben, die in allen Zeiten und Kulturen anzutreffen ist, wie immer auch ihre Gestalt ausgesehen haben mag oder aussehen wird. Sie sollen erfahren, daß es auch in unserer Zeit möglich ist, Ehe und Familie christlich sinnvoll zu leben und darin glücklich zu sein. Ihre Gemeinschaft entspricht der Ursehnsucht des Menschen nach Geborgenheit in der Liebe. Sie hat Zukunft, weil die Liebe Zukunft hat, von der wir als Christen im Glauben wissen, daß Gott die Liebe ist. Ehe und Familie haben Zukunft, weil sie in den Bund Gottes mit uns Menschen aufgenommen sind. Sie sind im Sakrament der Ehe Zeichen der bleibenden und wirkenden Gegenwart Jesu Christi.

Je mehr es uns gelingt, diese Tiefendimension zu verdeutlichen, um so mehr Ermutigung werden wir begründen dürfen. Je mehr Eheleute und Eltern aus der Kraft dieser Tiefe zu leben vermögen, um so eher werden sie Schwierigkeiten und Krisen bewältigen können. Um so mehr werden sie als »Kirche im kleinen« ihren Glauben bekennen und Zeichen der Hoffnung für die Menschen unserer Zeit sein. (Zu den »Erwartungen von Eheleuten gegenüber Religion und Kirche« vgl. Zulehner 85–99.)

Zweiter Teil — Die Familie in der Verkündigung: Schwerpunkte

I. Ehe und Familie als menschliche Grundinstitutionen

A) Thematische Hinführung

1. Die Ehe als menschliche Grundinstitution

1.1 Kirchliches Reden über Ehe und Familie muß heute mehr denn je bei den anthropologischen Voraussetzungen ansetzen. Die Synode der Bistümer in der Bundesrepublik geht in ihrem Dokument »Christlich gelebte Ehe und Familie« diesen Weg: Die Ehe entspricht in einzigartiger Weise dem *Grundbedürfnis des Menschen, von anderen anerkannt zu werden.* »Er lebt davon, daß andere ihm bezeugen: Es ist gut, daß es dich gibt« (Synode 1.2.1.1). Er sucht eine unbedingte Annahme, unabhängig von seinen Schwächen und Belastungen. Er will angenommen sein auch mit den Entwicklungen, die er mit oder ohne Schuld im Laufe seines Lebens erfahren wird. Die Annahme soll für immer gelten.
In keiner anderen Beziehung von Mensch zu Mensch wird dies so empfunden und ersehnt wie in jener Beziehung zwischen Mann und Frau, die beide in ihrer leib-seelisch-geistigen Ganzheit zutiefst ergreift. Die hier gemeinte und ausgesprochene Liebe ist als treue Liebe angelegt, die »dem Wechsel der Gefühle und der Willkür entzogen« ist (ebd. 1.2.2.1). Was Volkslieder sentimental, was Schlager verkitscht, was Dichter in sprachlicher Schönheit über die Liebe sagen

und singen, ist Ausdruck eines urtümlichen menschlichen Suchens, beim Geliebten für immer »zu Hause« zu sein. Die Unauflöslichkeit der totalen Liebesgemeinschaft ist als generelles Merkmal vom natürlichen Empfinden und Wollen her zu belegen.
Sie wird durch das freie in aller Öffentlichkeit gesprochene Ja bekräftigt. Die gegenseitige unbedingte Annahme »erlangt durch das freie in aller Öffentlichkeit gesprochene und im Raum der Kirche wie der Gesellschaft vernehmbare Jawort so Objektivität« (ebd. 1.2.3.1). Der institutionelle Charakter der ehelichen Liebe widerspricht nicht deren Wesen, sondern bietet ihr Schutz vor Zufälligkeiten und Launen und eröffnet ihr den vollen Lebensraum der sie tragenden Gemeinschaft. Im öffentlichen Jawort werden die Brücken eines risikolosen Rückzuges abgebrochen und wird der Wille bekundet, die Liebe auch in Belastungen durchzuhalten und um sie zu kämpfen. Eine ganzheitliche Hingabe und Annahme »auf Probe« ist als »Liebe auf Probe« ein Widerspruch in sich selbst. Aus so verstandener Hingabe droht eine Preisgabe der menschlichen Persönlichkeit zu werden.

1.2 Damit ist bereits angedeutet, was die Synode in anthropologischer Sinndeutung feststellt: »Der Ort für die *volle sexuelle Gemeinschaft von Mann und Frau ist jedoch die Ehe*« (2.2.1). Über diese Konsequenz, die in der breiten Öffentlichkeit heute nicht mehr verstanden wird, wird in der Verkündigung mit Aussicht, gehört zu werden, nur gesprochen werden können, wenn vom menschlichen Grundbedürfnis nach Anerkennung, Annahme und Liebe ausgegangen wird. Im Zusammenhang der Konzeption dieses Buches soll auf dieses Thema in der Hinführung zur Predigt »Integrierte Sexualität« näher eingegangen werden (s. S. 133–140).

1.3 Das heutige *partnerschaftliche Verständnis* der Ehe entspricht weit mehr dem biblischen Menschenbild und Eheverständnis als die frühere patriarchalische Deutung und Praxis. Partnerschaft bedeutet nicht absolute Gleichheit in Funktion und Verhalten. Sie ist auch nicht mit dem Anspruch auf Gleichberechtigung inhaltlich ausgefüllt. Nach christlichem Verständnis gründet sie in der Gleichwertigkeit aller Menschen vor Gott und erweist sich in wechselseitigem Anteilgeben und Anteilnehmen mit dem Ziel gegenseitiger verantwortlicher Hilfe auf dem gemeinsamen Wege zu Gott. Partnerschaft ist das Gegenteil jedweder, auch der feinsten Vereinnahmung eines Menschen für eigene Zwecke. Sie läßt in einer ausgewogenen Balance zwischen Gemeinsamkeit und Eigenständigkeit je nach Befähigung bestimmte Funktionsverteilungen zu, ohne Klischeevorstellungen zu verfallen.

Partnerschaft ist nicht schon mit der Paarfindung gegeben. Sie muß erlernt, entfaltet und vertieft werden. Dazu gehört die Selbstannahme. Wer nicht zu sich selber ja sagen kann, kann auch nicht den Partner bejahen. Es gehört dazu die immer bessere Wahrnehmung des andern, das Freiwerden von unrealistischen Erwartungen, das Hinhören und wirkliche Annehmen des anderen wie er ist. Was in Partnerschaft geschehen muß und was ihre Entfaltung verhindert, hat die heutige Kommunikationslehre erarbeitet. Auf Grund ihrer Erkenntnisse konnten inzwischen für die ehevorbereitende und ehebegleitende Bildung gute Handreichungen zur theoretischen und praktischen Arbeit vorgelegt werden (vgl. besonders Neysters und Zulehner/Baumgartner/Mühlek).

Immer deutlicher wird dabei die Wichtigkeit des Gespräches für die Ehe. Die Fähigkeit dazu ist trotz guten Willens oft schwach entwickelt. Viele Menschen führen auch in der Ehe Monologe, weil sie nicht auf die Meinungen und Gefühle des Partners eingehen. Hier stehen für die ehe- und familienpastorale Bildungsarbeit noch viele Aufgaben an. Das Gespräch in der Ehe ist aber auch Thema der Verkündigung. Das Grundthema des Glaubens: das Hinhören auf Gott und das Antworten im sprechenden Glauben kann als Hören auf den Mitmenschen und als Sprechen mit ihm entfaltet werden. Die Kommunikation mit Gott geschieht nicht ohne Kommunikation mit dem Mitmenschen.

2. Die Familie als menschliche Grundinstitution

2.1 Die Familie ist die erweiterte Ehe. Das Kind ist die »Krönung« der ehelichen Liebe (Pastoralkonstitution n. 48). Für die Entfaltung des Menschen ist die Familie von grundlegender Bedeutung. Sie stellt das *Zuhause* bereit, wo ein Mensch zu sich selber und zu den Mitmenschen findet. Das Zuhause ist wie eine Art gegenständlicher Treue und umfaßt alles, was an Menschen, Dingen und Erlebnissen die unmittelbare Umwelt des Menschen darstellt. Die Wohnung mit ihrer Einrichtung, der Platz am Tisch, das gemeinsame Essen, Alltag und Feiertag, freudige und traurige Ereignisse schenken dem Menschen einen Schutzraum, in dem er sich als er selbst geben und entfalten kann. Das »Heim«, die »Heimat« wird nicht als Rechtsanspruch, sondern als Geschenk selbstverständlicher Liebe erfahren. Wo das nicht der Fall ist, wird das Fehlen des Zuhause oder der Verlust der Heimat als tiefgreifender Schmerz empfunden.

Der Mensch braucht diesen Raum der Bejahung und des Schutzes auch als Erwachsener, heute mehr als früher. In der anonymen Leistungs- und Konsumgesellschaft, in der unpersönlichen Arbeits- und Freizeitwelt mit ihrer nahezu problemlosen Auswechselbarkeit des einzelnen in Masse und Kollektiv braucht der Mensch einen Raum, in dem er auch ohne vorgewiesene Leistung anerkannt ist, wo er auch Schwächen und Versagen eingestehen kann, ohne Nachteile befürchten zu müssen. Er braucht einen Ort, an dem auf ihn gewartet wird. Er braucht Menschen, auf deren Liebe er sich verlassen kann. Nur so kann er immer neu als Mensch aufatmen und regenerieren.

2.2 Näherhin leistet die Familie, was keine vergleichbare Gruppe in dieser Weise zu leisten in der Lage ist: Sie ermöglicht die Ichfindung und die Wirfindung. Unter *Ichfindung oder Personalisation* ist der Aufbau der menschlichen Person oder das Finden des Menschen zu sich selbst zu verstehen.

Menschliches Sein entfaltet sich nicht von selbst wie pflanzliches und tierisches Sein bei gegebenen materiellen Voraussetzungen. Der Mensch ist bei seiner Geburt nicht nur physisch hilflos, er würde sich auch trotz bester materieller Voraussetzungen hinsichtlich Nahrung, Kleidung und Wohnung nicht zum Menschen entfalten, wenn nicht andere Menschen sich für seine Menschwerdung einbringen. Personales Sein entfaltet sich unter der Wärme der Bejahung in der Liebe. Die Liebe ruft den Menschen zu sich selbst. Durch die Liebe erfährt er, wer er ist und zu was er fähig ist. Er braucht sie am Anfang seines Lebens und für sein ganzes weiteres Leben. Er lebt davon, wie die Synode sagt, daß andere seine Existenz bejahen.

Wirfindung oder Sozialisation bedeutet, daß der Mensch lernt, sich in richtiger Weise zu den Mitmenschen zu verhalten. Er kann nicht zu sich selber kommen, wenn er nicht zu den Mitmenschen findet. Aufbau der Person geschieht nicht ohne die Entdeckung und die Anerkennung anderer Menschen und die Hinwendung zu ihnen. Im Raum des Zuhause der Familie bieten sich dafür die günstigsten Voraussetzungen. In diesem Schutzraum der Liebe wird das »Urvertrauen«

grundgelegt, ohne das ein gedeihliches Zusammenleben der Menschen nicht möglich ist. Hier wird der »soziale Optimismus« begründet, der von der Umwelt nicht grundsätzlich Negatives erwartet. Die vielfältigen sozialen Beziehungen in einer Mehrkindfamilie: zwischen Vater und Sohn, Vater und Tochter, Mutter und Sohn, Mutter und Tochter, Bruder und Bruder, Bruder und Schwester, Schwester und Schwester, jüngeren und älteren Geschwistern, dies alles auf der Grundlage der Beziehungen zwischen Vater und Mutter als Ehemann und Ehefrau, sind ebenso viele Möglichkeiten, andere Menschen in ihrer Eigenart kennenzulernen, mit ihnen in Rücksicht und Mitverantwortung umzugehen, Autorität und Liebe in ausgewogenem Verhältnis zu erfahren und über diese Menschen des familiären Umfeldes in die außerfamiliäre Welt eingeführt zu werden.
Die Familie wird zur Brücke zur Welt. Hier fallen die wesentlichen Vorentscheidungen für das gesellschaftliche, wirtschaftliche und politische Leben in kleinem und großem Ausmaß. Die Ausfälle familiärer Sozialisation lassen sich in den Lebensgeschichten straffällig gewordener Jugendlicher nachweisen. Sie sind erkennbar in der zunehmenden Zahl von verhaltensgestörten Kindern und in der offenkundigen Unfähigkeit vieler Zeitgenossen zu selbstbeherrschter Mitmenschlichkeit. Es würde sehr aufschlußreich sein, den Schaden, den Machthaber und einflußreiche Ideologen in Vergangenheit und Gegenwart angerichtet haben und anrichten, in der Familiengeschichte dieser Menschen als einer der Ursachen zu erforschen.

2.3 In der Ichfindung und in der Wirfindung geschieht *Gewissensbildung*. Das Gewissen ist keine fertige Gabe, die dem Menschen in die Wiege gelegt wird. Es ist als Anlage die Möglichkeit und der Drang zur Selbstverwirklichung. In seiner Funktion ist das Gewissen das Urteil über einen bestimmten Weg der Selbstverwirklichung und die freie Entscheidung zu diesem Weg bzw. zu einer als richtig und gut erkannten Handlung. Gewissensurteil und Gewissensentscheidung werden nicht aufs Geratewohl gefällt. Sie orientieren sich, ob sich der Mensch dessen bewußt ist oder nicht, an Werten, die er anerkennt. Werte werden schon in früher Kindheit angenommen oder abgelehnt. Sie werden nicht angelernt, sondern von lebendigen Vorbildern übernommen und eingelebt. Wie die Menschen, in deren Kreis ein Kind aufwächst, das Leben sehen, wie sie sich im Alltag und bei besonderen Anlässen geben, wonach sie sich richten und was ihnen als höchster Wert gilt, das gilt unbesehen und als selbstverständlich

auch für das Kind. Wie die Familie zu anderen Menschen steht, zu Bekannten und Fremden, zu den sozial Höherstehenden und Tieferstehenden, so werden die Verhaltens- und Denkmuster des Kindes geprägt. In der Familie werden Leitbilder und Motivationen in den Tiefen des Unbewußten verankert, so daß sie nur schwer zu ändern sind. Im Blick auf die positiven Leitbilder ist diese Erfahrung ein Trost: Es ist nichts umsonst, was in der Familie grundgelegt ist. Hinsichtlich der negativen Leitbilder ist hier eine Wurzel von Fehlentwicklungen zu erkennen, die in der öffentlichen Meinung und in der Gesetzgebung viel zuwenig beachtet wird.
Denn in der Familie werden jene Grundwert-Verhaltensweisen eingeübt, um die heute die Diskussion geht, die den »Grund« unseres Daseins bestimmen: die Achtung vor der Würde, der Freiheit und Unverfügbarkeit eines jeden Menschen, die Mitverantwortung und Solidarität, Gerechtigkeit und Wahrhaftigkeit und was immer zu einem menschenwürdigen Zusammenleben gehört. Zu den Grundwerten wird ein Mensch nicht durch das erzogen, was andere ihm sagen, sondern durch das, was sie sind. Sie werden übernommen und gelebt, wenn die familiäre Umwelt sie vorlebt. So ist die Familie nicht nur das Schicksal des Kindes, sie ist in einem hohen Maß auch das Schicksal der Gesellschaft. Einen anderen Menschen annehmen kann nur, wer selber von Kindheit an angenommen ist. Lieben kann nur, wer selber Liebe erfährt. Sich umfassend sozial verhalten kann nur, wer in der »Urgesellschaft« der Familie sein Zuhause hat.

2.4 Die Familie ist somit eine der stärksten Bastionen der *Menschlichkeit und Mitmenschlichkeit.* Sie ist sozusagen deren »Grund-Schule«. Die Familie bietet den besten Schutz gegen die Vereinnahmung des Menschen durch Ideologien und gesellschaftliche und wirtschaftliche Zwänge. Sie macht dem einzelnen bewußt, daß er nicht beliebig austauschbar ist im anonymen Produktionsprozeß und daß er gegenüber Staat und Gesellschaft einen unaufgebbaren Eigenwert besitzt. In der Familie kann am besten dem Sog des Leistungs- und Konsumdenkens und der Macht gesellschaftlich-staatlicher Interessen Widerstand geleistet werden.
Die Beziehungen zwischen Familie und Gesellschaft, zwischen Familie und Staat sind immer wieder durch Interessenkonflikte belastet. Es kann sich im Grunde nur um ein Miteinander, nicht um ein Gegeneinander handeln, wenn beide Seiten zu ihrem Eigenverständnis finden wollen. Die Familie hat Verpflichtungen gegenüber Staat

und Gesellschaft. Sie kann ohne deren stützende Funktion nicht auskommen. Anderseits ist sie weder Reproduktionsmittel der Gesellschaft noch Agentur und Beauftragte des Staates. Sie ist in ihrem Sinnziel und in ihrem Werden eher als der Staat. Ihre Aufgaben erhält sie nicht von ihm oder von gesellschaftlichen Instanzen. Sie sind mit ihrem Eigensein gegeben. Die eingangs erwähnten Tendenzen, die Familie in den Dienst von Gesellschaft und Staat zu nehmen, widersprechen dem Wesen der Familie und sind entschieden zurückzuweisen.

Bestrebungen solcher Art sollten in der Verkündigung im angemessenen Zusammenhang offen genannt werden. Vieles geschieht unbemerkt, was erst in seinen Konsequenzen zutage tritt und dann schwer rückgängig gemacht werden kann. Ein gesundes Selbstbewußtsein der Familie verstärkt die Wachsamkeit.

Auch das Unrecht sollte nicht verschwiegen werden, das der Mehrkindfamilie durch finanzielle und soziale Belastung angetan wird. Zahlen und Beispiele aus dem täglichen Leben lassen sich für solche Deklassierungen unschwer erbringen. Es muß auch von kirchlicher Seite beharrlich die Auffassung widerlegt werden, daß die Familie das Privatrisiko des einzelnen sei. Dieses Relikt einer einseitig individualistisch-liberalistischen Deutung von Mensch und Gesellschaft lädt der Familie die Last der Zukunftssicherung jener auf, die sie nicht wollen, sie verdächtigen oder benachteiligen.

B) Predigtvorlagen

Vorbemerkung: Aus der Fülle der Themen, die mit der Eigenart von Ehe und Familie als menschliche Grundinstitutionen angesprochen sind, greifen die folgenden Predigtvorlagen die zwei Grundfunktionen »Ichfindung« und »Wirfindung« heraus. Sie versuchen, diese Sinndeutung von Ehe und Familie im Kontext menschlicher Erwartungen und mit Anregungen zur Verwirklichung zu veranschaulichen.

Predigtvorlage I

Die Familie – das Zuhause des Menschen:
Wo der Mensch zu sich selber kommt

Zum »Jahr des Kindes 1979« brachte eine angesehene Tageszeitung eine eindrucksvolle Karikatur: Sie zeigte ein Kind in einer Gruppe von sechs Erwachsenen. Diese erhoben mahnend den Zeigefinger und zerrten an dem Kind herum. Es waren ein Pädagoge, ein Soziologe, ein Politologe, ein Sexologe, ein Futurologe und auch ein Theologe. Abseits von dieser Gruppe war ein verschüchtertes Paar zu sehen: die Eltern des Kindes.
Diese Karikatur scheint mir treffend darzustellen, was nach Meinung vieler dem Kind heute fehlt: bessere Schulen, eine bessere Erziehung, mehr Selbständigkeit, größere Bildungschancen. Es braucht mehr Zeit zum Spielen, es braucht Schutz gegen Mißhandlung und Verwahrlosung. Und die Millionen unterernährter und ausgebeuteter Kinder in der Dritten Welt müssen endlich aus ihrem unbeschreiblichen Elend zu einer menschenwürdigen Zukunft geführt werden.
Es muß etwas getan werden, heißt es, wenn wir lesen, daß Eltern ihr Kind zu Tode prügeln; daß Kinder sich wegen schlechter Noten nicht nach Hause trauen; daß einige hundert Kinder zwischen 6 und 15 Jahren sich jährlich das Leben nehmen und mehr als zehnmal so viele es versuchen, weil sie am Leben verzweifeln. Es muß etwas getan werden, sagen wir angesichts der zunehmenden Straftaten von Kindern und Jugendlichen.
Es muß etwas getan werden! Es wird viel getan: Neue Schulen, mehr Spielplätze, neue Ausbildungsmöglichkeiten, moderne Einrichtungen

für behinderte Kinder, neue Gesetze zum Schutz der Rechte des Kindes, weltweite Aktionen der UNO – das sind imponierende Anstrengungen zum Wohl des Kindes.
Aber genügt das? Genügt es, die Kinder wie andere benachteiligte Gruppen der Gesellschaft anzusehen und sich für sie einzusetzen, wie für die Arbeitslosen, die Kriegsversehrten, die Alten und die verschiedenen Minderheiten?
Bei all den vielen guten Vorschlägen und Aktivitäten scheint manchmal übersehen zu werden, daß Kinder immer jemandes Kinder sind, daß sie Eltern haben und in eine Familie gehören. Von Kindern kann nicht gesprochen werden, wenn nicht zugleich von der Familie gesprochen wird. Den Kindern kann nicht geholfen werden, wenn nicht der Familie geholfen wird. Die Probleme der Kinder sind die Probleme der Erwachsenen, mit denen sie leben.
Wir haben uns vorgenommen, in einer Reihe von Predigten über die Familie nachzudenken: über die Familie, die heute von vielen in Frage gestellt wird, in der es heute so viele Schwierigkeiten gibt. Wie verstehen wir Christen die Familie? Kann Familie heute noch christlich gelebt werden? Darüber wollen wir nachdenken. Wir werden dabei immer auch die Ehe mitbedenken. Ehe und Familie gehören zusammen.
Was ist die Familie?

1. Das Zuhause unserer Erinnerung

Am besten setzen wir bei der Erinnerung an unsere eigene Familie an: wie wir sie erlebt haben und erleben, was sie für uns bedeutet. Um das zu beschreiben, haben wir ein treffendes deutsches Wort: Die Familie ist unser Zuhause. Gewiß wird mancher denken: Ich hatte kein Zuhause, meine Familie war für mich kein Zuhause, ich habe auch jetzt kein richtiges Zuhause. Aber daß er das in Bitterkeit denkt, zeigt, was er vermißt und was doch wohl die meisten von uns erlebt haben und erleben.
Wie war es damals? Da war die Mutter, da war der Vater, da waren die Geschwister, die nahen und die fernen Verwandten. Da war die Wohnung, die Straße, die Schule und die Kirche, das Dorf oder die Stadt und die nahe und entferntere Umgebung. Da gab es den täglichen Tisch und die kleinen täglichen Ereignisse. Da gab es den Namenstag und den Geburtstag, Weihnachten und Ostern. Und dies al-

les zusammen: Menschen und Dinge und Ereignisse waren der Raum, in dem wir lebten, in den hinein wir gehörten. Hier war unser Platz. Hier waren Menschen um uns besorgt, und auch die Dinge schienen zu sagen: Du gehörst zu uns! Hier waren wir angenommen. Hier wurde nicht erst nach Leistungen gefragt. Hierher konnten wir zurückkommen, was immer geschehen war. Hier waren wir zu Hause, hier war unser Heim, hier war unsere Heimat. Hier erfuhren wir, was Menschen am allermeisten brauchen, wenn sie als Menschen leben wollen: Wir erfuhren Liebe, ohne daß viel Worte gemacht wurden.

Dieses Zuhause hat uns geprägt. Jeder kommt aus einer ganz bestimmten Familie. Auch wenn wir es wollten, wir kommen davon nicht los: von unseren Eltern, von unseren Geschwistern, von unserer Kindheit und Jugend. Aus seiner Familie kann keiner austreten wie aus einem Verein oder einer Partei. Die meisten wollen auch gar nicht davon loskommen. Sie denken mit Sehnsucht und Wehmut an jene Zeit zurück, obwohl sie durchaus nicht immer schön war. Es gab auch das Leid, es gab die Tränen der Kindheit. Aber es war unser Zuhause. Im Kriege haben Verwundete in ihren Schmerzen nach der Mutter gerufen. In der Ausweglosigkeit mancher Gefangenschaft hat der Gedanke an die Familie die Kraft gegeben durchzuhalten. Auch wenn viele nicht wußten, ob Frau und Kinder, Eltern und Geschwister noch lebten, der Gedanke an Zuhause, die Fotos ihrer Familie, die Erinnerungen und Zukunftspläne haben sie davor bewahrt aufzugeben. Nur Nostalgie? Es ist mehr:

Die Familie war unser Zuhause. Sie hat uns das gegeben, was die Wissenschaftler das »Urvertrauen« nennen. Mit diesem Urvertrauen hat die Familie die Grundlage geschaffen, auf der ein Mensch sich zum vollen Menschsein entfalten kann, auf der er zu sich selbst und zu den Mitmenschen findet. Es lohnt sich, darüber nachzudenken.

2. *Selbstfindung und Selbstentfaltung in der Familie*

Ein Mensch ist mit seiner Geburt noch nicht voll entwickelter Mensch. Er braucht andere Menschen, die sich um ihn kümmern. Würde niemand für ihn sorgen, würde er nach wenigen Stunden sterben. Im Unterschied zu vielen Tierarten ist er biologisch bei seiner Geburt ein »Mängelwesen«. Er ist total auf andere angewiesen. Jeder weiß das. Was wir aber vielleicht zuwenig bedenken, ist die Tatsa-

che, daß ein Mensch weit mehr braucht als Nahrung und Kleidung und ein Dach über dem Kopf. Damit er zum Menschen wird, braucht er Menschen, die sich ihm zuwenden. Er braucht Liebe, und er braucht die Zeichen der Liebe.
Von Kaiser Friedrich II. aus dem Mittelalter berichtet eine Geschichte, er habe herausbekommen wollen, welches die Ursprache des Menschen sei: Hebräisch, Griechisch oder Lateinisch oder eine unbekannte Sprache. Er habe darum eine Gruppe von Säuglingen in ein Heim bringen lassen. Er gab Anordnung, sie aufs beste zu versorgen. Ihnen fehlte nichts. Nur war es den Pflegerinnen strengstens verboten, mit den Kindern zu sprechen und sich außer der Versorgung mit Nahrung und Kleidung mit ihnen abzugeben. Diese Kinder sind alle nach kurzer Zeit gestorben.

Selbstentfaltung durch die Liebe

Der Mensch entfaltet sich zum Menschen, zu diesem einmaligen Menschen mit seinen nur ihm eigenen Fähigkeiten und Kräften nur dann, wenn sich andere Menschen ihm in Liebe zuwenden. Er findet zu sich selbst in der Atmosphäre der Liebe, durch die Sprache der Liebe. Die Liebe ist es, die ihn gleichsam zu sich selbst herauslockt und heranwachsen läßt, so wie die Sonne im Frühjahr die Blumen hervorlockt und zur Entfaltung bringt. Die Liebe ist es, die das Urvertrauen begründet. Die Liebe schafft ihm die Gewißheit, angenommen und bejaht zu sein, auch mit seinen Fehlern und seinem Versagen. Die Liebe ist das Klima des Zuhause, in dem der Mensch er selbst sein kann.
Der Mensch braucht das Klima des Urvertrauens auch später. Er braucht immer ein Zuhause, nicht nur in der Kindheit. Er ist einfach immer darauf angewiesen, von anderen angenommen und anerkannt zu werden. Die Synode der deutschen Bistümer drückt es in ihrem Dokument über Ehe und Familie treffend und schön so aus: Der Mensch »lebt davon, daß andere ihm bezeugen: Es ist gut, daß es dich gibt« (1.2.1.1).
Er braucht heute besonders dringend diesen Raum des Zuhause, wo er angenommen und geliebt ist, auch wenn er keine Leistungen vorzuweisen hat; wo er auch Schwächen und Schuld eingestehen kann, ohne Nachteile befürchten zu müssen; wo er im Streß von Beruf und Arbeit als Mensch aufatmen kann; wo er nicht ein ersetzbares Räd-

chen im Produktionsprozeß, sondern ein unersetzbarer geliebter Mensch ist; wo er der Vereinsamung in der Masse entgeht; wo er sich als kranker und alter Mensch nicht die Frage stellt: »Wofür lebe ich überhaupt noch?« Er braucht immer das Zuhause als den Raum der Menschen, die ihn lieben. Kein Ort ist dazu besser geeignet als der Raum der Familie.

Was Familie für den heranwachsenden und für den erwachsenen Menschen bedeutet, zeigt sich mit zwingender Notwendigkeit dann, wenn die Familie nicht das Urvertrauen begründet hat und nicht die Geborgenheit des Zuhause bietet. Die Not und Verirrung der heranwachsenden Generation in einem bisher nicht gekannten Ausmaß ist nicht mehr zu übersehen. Immer mehr Kinder und Jugendliche leiden an Vereinsamung, weil ihnen die Liebe und Geborgenheit des Elternhauses fehlt. Immer mehr Kinder sind verhaltensgestört und weisen Züge einer neurotischen Entwicklung auf. Viele Jugendliche erliegen den wirkkräftigen Umwelteinflüssen, verfallen vielerlei Süchten bis zum Alkoholismus und zur Drogenabhängigkeit. Nicht wenige liefern sich neuen Heilslehren und modernen Verführern aus, die ihnen Sinn und Glück des Lebens verheißen, was zur totalen Abhängigkeit in Sekten oder in radikalen Terrorgruppen führt. Die Selbstmorde und Selbstmordversuche von Jugendlichen weisen in die gleiche Richtung: In den allermeisten Fällen werden sie unternommen, weil diese jungen Menschen zwar materiell versorgt, sogar überversorgt sind, weil sie aber in ihren seelischen Nöten allein gelassen wurden. Es sind die gestörten Familienverhältnisse, die sie zu dieser Kurzschlußaktion trieben, nicht anders als bei den etwa 15 000 Erwachsenen, die sich in der Bundesrepublik jährlich das Leben nehmen. Die Hauptursache der seelisch-geistigen Not von Kindern und Jugendlichen, der Hauptgrund einer oft schrecklichen Gefühlsverrohung, ist im Ausfall der Familie als dem Ort des Urvertrauens zu suchen. Die Hauptursache der Einsamkeit moderner Menschen ist seine Unbehaustheit. Sie haben kein Zuhause bei Menschen. Sie kommen sich vor wie ins Leere gehalten. Arbeit und Freizeitangebote können diese Leere nicht ausfüllen. Vielen erscheint das Leben sinnlos, zumal, wenn sie alt und krank geworden sind: sinnlos, nutzlos, weil niemand da ist, der auf sie wartet, der sich um sie bemüht. Viele können das Wort des Kranken auf sich beziehen, der zu Jesus sagte: »Ich habe keinen . . .« (Joh 5,7). Sie sind heimatlos. Die Heimatlosigkeit unter den Menschen hat manche den Glauben an die Heimat bei Gott vergessen und verlieren lassen.

Ich will nicht der Schwarzmalerei verfallen. Aber daß es in unserer technisch so erstaunlich entwickelten Welt an Entwicklung der Menschlichkeit fehlt, wird niemand bestreiten wollen. Daß die Lösung der Probleme und die Heilung der Übel nicht in noch mehr Wohlstand, noch mehr Freizeit, noch mehr Raffinessen des Lebensgenusses liegen kann, wird nach so manchen politischen und sozialen Entwicklungen der letzten Jahre von immer mehr Nachdenklichen erkannt. Selbstfindung und Selbstverwirklichung des Menschen heißt sich besinnen auf das, was Menschsein zuinnerst bedeutet, heißt fragen, wo und wie Menschlichkeit begründet und entfaltet wird. Es gibt keine Institution, keine Gruppe von Menschen, die dazu in gleicher Weise in der Lage ist wie die Familie, wenn sie ihren Auftrag erkennt und erfüllt.

Orientierung aus dem Glauben

Die Familie leistet mit ihrem Zuhause noch einen anderen, unverzichtbaren Beitrag zur Selbstentfaltung und Selbstverwirklichung des Menschen. Selbstverwirklichung kann, wenn sie richtig sein soll, nicht nach Lust und Laune geschehen. Sie muß auf Ziel und Sinn des menschlichen Daseins hin geschehen. Wohin soll ich mich entfalten? Welche Verwirklichung entspricht dem Sinn meines Lebens?
Hier stellt sich unausweichlich die Frage nach dem Menschenbild. Und mit dem Menschenbild stellt sich die Frage nach den maßgebenden Orientierungen, nach den Werten, Ordnungen und Normen, die mir helfen, das Ziel meines Lebens zu erreichen. Es stellt sich außerdem die Frage, welche Werte und Normen von allen anerkannt werden müssen, damit ein menschenwürdiges Zusammenleben möglich ist. Die Diskussion um die Grundwerte ist seit einigen Jahren mit Ernst und Nachdruck im Gange. Mit gutem Grund! Denn wie soll eine Gesellschaft, wie soll ein Sozial- und Staatsgebilde bestehen, wenn nicht Übereinstimmung darüber herrscht, was zur Würde und zu den Grundrechten eines jeden Menschen gehört, was sowohl Freiheit und Selbstbestimmung wie Mitverantwortung für die anderen bedeuten. Die bitteren Erfahrungen der jüngsten Geschichte lehren, daß auch das modernste Lebensverständnis mit seinen hochentwickelten Erkenntnissen und den atemberaubenden Erfolgen der Technik nicht vor Unmenschlichkeiten schützt, ja daß der Fortschritt zu fortschrittlicheren Mitteln der Grausamkeit führen kann.

Mag man auch über die fundamentalen Grundrechte im wesentlichen einer Meinung sein, in der Antwort auf die Frage nach dem Sinn des Lebens trennen sich die Wege. Wer den Sinn seines Lebens vor allem anderen in Besitz, Ansehen und Genuß sieht, wird Selbstverwirklichung anders verstehen als ein Christ. Wer nur auf Erfolg setzt, wird andere Maßstäbe wählen als einer, der nach dem Evangelium zu leben versucht. Wer sich vom Angebot des modernen Lebenskonsums bestimmen läßt, wer von der Machbarkeit aller Dinge ausgeht, wird andere Normen setzen als ein Mensch, für den das Hauptgebot der Liebe obenan steht. Wer sein Menschsein nur in bestimmten Rollen versteht, die er zu seinem Vorteil zu spielen hat, wird die Entfaltung seiner Fähigkeiten auf andere Weise suchen als ein Glaubender, der sich ganz und gar von Gott her versteht.
Der Glaube sagt uns, daß wir leben, weil Gott uns will. Wir leben, weil Gott uns liebt. Wir leben, weil Gott Gemeinschaft mit uns will, weil er uns für immer bei sich glücklich machen will. Der Sinn unseres Lebens zielt weiter als auf das Habbare, das Genießbare, das Machbare. Die Sehnsucht unseres Herzens meint ein größeres, ein tieferes, ein unendliches Glück. Unser Glaube zeigt uns ein anderes Bild vom Menschsein. Gott selbst ist in Jesus von Nazaret Mensch geworden, um uns zu zeigen, woher wir kommen und wohin wir gehen dürfen. Humanität – dieses große Wort wurzelt für den Glaubenden in der Menschwerdung des Sohnes Gottes. Von dort her bezieht es seinen letzten Sinn, bezieht es Kraft und Vollendung.
Der Christ entwirft daher die Maßstäbe seines Lebens nicht selbst. Er fabriziert nicht eigenmächtig die Werte und Normen seines Verhaltens. Er fragt: Was will Gott von mir? Welche Orientierung gibt er mir, daß mein Leben gelingt? Wie erkenne ich seine Weisungen aus der vorgegebenen Wirklichkeit, die seine Schöpfung ist? Welche Maßstäbe setzt das Evangelium, das Wort, das er durch Jesus an mich richtet? Im Blick auf ihn erkennt der Christ, daß Selbstverwirklichung in der Selbstlosigkeit der Liebe ihre höchste Vollendung findet. Jesus hat sich selbst verwirklicht, indem er sich für uns hingab. Wer sich als Christ bekennt, gehört zu Christus, er muß »aus Christus« und »in Christus« leben. Er kann sich nur dann wahrhaft selbst verwirklichen, wenn er sich von der Liebe Christi bestimmen läßt. Selbstverwirklichung kann für ihn auch bedeuten, seine eigenen Interessen und sein Glück, so wie er es versteht, um anderer willen zurückzustellen. Er wird in vielen Fällen anders entscheiden als ein Mensch, der aus einem anderen Verständnis von Humanität lebt.

3. Gewissensbildung in der Familie

Gewissen – mit diesem vielbemühten Wort berühren wir ein Thema, das aufs engste mit dem Thema Familie zusammenhängt. Selbstfindung, Selbstverwirklichung im Klima des Urvertrauens der Familie vollziehen sich im Gewissen.

Berufung auf das Gewissen

Was ist Gewissen? Was ist Gewissensüberzeugung, was ist Gewissensspruch? Wir berufen uns gern auf das Gewissen. Wir rechnen die Gewissensfreiheit zu den grundlegenden Menschenrechten. Aber ist es mit der Berufung auf das Gewissen getan? Die Erfahrungen aus Vergangenheit und Gegenwart sollten zur Vorsicht mahnen. »Im Namen des Gewissens« wurden schon die schlimmsten Dinge getan, Menschen gequält und getötet, ganze Völker ins Unglück gestürzt. In den Prozessen der Nachkriegszeit beriefen sich die Angeklagten auf ihre Pflichterfüllung. Sie beriefen sich auf ihr Gewissen. Und wie ist es mit den Terroristen unserer Tage? Wenn sie überzeugt sind, daß nur auf gewaltsame Weise die neue, heile Gesellschaftsordnung herbeigeführt werden kann, handeln sie dann auch nach ihrem Gewissen? Rechtfertigt ihr Gewissensurteil den Mord an Unschuldigen? Und wie ist es mit dem Gewissen jener Zeitgenossen, die den anderen das Leben unsäglich schwermachen, die rücksichtslos ihre Interessen durchsetzen, die keine unantastbaren Werte kennen und doch ein »ruhiges Gewissen« haben?
Das Gewissen ist kein Fertigprodukt, das mir auf meinem Lebensweg mitgegeben ist. Es ist nicht wie ein Orakel in mir. Es ist nicht wie ein Buch, das ich nur aufzuschlagen brauche, um jederzeit für jede Situation die passende Verhaltensweise zu erfahren. Selbstverständlich muß jeder nach seinem Gewissen handeln. Darüber sind sich alle einig. Es besteht auch darüber kein Zweifel, daß niemand gezwungen werden darf, gegen sein Gewissen zu handeln. Aber ein Handeln nach dem Gewissen bedeutet noch nicht, daß es mir das Richtige sagt. Es ist nicht belanglos, ob das Gewissen richtig entscheidet. Das Leben anderer Menschen kann davon abhängen. Das Gewissen kann sich irren, es kann sich schrecklich irren. Beispiele aus der Vergangenheit können sich jederzeit in anderer Form wiederholen, wenn das Gewissen nicht ausgerichtet, wenn es nicht gebildet wird.

Das Gewissen ist zunächst eine Anlage des Menschen zur Selbstverwirklichung. Eine Anlage jedoch, die nicht entfaltet wird, verkümmert. Eine Anlage, die nach falschen Zielvorstellungen und auf falsche Weise entwickelt wird, gerät zum Zerrbild dessen, was daraus hätte werden können. In Wissenschaft und Kunst, auch in handwerklichen Berufen gibt es unentdeckte Talente und »verkommene Genies«. Es gibt sie als Verkümmerungen und Fehlentwicklungen auch im gesamten Bereich der Gewissensentscheidungen.
Von sich aus weiß das Gewissen nicht, wonach es sich ausrichten soll. Dies muß das Gewissen erfahren, dies muß es lernen. Es muß informiert werden über die Werte und Ordnungen, die Maßstäbe und Normen, die eine richtige, dem Sinn und Ziel des menschlichen Daseins entsprechende Gewissensentscheidung gewährleisten. Das Gewissen muß gebildet werden. Selbstverwirklichung heißt Gewissensbildung.

Familie als Raum der Gewissensbildung

Gewissensbildung geschieht nicht durch Lernen aus einem Lehrbuch. Die Maßstäbe des Gewissens werden nicht – jedenfalls zunächst nicht – in Denkvorgängen gewonnen. Sie werden aus dem Leben übernommen. Sie werden von denen »abgelesen« und mit denen zusammen eingeübt, mit denen ein Mensch aufwächst. Das geschieht nirgendwo nachhaltiger und im wörtlichen Sinne »gründlicher« als in der Familie. Wofür wir leben, was wir tun müssen und nicht tun dürfen, damit unser Leben Sinn hat und gelingt, das wird in der Familie eingelebt. Was dort gilt, gilt fraglos auch für das Kind. Was dort abgelehnt wird, wird auch vom Kinde abgelehnt. In der Familie werden die Weichen für das Leben gestellt. Die Leitbilder der Familie, die Lebensauffassung der Familie, die Atmosphäre der Familie prägen das Kind schon in den ersten Lebensjahren. Wie man dort denkt und spricht und sich verhält, das wird der bildsamen Persönlichkeit des Kindes geradezu unauslöschlich eingeprägt.
Natürlich wird sich ein Mensch, wenn er selbst zu denken beginnt, mit dem Lebensentwurf seiner Familie auseinandersetzen. Er muß sich kritisch damit auseinandersetzen, wenn er zu sich selber kommen will. Aber dann kann vieles schon so einseitig und so falsch festgefahren sein, daß es schwer für ihn ist, andere Werte überhaupt in den Blick zu bekommen.

Wenn in der Familie Wahrhaftigkeit, Rücksichtnahme und Hilfsbereitschaft wenig gelten, wenn in der Hauptsache von Geld und Verdienen, vom Essen und von Neuanschaffungen, von Hobbies, Urlaub und Auto, vom Klatsch in Verwandtschaft und Bekanntschaft die Rede ist, wenn ein Kind immer wieder hört und erlebt, daß man sich durchsetzen und Erfolg haben muß, daß man nicht gegen den Strom schwimmen darf, sondern sich rechtzeitig anpassen muß – wie sollen dann die tragenden Grundwerte erlebt und eingelebt werden? Wenn Gott und Glaube, Religion und Kirche als Thema nicht vorkommen oder ganz am Rande stehen, wie soll ein Kind davon erfahren? Der Religionsunterricht hat gegenüber diesem Lebensunterricht kaum Chancen. Und wenn ein Kind mehr von der Scheinwelt der Comic-Hefte und von den Werbeslogans des Fernsehens aufnimmt als von den wirklichen Lebenswahrheiten, wenn Idole aus der Show- und Schlagerwelt das Wertdenken von Jugendlichen beherrschen, wenn ihnen nur die Lebensregeln der Massenblätter bekannt sind – wie sollen sie zu einer sachlich richtigen Gewissensbildung kommen? Wie soll mit solcher Gewissensbildung eine echte Auseinandersetzung um Sinn und Ziel, um die Werte und Normen des Lebens gelingen? Wie soll mit solchen Scheinwerten und Scheinautoritäten die Selbstverwirklichung eines Menschen gelingen?

Protest der Unzufriedenen

Es liegt mir völlig fern, Vorwürfe und Anklagen zu erheben und den Eltern ihre Situation durch eingeredetes Schuldbewußtsein noch schwerer zu machen. Aber wir müssen die Situation und die Ursachen der Fehlentwicklungen ohne Beschönigungen sehen. Wir können der Frage nicht ausweichen, nach welchen praktischen Maßstäben in unserer Familie Gewissensbildung geschieht: nach den Maßstäben wahrer Humanität, die letztlich im Glauben verwurzelt ist, oder nach den Maßstäben der öffentlichen Meinung, der Massenpresse, der Mehrheit der Zeitgenossen oder fragwürdiger Vorbilder? Wir müssen uns fragen lassen, ob unser Familienleben zum kritischen Denken anleitet oder zur fraglosen Übernahme dessen, was gerade »in« ist.
Die ältere Generation sollte nicht nervös und empört auf die Frage reagieren, ob denn alles das, was sie unter größten Mühen und Ent-

behrungen nach dem Zusammenbruch aufgebaut haben, damit »unsere Kinder es einmal besser haben«, ob das denn ausreicht, ein Leben als sinnvoll und erfüllt anzusehen.
Das Verhalten vieler junger Menschen heute ist ein glattes Nein auf diese Frage, und – verzeihen Sie, wenn ich das offen sage, und verstehen Sie es bitte nicht falsch – die jungen Leute haben recht: Dieser bewundernswerte Wiederaufbau und der Wohlstand, den Sie Ihren Kindern erarbeitet haben, sind nicht das, was ein Leben ganz erfüllt. Kinder und Jugendliche, die alles haben, wonach sie verlangen, die aber keine Antwort auf die Frage bekommen: »Ist das alles?«, protestieren zu Recht. Sicher ist die Art und Weise ihres Protestes oft krasser Undank. Ohne Zweifel fehlt manchen von ihnen jene Rücksichtnahme und Toleranz, die sie von andern lautstark fordern. Manche scheinen überhaupt nicht wahrzunehmen, wie sie auf der Seele ihrer Eltern »herumtrampeln«. Es ist nicht zu billigen, was sie tun. Aber bestätigen sie nicht auf ihre Weise das Wort Jesu: »Der Mensch lebt nicht vom Brot allein« (Mt 4,4)? Es ist der Protest der Unzufriedenheit, des unausgefüllten Lebens, der nicht gefundenen Antwort auf die Frage nach Sinn und Ziel des Lebens. Oft auch ist es der Protest gegen die Verlogenheit einer Gesellschaft, die von »Anständigkeit« und Humanität spricht und sich mit unehrlichen Praktiken bereichert; die den Kindern und Jugendlichen unaufhörlich suggeriert, was alles man heute haben muß, um mitreden zu können, und sich über Kinder- und Jugendkriminalität entrüstet; die sich über das ungenierte Sexualverhalten von Jugendlichen beklagt und mit Sex und Sensation Geschäfte macht.
Die Probleme der Kinder, die Probleme der Jugendlichen sind im Grunde die Probleme der erwachsenen Generation. Die 70 000 drogenabhängigen Jugendlichen in der Bundesrepublik, die vielen, die fast rettungslos an Jugendsekten verfallen sind, die vielen aus ihrer Familie abgewanderten Jugendlichen, die als selbstverständlich geltenden intimen Beziehungen von Pubertierenden, die zwei Millionen Suchtkranken, die »Springflut« von psychischen Erkrankungen heute – sie sind Alarmzeichen, die auf eine tiefsitzende Erkrankung unserer Zeit hinweisen: auf die verlorene Mitte, auf den verlorenen Sinn, auf die aus dem Blick geratene Ganzheit des Lebens.
Unsere Familien sind gefragt, wie sie dieser Gefährdung begegnen. Sie können es, sie sind das stärkste Bollwerk gegen Sinnentleerung und verfehlte Selbstverwirklichung. Unzählige Familien leisten diesen Dienst, einen unschätzbaren Dienst der Menschlichkeit und Christ-

lichkeit. Sie sind das Zuhause, wo der Mensch sich zu sich selbst entfaltet. Sie sind Orte unersetzlicher Gewissensbildung, wo der Mensch zum Sinn und Ziel seiner selbst und damit zu Gott findet. Wir alle sind ihnen zu Dank verpflichtet. Wir leben von ihrer Treue.

Fürbitten

Herr, unser Gott, du willst, daß die Menschen in einer Familie aufwachsen. Wir bitten dich:

- für unsere Familien: Hilf ihnen, jenes Zuhause zu sein, wo der Mensch zu sich selber und zu dir kommen kann . . .
- für die Eltern: Erleuchte sie, daß sie in den Schwierigkeiten und Problemen unserer Zeit den richtigen Weg der Erziehung finden . . .
- für die Kinder und Jugendlichen: Schenke ihnen gute Vorbilder, an denen sie ihr Gewissen bilden können . . .
- für die Familien, die in Unfrieden leben: Stärke sie, daß sie nichts unversucht lassen, ihre Konflikte im Geist der Liebe zu bewältigen . . .
- für alle, die kein Zuhause haben, für die Alleinstehenden und von ihrer Familie Getrennten: Laß sie Menschen finden, die sich ihrer annehmen, daß sie nicht am Sinn ihres Lebens verzweifeln . . .

Gott, unser Vater, laß uns im Zuhause unserer Familie ein Abbild des ewigen Zuhause erleben, das du uns durch Jesus Christus, deinen Sohn, unseren Herrn und Bruder, bereitet hast. Amen.

Predigtvorlage II

Die Familie – Brücke zur Welt:
Wo Mitmenschlichkeit erlernt und eingeübt wird

»Die Familie ist der soziale Mutterleib.« »Sie leistet die zweite, soziokulturelle Geburt des Menschen« durch den Aufbau eines »sozialen Optimismus«. Was die Wissenschaftler durch Forschungen herausgefunden haben und in soziologischem Fachjargon umständlich benennen, das wissen wir aus uralter Erfahrung der Menschheit und aus unvergeßlichem eigenen Erleben: In der Familie lernen wir, mit anderen Menschen umzugehen. Die Familie ist die Grund-Schule der Mitmenschlichkeit. Ihre Leistungen für Gesellschaft und Staat können nicht hoch genug bewertet werden.

1. Grund-Schule der Mitmenschlichkeit

Wir haben über die grund-legende Bedeutung der Familie für den Menschen nachgedacht. In der Familie findet er zu sich selbst. Die Familie ist der bestgeeignete Raum der Selbstentfaltung und Selbstverwirklichung. Sie ist der ideale Umschlagplatz von Werten, Ordnungen und Normen der Menschlichkeit. Sie ist der erste Ort der Gewissensbildung.

Der Mensch kann aber nicht zu sich selbst finden, wenn er nicht zum Mitmenschen findet. Er kann sich nicht selbst verwirklichen, wenn er nicht Gemeinschaft mit anderen Menschen hat. Sein Gewissen entfaltet und formt sich nicht, wenn es nicht das Gewissen der Mitmenschen einbezieht. Er kommt zum Ich nicht ohne das Du. Die Ichfindung gelingt nicht ohne die Wirfindung.

Sie haben dazu bereits einiges in der letzten Predigt gehört. Heute wollen wir diesen Aspekt genauer ins Auge fassen. Beide Seiten der Familie gehören zusammen: ihre Bedeutung für den einzelnen wie für die Gemeinschaft. Wenn wir sie getrennt betrachten, dann aus dem Grunde, um ihre je besondere Verwurzelung und Verwirklichung in der Familie hervorzuheben.

Gemeinschaftsfähig werden

Der Mensch ist von Natur aus kein Einsiedler. Er ist Gemeinschaftswesen. Aber die Fähigkeit, richtig in Gemeinschaft zu leben, wird ihm nicht schon in die Wiege gelegt. Er muß es lernen, er muß es einüben. Nirgendwo kann er es natürlicher und ausgewogener als in der Familie. Wo die Familie das Urvertrauen des Zuhause schafft, kann ein Kind sich ohne Angst so geben, wie es ist, und in der Begegnung mit den anderen immer mehr sich selbst und die anderen als einmalige, unverwechselbare und unvertretbare Menschen erleben. Die Liebe der anderen, die den Menschen zu sich selber weckt, läßt in ihm auch die Liebe zu den anderen entstehen und wachsen. Aus dem Urvertrauen wird das Vertrauen zu den Menschen der Umwelt. Aus dem Vertrauen zur kleinen Umwelt der Familie kann das grundsätzliche Vertrauen zur Außenwelt hervorgehen. Die Familie wird zur Brücke zur Welt.

Sie erfüllt diese Aufgabe nicht nur in der Kindheit und Jugend. Auch für den erwachsenen Menschen ist die Familie immer wieder neu der solide Ausgangspunkt für den Schritt in die Welt. In der Familie kann sich der Mensch immer wieder für den Dienst an der Welt erneuern.

Die vielfältigen Beziehungen in der Familie sind ebenso viele Möglichkeiten, andere Menschen kennenzulernen und richtig mit ihnen umzugehen. Das Verhältnis von Vater und Sohn, Vater und Tochter, Mutter und Sohn, Mutter und Tochter, Bruder und Schwester, Bruder und Bruder, Schwester und Schwester, jüngeren Geschwistern und älteren Brüdern und Schwestern, dazu das Grundverhältnis von Vater und Mutter als Mann und Frau – dieses ganze bunte Beziehungsgeflecht der Familie und der Verwandtschaft ist eine einzigartige Chance, Menschen in ihrer Andersartigkeit zu erleben. Wie von selbst ergibt sich dabei, den anderen anzunehmen wie er ist. Wie von selbst werden – bei entsprechender Führung – in den verschiedenen Phasen der Gewissensbildung Rücksicht aufeinander und Verantwortung füreinander eingeübt. Wie von selbst prägt in solcher Familie die Erfahrung den Menschen, daß Selbstverwirklichung zugleich Selbstverzicht sein kann. Eine Selbstverwirklichung nach Art rücksichtsloser Bedürfnisbefriedigung verbietet sich hier von selbst.

Es sind nicht allein die Menschen in ihrem Dasein, die das Sozialverhalten von Grund auf prägen. Es sind die Menschen in ihrer Geschichte, in ihrem wechselnden und gleichbleibendem Verhalten, es sind die gemeinsamen Erlebnisse; es ist die Erfahrung gemeinsamer Freude und gemeinsamen Leides, die Erfahrung von Schuld und Vergebung, die Erfahrung der Grenzsituationen und der Wendepunkte in Krankheit, Trennung, Verlust und Tod; es ist die Erfahrung des Lebens in seiner Breite und Fülle, die in der Familie konzentriert dem Menschen geschenkt wird. Es ist ein Geschenk, wenn die Familie in der Lage ist, diese Erfahrungen in den Sinnzusammenhang des Lebens einzuordnen.

Gelebte Grundwerte

Mit diesen Erfahrungen werden die Grundwerte des Gemeinschaftslebens eingeübt. Grundwerte wollen nicht gelehrt, sie wollen gelebt sein. Ihren Sinn und ihre Anziehungskraft erlebt der Mensch immer dann, wenn die Menschen in seiner nächsten Umgebung sie bejahen und auch in schwierigen Situationen nicht beiseite schieben. Die Werte der Würde, der Freiheit und Unverfügbarkeit des Menschen, der Gerechtigkeit gegenüber allen, der Ehrlichkeit in Rede und Gebaren, der Treue zum gegebenen Wort, der Liebe, die allen Belastungen standhält, des Willens zur Versöhnung – sie alle werden nicht durch Reden anerzogen, sondern als selbstverständlich einsichtig gemacht und nachgeahmt durch das, was die Familie in Eltern und Geschwistern vorlebt.
Der Familie kann am besten gelingen, die Grundwerte der persönlichen Freiheit und der Rücksichtnahme auf die anderen, der Gerechtigkeit und der Liebe, der Selbstbestimmung und des Verzichtes für andere, der eigenen Gewissensentscheidung und des Respekts vor der des anderen miteinander in Einklang zu bringen. Wie in der Familie Meinungen gebildet und vertreten werden, wie über andere gesprochen wird, welche Einstellung zu bestimmten Gruppen vorherrscht, welche Aktivitäten anderen Menschen gebenüber entwickelt werden oder unterbleiben – das legt die Maßstäbe des späteren Verhaltens gegenüber den Mitmenschen fest: richtige oder falsche Maßstäbe, Mitmenschlichkeit und Nächstenliebe oder Klischees und Feindbilder. Die Familie ist die Grund-Schule der Mitmenschlichkeit.

2. *Schicksal der Gesellschaft*

Fehlgeleitete Kinder

Leider belehrt uns auch hier am nachdrücklichsten das Versagen der Familie über das, was sie bedeutet. Kinder, die ohne Liebe aufwachsen, werden zu Erwachsenen voller Haß, sagte ein erfahrener Pädagoge (R. Spitz). Wenn Kinder sich der Liebe ihrer Eltern nicht sicher sind, wird das Mißtrauen zu ihrer Grundhaltung. Wo in der Familie kein echtes Miteinander und Füreinander gelebt wurde, wird es ein Mensch schwer haben, zur Partnerschaft in der eigenen Ehe zu finden. Wenn Kinder in der Familie mehr im Wege stehen als angenommen sind, wenn sie – grob gesagt – hinter Beruf, Geschäft, Auto und Urlaub rangieren, kann ihre Selbstverwirklichung empfindlich gestört werden. Kurzschlußhandlungen bis zum Selbstmordversuch können die Folge sein. Eltern, die ihre Kinder nur zu eigenen Plänen, zur Steigerung ihres Prestiges und ihres Lebensgenusses erziehen, programmieren selber den kommenden schmerzlichen Protest. Kinder, die nur zum Nehmen, nicht zum Geben angehalten werden, die das Sicheinschränken um anderer willen nie gelernt haben, die nur Rechte, aber keine Pflichten lernen, werden in der Regel später ihren Eltern nicht danken, daß sie »es besser hatten« als sie. Familien, in denen vor allem anderen der Erfolg, die Leistung, der Kampf um die bessere Startposition, letztlich also Geld und Besitz Denken und Tun beherrschen, erziehen zur Rücksichtslosigkeit in Beruf und öffentlichem Leben, zur Gefühlskälte und – wenn der eigene Vorteil auf dem Spiel steht – auch zur Grausamkeit. Wenn der Wert eines Menschen nach seinem Bankkonto und nach seiner Stellung, nach seinem Wagen und nach seinen Beziehungen zu den Mächtigen, nach seiner Publicity und nach seinem Aussehen bemessen wird, wenn die Schlagwörter der öffentlichen Meinung und die Lebensregeln der Massenblätter das Klima der Familie bestimmen, dann ist die Familie keine Grund-Schule der Mitmenschlichkeit; sie wird zu einer Schule der Oberflächlichkeit, der Kontaktlosigkeit, der Überheblichkeit und mit großer Wahrscheinlichkeit zu einer Schule späterer Einsamkeit. Manche Alterseinsamkeit, manche Verbitterung, manche Unfähigkeit, unabänderliche Entwicklungen zu akzeptieren, manche Flucht in die Sucht und in den Tod sind durch den Ausfall des Zuhause eingeleitet worden.

Gestörte Mitmenschlichkeit

Auch hier sei es betont: Es geht nicht um Vorwürfe und Anklagen. Es geht um eine nüchterne Sicht der Dinge. Es geht um die Frage, ob nicht auch in unserer Familie die Blindheit gegenüber den Grundwerten um sich greift, die in manche Familien den Keim der Zerrüttung hineingelegt hat. Niemand kann ermessen, was der Ausfall der Hinführung zur Mitmenschlichkeit durch die vielen hunderttausend geschiedenen Ehen mit den nicht weniger vielen Scheidungswaisen bei Kindern und Jugendlichen verursacht. Hier geht etwas zutiefst Menschliches in unserer Gesellschaft verloren: das Zuhause im Urvertrauen zueinander. Hier und auch im zunehmenden Zusammenleben »ohne Trauschein« zeigt sich, daß weitgehend schon verlorengegangen ist, was die Synode der deutschen Bistümer von gegenseitiger und unbedingter Annahme sagt: »Wirklich angenommen ist der Mensch nur dort, wo jemand ihn auch in seiner Hinfälligkeit und Schwäche und mit all den Belastungen annimmt, die ihm im Laufe seines Lebens, mit oder ohne eigene Schuld, zugewachsen sind. Eine solche Annahme ist auch nicht abhängig davon, wie der andere Mensch sich entwickelt oder was ihm widerfährt . . . Der Ehe kommt es zu, diese unbedingte Annahme darzustellen« (1.2.1.1).

Kinder ohne Geschwister

Ich darf in diesem Zusammenhang auch an das Problem des Geburtenrückganges in unserem Lande erinnern. Dieses Problem hat viele Gründe und schwerwiegende Auswirkungen. Wir können darauf nicht eingehen. Uns steht nicht zu, über den einzelnen Fall zu urteilen. Aber unsere bisherigen Überlegungen erlauben doch den Hinweis, daß die Einkindfamilie bei weitem nicht die Möglichkeiten besitzt, mitmenschliches Verhalten einzuüben wie die Mehrkindfamilie. Eltern, die ohne schwerwiegenden Grund ihrem Kind die Geschwister verweigern, müssen sich fragen lassen, ob sie wissen, was sie ihrem Kinde antun. Erfahrung und Wissenschaft sprechen gegen die Erwartung, einem einzigen Kinde könne man sich besser widmen. Oft steht die vermehrte außerfamiliäre Tätigkeit der größeren Sorge für das Kind entgegen, oder die vermeintlich bessere Versorgung macht es dem Kind später schwer, sich in die Gemeinschaft einzufügen. Es muß nicht so sein – die Gefahr, daß es dazu kommt, kann abgewen-

det werden –, aber in der Regel ist es so: Die Einkindfamilie ist nicht eine solche Grund-Schule der Mitmenschlichkeit wie die Mehrkindfamilie. Niemand weiß, welche Probleme einer »Gesellschaft ohne Geschwister« noch auf uns zukommen werden.
Die Familie ist weitgehend das Schicksal der Menschen. Sie ist in hohem Maße auch das Schicksal von Gesellschaft und Staat.

3. Mehr Selbstbewußtsein der Familie

Kinderunfreundlichkeit heute

Wenn das aber so ist, sollte man meinen, daß Gesellschaft und Staat außerordentlich daran interessiert sein müßten, ob die Familie gesund ist und ihre Aufgaben erfüllen kann. Man sollte meinen, daß Mehrkindfamilien, die mehr als die anderen die Last der Zukunft jetzt schon auf sich nehmen, in besonderer Weise Achtung und Unterstützung erfahren. Wenn in der Familie die Vorentscheidungen des gesellschaftlichen, wirtschaftlichen und politischen Lebens fallen, wenn hier Menschen herangebildet werden, die später für sich und andere lebenswichtige Entscheidungen treffen, dann müßte es doch alle brennend interessieren, ob und wie die Grundlagen für eine gesunde Familie gelegt werden. Wenn es nachweislich in Vergangenheit und Gegenwart keine Institution gegeben hat und gibt, die in gleicher Weise wie die Familie Grund-Schule der Mitmenschlichkeit sein kann – wie immer auch die Gestalt der Familie ausgesehen hat oder noch aussehen wird –, dann müßte doch in der öffentlichen Meinung und in der Gesetzgebung alles getan werden, die Erziehungskraft der Familie zu stärken, die Familie vor schädlichen Einflüssen zu schützen und ihr jenen geistigen und materiellen Raum zu sichern, den sie braucht, um sie selbst zu sein.

Dem ist jedoch leider nicht so. Im Gegenteil: Der Familie wird es sehr schwergemacht. Es war auch früher nicht leicht, Kinder zu haben, viele Kinder zu haben, wie es die Regel war. Es gab auch früher Probleme und viel Leid. Auch früher sah die Wirklichkeit anders aus als das Ideal. Aber die Familie hatte einen anderen Stellenwert in der öffentlichen Meinung. Die Öffentlichkeit war nicht so kinderunfreundlich, wie sie sich heute in vieler Hinsicht darstellt. Man rümpfte noch nicht die Nase, man spöttelte nicht und sprach nicht von Verantwortungslosigkeit, wenn eine Familie mehr als zwei Kinder hatte. Eine Frau, die wegen ihrer Kinder zu Hause blieb, galt noch nicht als rückständig und unfrei.

Berufstätigkeit von Müttern?

Wir wollen uns kein Urteil über die Berufstätigkeit von Müttern erlauben. Sie hat positive, aber auch negative Seiten. Es geht um die Unterbewertung der »Nur-Hausfrau«. Es geht um die Meinung, eine Frau sei erst dann »emanzipiert«, wenn sie berufstätig ist. Es geht um die unglaubliche Verkennung der Leistungen der Hausfrauen und Mütter. Die Frage, ob eine Mutter berufstätig sein soll oder darf, kann sie nur selbst beantworten, in Absprache mit ihrem Mann und in voller Einbeziehung der Verantwortung für ihre Kinder. Aber wenn sie sich wegen ihrer Kinder dazu entschließt, ihre Berufstätigkeit vorübergehend oder ganz aufzugeben, wenn sie sich vielleicht schweren Herzens von einer liebgewordenen Arbeitsstelle trennt, dann darf dieser Entschluß doch nicht mit sozialer Geringschätzung und finanziellen Verlusten beantwortet werden. Diese Frau leistet für ein Volk, für ein Land und dessen Wirtschaftskraft weit mehr, als in den Zahlen wachsenden Sozialprodukts ausgedrückt werden kann. Das Zuhause, das sie schafft, das Urvertrauen, das vor allem sie begründet, hat Fernwirkungen, die allen zugute kommen. Es wäre höchst aufschlußreich, die Familiengeschichten einflußreicher Persönlichkeiten aus Politik, Wirtschaft und gesellschaftlichem Leben in Vergangenheit und Gegenwart zu erfahren. Was sie an Gutem und was sie an Schlimmem für viele Menchen, ja für ein ganzes Volk getan haben, wurde in ihrer Familie angebahnt.

Es ist an der Zeit, daß wir auch in diesem Punkte umdenken. Das Quantitative darf nicht in solchem Maße unser Denken und Tun bestimmen wie bisher. Ein Wirtschaftswachstum, das vornehmlich auf Weckung und Befriedigung von Bedürfnissen aufgebaut ist, darf nicht den Maßstab für die Wertschätzung der Familie abgeben. Mit Nachdruck ist zu bejahen, was der ehemalige Bundespräsident Scheel in seiner Weihnachtsansprache 1978 sagte: »Wir können nicht auf Dauer zugunsten eines ausschließlich quantitativen Wachstums Raubbau mit unseren Kindern treiben.« Die Gleichberechtigung der Frau »ist ein Gebot der Gerechtigkeit und ein Gebot unserer Verfassung. Aber sie spielt sich, das müssen wir auch sehen, zum großen

Teil auf dem Rücken unserer Kinder ab«. Es ist zu einfach, den Frauen bzw. den Eltern Vorwürfe zu machen. Vielmehr muß unser Wirtschafts- und Sozialleben anders orientiert werden. »Wir müssen wieder eine kinderfreundliche Umwelt schaffen. Hier liegt ein wahres Bedürfnis unserer Gesellschaft.« Die hierfür notwendigen Kosten stehen in keinem Verhältnis zu den Milliardenbeträgen, die der Staat für die Resozialisierung von Drogenabhängigen, von jugendlichen Straftätern und anderen aufbringen muß, denen die Geborgenheit der Familie fehlte. »Keine staatliche Gemeinschaft kann gedeihen, wenn die innigste menschliche Gemeinschaft, die Familie, Schaden leidet« (Scheel 14–16).

Gesellschaftliche Diskriminierung

Die Wirklichkeit widerspricht diesen Erkenntnissen und Forderungen. Familien mit zwei und mehr Kindern sind gegenüber kinderlosen Ehepaaren finanziell trotz Kindergeld und steuerlicher Erleichterungen äußerst benachteiligt. In auflagenstarken Massenblättern und anderen Publikationen werden Ehe und Familie auf viele Weise unterminiert: Die Werte und Ordnungen, die sie prägen und tragen, stammen – so wörtlich in einer Rundfunk-Unterhaltungssendung – »aus der Mottenkiste des vorigen Jahrhunderts«. Tendenzen, die Ehe zu privatisieren, verbinden sich mit zunehmenden Trends, die Kindererziehung der Gesellschaft zu überantworten. Die Ehescheidung wurde ohne spürbare Rücksicht auf vorhandene Kinder erleichtert. Das neue Scheidungsrecht begünstigt die Krisenanfälligkeit der Ehe und könnte sich als »Eheverhinderungsgesetz erweisen« (Gründel 48). Es setzt Ehe und Familie großen Zerreißproben aus. Wie sollen sie die tragenden Grundwerte unserer Gesellschaft verwirklichen, wenn sie zwar nach dem Grundgesetz unter dem besonderen Schutz der staatlichen Ordnung stehen, ihr Rechtsschutz aber praktisch eingeschränkt wird? Wie soll der Grundwert der Unverfügbarkeit des Lebens wirksam im Bewußtsein verankert und rechtlich geschützt werden, wenn der Gummi-Paragraph der sozialen Indikation eine erfahrungsgemäß ausgiebig betriebene Verfügung über ungeborenes Leben sanktioniert?
Wie soll ferner die Familie ihre Erziehungsaufgabe wahrnehmen, wenn in schulischen und öffentlichen Bereichen gegen die Eltern gearbeitet wird, wenn sie als Dilettanten der Pädagogik diskriminiert

werden, wenn aus dem Versagen einzelner Familien die grundsätzliche Untauglichkeit der Familie überhaupt begründet wird? Es ist nicht zu verkennen, daß mancherseits ein »Feindbild Familie« aufgebaut wird, um das Erziehungsmonopol des Staates zu rechtfertigen. Die Ideologie einer technokratischen Menschen- und Gesellschaftsplanung kann den Eigenwert und die Eigenrechte der Familie nicht dulden.

Protest aus gesundem Selbstbewußtsein

Dagegen müssen wir uns wehren. Es gilt zu erkennen, was im Gange ist, auch wenn es nur von Minderheits-Ideologien betrieben wird. Ihre Behauptungen kommen dem Bequemlichkeitsdenken entgegen. Je mehr wir nach dem Staat rufen, um so bereitwilliger wird er sich einmischen. Eheleute und Eltern sollten tiefer erkennen, was ihre natürlichen Rechte und Pflichten sind und wozu sie auch heute in der Lage sind. Die Familie war früher als der Staat, sie ist keine Zweigniederlassung des Staates. Eltern sind nicht Beauftragte, nicht Funktionäre der Gesellschaft. Sie sind ihr verpflichtet, sie tragen Mitverantwortung, aber sie sind keine Befehlsempfänger staatlicher Stellen. Ihr Leben vollzieht sich nicht in bloßen Rechtsstrukturen, nicht in den Vorstellungen gesellschaftlicher Konkurrenzkämpfe, nicht nach dem Modell technischer Abläufe. Was Mann und Frau, Eltern und Kinder miteinander verbindet, was Klima und Basis dieser Grund-Schule der Mitmenschlichkeit ist, läßt sich durch keine technische Planung, durch kein professorales Pädagogikwissen und durch keine staatliche Verordnung erstellen: Das ist die Liebe, von der wir Christen wissen, daß sie in Gott gründet und die gestaltgewordene Antwort auf seine Liebe zu uns sein soll.
Darum sollten wir gegen die Benachteiligungen der Familie protestieren: gegen das unbegreifliche Unrecht, daß Eltern, die durch ihre Kinder die Zukunft eines Gemeinwesens sichern, in einem Sozialstaat dafür durch empfindliche materielle Einbußen bestraft werden; gegen die offenen und versteckten Diffamierungen der Familie; gegen die Kompetenzüberschreitungen gesellschaftlicher Mächte; gegen die gesetzgeberisch geförderte Verrechtlichung der ehelichen und familiären Beziehungen.
Aber alle Proteste und auch die beste Familienpolitik werden nicht viel nützen, wenn unsere Väter und Mütter nicht von ihrer Familie

überzeugt sind. Sie haben keinerlei Anlaß zu Minderwertigkeitsgefühlen, auch wenn sie sich manches nicht leisten können, worauf andere Anspruch erheben. Sie haben es nicht nötig, sich als die Rückständigen und Dummen zu fühlen, die das Leben an sich vorbeigehen lassen. Im Gegenteil: Sie haben Grund zu gesundem Selbstbewußtsein; sie haben Grund zu echtem Stolz auf ihre Familie; sie haben Grund zur Freude an ihrer Familie.
Sie haben um so mehr Grund zur Freude und Zuversicht, als sie sich im Dienste dessen verstehen dürfen, der die Liebe ist und der die Ehe und Familie zum Zeichen seiner Gegenwart gemacht hat. Darüber wollen wir das nächste Mal nachdenken: über das Besondere der christlichen Familie.

Fürbitten

Herr Jesus Christus, du bist Mensch geworden, um uns den Weg zu wahrer Menschlichkeit und Mitmenschlichkeit zu zeigen. Wir bitten dich:

– Laß unsere Familien zu Stätten der Geborgenheit, des Vertrauens und der Nächstenliebe werden . . .

– Hilf den Eltern, die richtigen Leitbilder der Erziehung zu erkennen und die falschen zu vermeiden . . .

– Vergilt unseren eigenen Eltern die Güte und Liebe, die Treue und Geduld, die sie uns unter vielen Opfern erwiesen haben . . .

– Begleite die Jugendlichen, die sich von ihrer Familie getrennt haben; laß sie zum Sinn ihres Lebens finden und hilf ihnen und ihren Eltern zum Verständnis füreinander und zur Versöhnung miteinander . . .

– Bewege alle Verantwortlichen in Staat und Gesellschaft, daß sie alles tun, den Familien ihre Aufgabe zu erleichtern . . .

Dazu erfülle uns alle mit deinem Heiligen Geist, in dem du bei uns bleiben willst alle Tage unseres Lebens. Amen.

II. Ehe und Familie im Verständnis des christlichen Glaubens

A) Thematische Hinführung

1. Der Heilswert von Ehe und Familie

1.1 Wenn Ehe und Familie getrennt als menschliche Grundinstitutionen und in der Sicht des Glaubens behandelt werden, darf nicht der Eindruck entstehen, als handele es sich um zwei voneinander getrennte Wirklichkeiten. Die natürlichen Werte sind voll in die Sicht des Glaubens integriert. Doch erscheint es notwendig, auf die Frage zu antworten, was denn das Besondere der christlichen Ehe und Familie ist. Wie verstehen und wie leben wir sie im christlichen Glauben?
Die grundlegende Aussage des Glaubens dazu lautet: *Die Ehe ist als menschliche Grundinstitution unter Christen ein Sakrament des Neuen Bundes;* die Familie nimmt an dieser sakramentalen Eigenart der Ehe teil.

1.1.1 Die Ehe der Christen ist als menschlicher Bund »hineingenommen in den größeren Bund Gottes mit den Menschen, den er in Jesus Christus ein für allemal geöffnet hat« (Synode 1.3.1). Das natürliche Zueinander und Miteinander von Mann und Frau, das durch die Schöpfung grundgelegt ist, wird zum Abbild des Verhältnisses

Christus – Kirche (vgl. Eph 5,22–33). Die Ehe ist mehr als ein äußeres Symbol dieser Verbindung, sie ist *wirksame Gegenwart der in Jesus Christus erschienenen Liebe und Treue Gottes.* »Die Liebe zwischen Mann und Frau ist vielmehr vergegenwärtigendes Zeichen, Epiphanie der in Jesus Christus ein für allemal geschenkten und durch die Kirche gegenwärtigen Liebe und Treue Gottes« (Kasper 40). Das Sakrament ist nicht etwas an der Ehe, neben oder über der Ehe, sondern diese Ehe selbst, insofern sie als Ehe der Christen begründet und im Glauben gelebt wird.

Die christliche Ehe erhält daher eine andere Dimension als die »Natur«-Ehe, ohne deren Werte zu verringern. Wie die Taufe den Menschen zu einer »neuen Schöpfung« macht (2 Kor 5,17; Gal 6,15), ohne ihm seine Menschlichkeit zu nehmen, so wird auch die Ehe mit ihrer ganzen natürlichen Liebe und Geborgenheit zu etwas Neuem. Sie wird erfüllt von dem Leben und der Liebe zwischen Christus und der Kirche.

1.1.2 Daraus folgt, daß die Ehe der Christen ihre Sinngebung und Ordnung nicht allein aus ihren natürlichen Gegebenheiten erhält, sondern auch, die natürlichen Strukturen durchdringend und vervollkommnend, aus ihrer Heilsbedeutung in Christus. Das betrifft besonders die *Unauflöslichkeit der sakramentalen Ehe.*

Es lassen sich viele Sinn- und Angemessenheitsgründe dafür anführen, daß die Ehe auf unbegrenzte Dauer angelegt ist. Liebe meint Treue ohne Zeitmaß. Auch für die Erziehung der Kinder ist das Zusammenbleiben der Eltern eine natürliche Voraussetzung. Diese Argumente können jedoch nicht die ausnahmslose Unauflöslichkeit der Ehe beweisen. Wir sollten das auch zugeben. Für den Nichtglaubenden ist es absolut uneinsichtig, warum er in einer gescheiterten Ehe für immer gebunden sein soll. Aber auch unter praktizierenden katholischen Christen macht sich ein wachsendes Nichtbegreifen der kirchlichen Lehre von der unauflöslichen Ehe breit. Um so mehr erscheint es geboten, deren sakramentale Begründung zu verdeutlichen.

Die Existenz der christlichen Ehe gründet nicht allein im Ehewillen und im Dasein der Liebe zwischen Mann und Frau. Immer sind in ihr Christus und die Kirche engagiert. Wenn sie Gegenwart des Bundes Christus – Kirche ist, nimmt sie auch an der Unauflöslichkeit dieses Bundes teil. Das unwiderrufliche Ja Gottes in Jesus Christus setzt sich fort im Ja der christlichen Ehe. »Für den Christen heißt das: In der Bindung bis in den Tod bringt ein Ehegatte die Liebe Christi, von der nichts scheiden kann (Röm 8,35), in die alltägliche Nähe des Ehepartners. In solcher ein ganzes Leben umspannender Treue zeigt sich die Fülle christlicher Existenz: Der Glaube an den Auferstandenen, welcher den Glauben an die Auferweckung des Ehepartners einschließt; die Hoffnung, welche für den anderen hofft, indem sie auf Christus setzt; die Liebe, die am anderen festhält, weil sie ihn in Christi Liebe zu bejahen vermag. Vor diesem Hintergrund wird verständlich, warum Ehescheidung für Christen unmöglich ist« (Synode 1.2.2.3).

Es scheint mir notwendig zu sein, unmißverständlich zu sagen, was nach wie vor Lehre und Praxis der Kirche ist: Sie kann und darf keine gültige Ehe scheiden. Die Gleichung »Tod der Liebe = Tod der Ehe« kann sie so nicht mitvollziehen. Die tatsächliche Trennung der Eheleute und ihre zivilrechtliche Scheidung heben die innere Zuordnung der durch Gott Verbundenen nicht auf.

Das Problem der wiederverheirateten Geschiedenen wird mit dieser Feststellung nicht gelöst. Es darf nicht bagatellisiert werden. Zwar darf die Kirche, »will sie dem Auftrag ihres Herrn Jesus Christus treu bleiben, keine Ehe scheiden. Sie kann aber auch ihren Blick nicht davor verschließen, daß heute allzu viele ihrer Glieder in der Ehe nach menschlichem Ermessen unheilbar gescheitert sind. Diesen muß die besondere Sorge der Kirche gelten« (Synode 1.3.4). Weil unter den Sonntagsmeßbesuchern nicht wenige sind, die selbst oder deren Angehörige oder Bekannte in solcher Situation stehen, ist eine ausführlichere Stellungnahme dazu höchst angebracht. Im Zusammenhang unserer Thematik soll darüber an anderer Stelle mehr gesagt werden (s. S. 150 f.).

1.1.3 Ein klärendes Wort ist auch zur *Kompetenz der Kirche* angebracht. »Was geht die Kirche meine Liebe, was geht sie meine Ehe an?« Sie geht sie an, weil sie selbst darin gemeint ist. Die Ehe ist, wie die übrigen Sakramente, eine besondere Art von Selbstvollzug der Kirche. Sie stellt sich darin dar, sie lebt und verbreitet sich aus Ehe und Familie, und: Die Familie ist der primäre Ort der Glaubensvermittlung.

Darum muß sich die Kirche um das Zustandekommen und den Bestand der Ehen ihrer Glieder kümmern. Sie hat die Pflicht und das Recht, gültige Ordnungen aufzustellen, noch mehr aber, Hilfen für das Leben in christlicher Ehe bereitzustellen. Sie muß in Ehevorbereitung und Ehebegleitung die Sicht des Glaubens eröffnen. Sie hat heute zu der schwierigen Frage Stellung zu nehmen, wie es mit der Begründung und der Existenz einer Ehe bestellt ist, deren Partner zwar nicht aus der Kirche ausgetreten sind, die kirchliche Trauung aber nur als eine verschönernde Formalität ansehen, oder die sich mit der standesamtlichen Trauung begnügen (vgl. dazu Gründel 65, 159–163; Kasper 89–95). Viele heute aufgeworfenen Fragen an Ehemoral und Eherecht könnten Gegenstand einer ausführlichen Darlegung sein: die Frage nach dem Beginn der Ehe, nach dem Sinn der Trauung, nach dem Stellenwert der Ziviltrauung (deren Charakter als Zwangstrauung vor der kirchlichen Trauung in seiner Fragwürdigkeit im Blick auf fakultative Regelungen in anderen Ländern von den wenigsten Zeitgenossen erkannt wird), die Frage nach den von der Kirche aufgestellten Ehehindernissen, nach der Möglichkeit von Nichtigkeitserklärungen und deren Unterscheidung von den Ehescheidungen, nicht zuletzt auch die Frage nach der Beurteilung der konfessionsverschiedenen Ehe und ihrer neuen rechtlichen Ordnung. Solche Themen, zumal wenn sie in ihrem geschichtlichen Kontext und ihrer heutigen Problematik behandelt werden, werden aufmerksame Zuhörer finden. Sie könnten dazu beitragen, den Stellenwert kirchlicher Autorität in Fragen der Ehe besser zu erkennen und den Menschen in Ehenot Wege zur Hilfe zu ebnen.

1.2 *Die Familie nimmt an der sakramentalen Eigenart der Ehe und an ihrem Heilswert teil.* Als erweiterte Ehe soll sie wie diese nach den Worten des Konzils »die lebendige Gegenwart des Erlösers in der Welt und die wahre Natur der Kirche allen kundmachen« (Pastoralkonstitution n. 48). Auch die Familie ist Selbstvollzug der Kirche; sie ist nach einem altchristlichen Wort »Kirche im kleinen«.

Wenn es auch noch keine ausgearbeitete Theologie der Familie gibt, so läßt sich ihre Heilsbedeutung doch unschwer erkennen. Jesus hat den Stellenwert der alttestamentlichen Familie geändert. Entscheidend ist nun nicht mehr die blutsmäßige Abstammung von Abraham, sondern die Zugehörigkeit zu Jesus. Wer das Wort Gottes hört und befolgt, das er verkündet, der ist ihm »Bruder, Schwester und Mutter« (Mt 12,50). Um seinetwillen muß der Jünger die Familie »geringachten« (Lk 14,26). Das Bekenntnis zu ihm wird Zwiespalt in die Familie bringen (vgl. Mt 10,35 f.).

Jesus hat die natürlichen Werte der Familie nicht aufgehoben. Das vierte Gebot bleibt bestehen (vgl. Mk 7,10 – 13); auch die patriarcha-

lische Familienordnung, in der es damals seinen Platz hatte, hat Jesu nicht für ungültig erklärt. Aber er hat in das Verständnis der bestehenden Strukturen einen neuen Sinn, eine neue Zielrichtung eingestiftet: die Liebe, die auch die eheliche und familiäre Liebe zur Antwort auf Gottes Liebe umwandelt.
In der Urkirche waren die Häuser der Gläubigen Zentren der Versammlung und Verkündigung (vgl. Apg 16,15; Röm 16,3; 1 Kor 1,16). Die Christen »brachen in ihren Häusern das Brot« (Apg 2,46). Die Apostel lehrten »unermüdlich im Tempel und in den Häusern und verkündeten das Evangelium von Jesus, dem Christus« (Apg 5,42). Dazu veranlaßten sie nicht nur organisatorische Gründe, es äußert sich darin auch die neue Sinngebung des »Hauses«, der Großfamilie von damals: Sie nimmt die Jünger der Gemeinde Christi auf und bildet selbst Gemeinde. Die Sozialstruktur bleibt äußerlich bestehen, wird aber von innen her einem Wandlungsprozeß unterworfen. Das absolute Haupt ist nicht mehr der Mann und Vater, sondern Christus, das Haupt der Kirche, auch der »Kirche im kleinen«.
Dieser erstmals bei Chrysostomus auftretende Ausdruck spricht einen tiefen theologischen Sachverhalt an. Die Familie ist die kleinste sichtbare Konkretisierung der Gemeinde Christi in der Welt. Es mag schwierig sein, den in ihr liegenden Heilssinn näher zu präzisieren. Sicher aber ist, daß die Familie wie die Ehe einer jener Orte ist, an denen die Liebe Christi zur Kirche, d. h. zu uns anschaulich werden soll. In der Familie können und sollen Würde und Wert des Menschen, das rechte Verhältnis von Mann und Frau, die Polarität von Autorität und Dienst, Solidarität und Mitverantwortung, gemeinsam getragenes Leid und gemeinsame Freude, Konfliktbewältigung und Vergebung und alle anderen Werte, Anliegen und Erwartungen »im Lichte des Evangeliums« in solcher Tiefe und Treue gelebt werden, daß sie Zeichen der Gegenwart Christi in dieser Welt sind. »Die christliche Familie verkündet mit lauter Stimme die gegenwärtige Wirkkraft des Gottesreiches, besonders aber auch die Hoffnung auf das selige Leben« (Kirchenkonstitution 35). Sie ist das bleibende Zeichen dafür, daß Gott alle Menschen in Christus in der einen »Familie Gottes« versammeln will (vgl. ebd. 28; Zulehner 99–132).
Vermutlich sind sich wenige der sonntäglichen Gottesdienstbesucher dieses Sinnes und Auftrages ihrer Familie bewußt. Um so notwendiger ist hier einer der Schwerpunkte der Verkündigung zu setzen. Er läßt sich an zwei großen Aufgaben der christlichen Familie erläutern: der Glaubenspartnerschaft und der Glaubensvermittlung.

2. Die Familie als Glaubenspartnerschaft

Das partnerschaftliche Verständnis der Ehe stellt sich für den Glaubenden als Mitverantwortung für den Ehegatten und die Kinder auf dem gemeinsamen Wege zu Gott dar. Die Zuwendung Gottes zum einzelnen ist nach einem Wort des hl. Thomas »gratia fraterna« (S Th II–II 14,2 ad 4). Sie bezieht immer auch den Mitmenschen ein. Gott benützt Menschen, um anderen Menschen das Heil zu vermitteln. Das Einssein der Ehepartner und die enge Familiengemeinschaft sind ein einzigartiger Weg der Heilsvermittlung. Paulus ist von der Wirkkraft der Glaubenspartnerschaft so überzeugt, daß er dem christlichen Partner verbietet, den ungläubigen zu verstoßen, wenn dieser weiter mit ihm zusammen leben will. »Denn der ungläubige Mann ist durch die (gläubige) Frau geheiligt, und die ungläubige Frau ist durch den Bruder geheiligt« (1 Kor 7,14).

Auch die Partnerschaft im Glauben muß erlernt werden. Sie muß wachsen. Auch in dieser Partnerschaft muß Kommunikation geübt werden. Es ist nicht einzusehen, warum der Glaubensbereich vom Gespräch ausgeschlossen sein soll. Jeder ist der unvertretbar Einmalige im Gespräch mit Gott und dennoch kein Einzelgänger. Es gibt kein erschöpfendes Sichöffnen und Verstehen in der Partnerschaft unter Menschen, wohl aber einen weitgehenden Austausch an Gedanken und Empfindungen, an Schwierigkeiten und Ängsten, an Freude und Trost. Warum sollten Eheleute nicht über ihre Glaubensschwierigkeiten miteinander sprechen? Warum sollten sie einander nicht durch Glaubenswissen und Glaubenszeugnis helfen können? Warum sollten sie sich nicht im persönlichen Gebet miteinander aussprechen können? Festigkeit und Labilität einer Ehe gründen zu einem erheblichen Teil im Gelingen oder Mißlingen der Glaubenspartnerschaft. »Partner, die sich darauf einlassen, einander ihre Gefühle klar und unmißverständlich zu offenbaren, betreten ein Gebiet ihrer Seelenlandschaft, in dem sich ihnen ein unermeßlich weites Land öffnet, so daß ihre Gemeinsamkeit nie langweilig werden kann« (Lange/Liß 123).

In diesem Zusammenhang sind helfende Hinweise für die Glaubenspartnerschaft in der konfessionsverschiedenen Ehe angebracht. Sie kann auf weit mehr Gemeinsames zurückgreifen, als bekannt ist. Das Trennende ist um so mehr ein Anlaß, über liebende Toleranz in der Glaubenspraxis zu sprechen.

Der Seelsorge tut sich hier ein weites Feld ungenutzter Möglichkeiten der Glaubenshilfe auf. Hier bieten sich immer praktische Ansatzpunkte und Anwendungsmöglichkeiten im Alltag an.

3. Die Familie als primärer Ort der Glaubensvermittlung

Die Glaubenspartnerschaft der Eheleute ist nicht nur gegenseitiger Dienst am Glauben. Sie wird zur ersten Glaubensvermittlung an die Kinder. Die Eltern sind die ersten Glaubensboten, die ersten Seelsorger ihrer Kinder. Oder wissenschaftlich ausgedrückt: Sie sind in ihrer Familie die entscheidenden Faktoren der religiösen Sozialisation.

3.1 Eingehende Untersuchungen haben bestätigt und wissenschaftlich ergründet, was unsere eigene Erfahrung bezeugt: Glaube und kirchliches Leben sind *familiärer Glaube und familiäre Kirchlichkeit.* Die Menschen verhalten sich auch in religiöser Hinsicht so, wie sie es in der Familie gewohnt waren. Die Familie ist die Grund-Schule des Glaubens. Wo sie ausfällt, vermögen Religionsunterricht und Seelsorge wenig auszurichten. Die abnehmende oder völlig preisgegebene religiöse Praxis von Jugendlichen ist weniger durch die glaubensfeindliche außerfamiliäre Umwelt als durch das Fehlen einer ausreichenden Glaubensgrundlegung und Glaubenseinübung in der Familie verursacht (s. ausführlich mit weiterer Literatur bei Vascovics und Pompey).
Die Eltern sind für das Kind Modell des christlichen Lebens. Das Gottesbild wird entscheidend durch die Erfahrung von Vater und Mutter geprägt. Im Erleben der Eltern und der Familienatmosphäre wird Gott als Vater, Gott als Liebe, Gott als der immer Sorgende, Gott als der immer Vergebende anschaulich erfahren oder als mißtrauischer Despot, als harter Gesetzgeber oder als uninteressante Märchenfigur mißdeutet.
Die Ausfallserscheinungen machen die Bedeutung der Familie für die religiöse Sozialisation unübersehbar. In die so entstehende Leere strömen Ideologien, die deutliche Merkmale einer Ersatzreligion zeigen. Die Anfälligkeit junger Menschen für moderne Heilslehren, Sekten und realitätsfremde Formen der Sinnsuche, die Resignation und die Flucht in das Vergessen haben bei vielen ihren Grund nicht zuletzt im Ausfall familiärer Glaubensvermittlung.
Erfahrene Seelsorger erleben besonders schmerzlich die Wirkungen

der doppelten Moral von Eltern, die ihre Kinder in den Religionsunterricht und in den Kindergottesdienst schicken, selbst aber nie oder selten beim Gemeindegottesdienst zu sehen sind. Notwendig müssen Kinder zu der Meinung kommen, Glaube und Kirche seien etwas für Kindheit und Schule. Mit den anderen Fächern werden sie bei Schulabschluß auch die Religion als abgeschlossen ansehen. Es wird sich selten in der Verkündigung Gelegenheit bieten, solchen Eltern die Inkonsequenz und den Schaden klarzumachen, den sie bei ihren Kindern anrichten. Das kann im günstigsten Fall im privaten Gespräch geschehen. Für das Verantwortungsbewußtsein einer Gemeinde kann es aber durchaus nützlich sein, auch einmal von der Gewissensnot eines Seelsorgers zu sprechen, bei dem Kinder zu Taufe und Erstkommunion angemeldet werden, deren Eltern sich völlig vom kirchlichen Leben dispensiert haben. Darf er sie zulassen, wenn die primäre Glaubensvermittlung der Familie fehlt? Muß er sie zulassen um der Kinder willen, die sonst vielleicht ganz dem christlichen Einfluß entzogen würden? Eine Gemeinde kann durch Darlegung solcher Problemsituationen anschaulich darauf hingewiesen werden, daß die Familie und die Gemeinde als ganze nicht nur Objekt seelsorglicher Betreuung, sondern auch Träger seelsorglicher Verantwortung sind.
Im Zusammenhang der Erörterung familiärer Glaubensvermittlung läßt sich auch leicht ein aus dem Glauben erbrachter Beitrag zur Grundwerte-Diskussion beisteuern. Die Grundwerte und »Grundtugenden« des Gemeinschaftslebens können nirgendwo gründlicher verankert werden als in der Rückbindung aller sittlichen Maßstäbe an den menschgewordenen Gott. Der Glaube an Gott bietet die besten Chancen für eine sachgerechte und dauerhafte Sozialisation.

3.2 Glaubensvermittlung geschieht durch Leben, nicht allein durch Lehre. Der Glaube wird wie die Grundwerte nicht aus Büchern gelernt, er wird vom überzeugt gläubig Lebenden übernommen. Die gläubige Familienatmosphäre ist der Hauptweg der Weitergabe des Glaubens. Sie drückt sich in allem aus, was in der Familie gesagt und getan wird, was in ihr geschieht. Dabei gewinnt das *Gespräch über den Glauben* immer mehr an Gewicht.

3.2.1 *Ehe und Familie leben vom Gespräch.* Die Liebe hat viele Möglichkeiten, sich auszudrücken: den Blick, die Geste, die Handlung, das gesamte Sichgeben eines Menschen. Das Wort gehört zu den vorrangigen Ausdrucksformen. Eine Ehe, in der sich Mann und

Frau »nichts mehr zu sagen haben«, ist ein Widerspruch in sich selbst. Wo nur organisatorische Themen und Freizeitinteressen Gesprächsstoff liefern, wird spätestens dann, wenn die hier vorhandenen Gemeinsamkeiten aufhören oder wenn die Kinder selbständig geworden sind, die Langeweile die Krise dieser Ehe an den Tag bringen. Nicht anders ist es im Umgang mit den Kindern. Wo nur angeordnet wird, wo nur Schulleistungen und äußeres Herumerziehen das Thema abgeben, wo das Angenommensein sich nicht auch im Wort ausspricht, ist nicht das Zuhause, das der junge Mensch zur allseitigen Entfaltung braucht. Wenn Kinder und Heranwachsende sich nicht äußern dürfen, wenn sie in ihren tieferen Anliegen nicht gehört werden, wenn keine echte Auseinandersetzung mit ihren Ansichten und Strebungen und mit den widersprüchlichen Meinungen, die sie aus Schule, Arbeits- und Freizeitwelt nach Hause bringen, stattfindet, fehlt ein wesentliches Element der Persönlichkeitsbildung und Gewissensreifung. Wenn sie nicht mit allem, was sie bedrückt und was sie angestellt haben, nach Hause kommen dürfen, wenn schlechte Schulnoten Kinder dem Elternhaus fernhalten, so daß sie polizeilich gesucht werden müssen, dann haben vermutlich die Eltern schlechte Noten verdient. Die extremen Fälle, die in der Presse berichtet werden, dürfen nicht die vielen anderen vergessen lassen, in denen Kinder aus Angst vor elterlichen Leistungsforderungen nicht wagen, sich ihnen zu eröffnen. Die Klage von Jugendlichen, zu Hause über manche Dinge überhaupt nicht reden zu können, ist sicher nicht einseitig dem Unvermögen oder der Ablehnung der Eltern anzulasten. Doch müßten sich alle in der Familie ernsthaft fragen, ob sie bereit sind, miteinander vorurteilsfrei zu sprechen und sich dafür auch Zeit zu nehmen. Der für manche Eltern völlig überraschende Ausbruch ihres Sohnes oder ihrer Tochter hat vermutlich auch darin seine Ursache, daß keine Zeit oder Bereitschaft zum Gespräch vorhanden war.

Andererseits drängt sich auch hier ein allzu unrealistisch negativer Eindruck auf. Die EMNID-Untersuchung VI (1975) erbrachte »– allgemeinen Erwartungen und suggestiven Presseberichten zum Trotz – ein gutes Verhältnis der 13- bis 24jährigen zu ihren Eltern. Dafür einige Zahlenbeispiele: Die Zufriedenheit mit der Herkunftsfamilie ist groß (sehr zufrieden sind 34%, überwiegend zufrieden 45%) . . .« (Bleistein 175). Nach einer anderen Untersuchung von 1977 würden 47% aller Jugendlichen im Alter von 17 und 18 Jahren in Sorge und Not ihre Eltern, 15% ihre Geschwister aufsuchen (Pompey 80).

3.2.2 Auch der *Glaube in der Familie lebt vom Gespräch,* nicht weniger als der Glaube in der Ehe. Für die Familie ist das Glaubensgespräch um so wichtiger, als Kinder und Jugendliche vorwiegend in Dingen des Glaubens und des Lebens aus dem Glauben mit gegenteiligen Auffassungen und Praktiken konfrontiert werden. Sie identifizieren sich mit Ansichten ihrer Kameraden, Freunde und Kollegen, die die Eltern nicht billigen können. Sie stellen Forderungen, denen sie nicht nachkommen dürfen. Heinrich Pompey zeigt in seiner Untersuchung, wie sehr sich Glaubenshaltungen und Glaubenspraxis auch kirchlich orientierter Jugendlicher von der Lehre der Kirche entfernt haben. Die Autorität der Kirche in Glaubensfragen wird nur von 27% der Befragten voll anerkannt, nur 12% erkennen ihr eine sittlich normgebende Autorität zu (38% erkennen sie nur zum Teil an) (vgl. Pompey 68). In dieser Situation muß es in den Familien zu Auseinandersetzungen kommen, in denen die Eltern sich noch an die Lehre der Kirche halten.
Ob es zu offenen, angstfreien, vorurteilslosen, aber auch vom Standpunkt überzeugten Glaubens aus geführten Gesprächen kommt, hängt nicht nur vom guten Willen der Beteiligten ab. Oft fehlt das Klima für solche Gespräche. Meistens sind die Eltern nicht gewohnt, über diese Dinge zu sprechen. Oft fehlen einfach das Sachwissen und das Gespür für unausgesprochene Fragen und Nöte der Kinder.

3.2.3 Es liegt auf der Hand, daß den Eltern geholfen werden muß, wenn sie nicht in die Extreme des autoritären oder permissiven Gehabens flüchten sollen. Sie brauchen eine umfassendere und vertiefte *Glaubensbildung;* sie brauchen pädagogische Beratung.
Wir berühren hier einen wunden Punkt im Glaubensleben. Wir sollten m. E. nicht unterlassen, darüber zu sprechen. Seelsorger sehen sich oft einem Bildungsnotstand im Glauben gegenüber, der den heutigen Menschen in seinem Berufsleben längst an den Bettelstab gebracht hätte. In nahezu allen Berufen wird Weiterbildung betrieben. Daß auch der »Beruf« des Christen nicht beim Katechismuswissen der Schule stehenbleiben darf, wird zwar theoretisch zugegeben, praktische Konsequenzen werden jedoch nur von relativ sehr wenigen gezogen. Viele von den anderen müssen zwangsläufig Unbehagen und Zweifel empfinden, wenn sie sich mit diesem Schulwissen den Fragen, Problemen, Anfeindungen und der ganz anderen Lebenskonzeption ihrer Zeitgenossen gegenübergestellt sehen. Manche reservieren sich einen Raum des Sonntagschristentums, in welchem

mehr oder weniger der Kinderglaube aufrechterhalten wird, während im Alltag ganz andere Lebensregeln gelten; andere emigrieren lautlos in die Indifferenz; sehr viele versuchen redlich, ihren Glauben zu leben, sehen sich aber ständig durch die Frage überfordert, wie denn nun hier und jetzt christliches Verhalten auszusehen habe, »was noch gilt«, wie man heute diese und jene Glaubenswahrheit, diese oder jene sittliche Konsequenz zu interpretieren habe.

An Bildungsangeboten, die in solchen Fragen helfen können, fehlt es nicht. Es gibt eine hervorragende biblische und theologische Literatur für alle Altersstufen und Bildungsschichten. Es gibt gute Bibelausgaben mit Kurzkommentaren. Es gibt Schriften zu aktuellen Fragen des Glaubens und kirchlichen Lebens, zusammenfassende Darstellungen des Glaubens und hilfreiche Handreichungen für Gebet und Gottesdienst. Die Schwierigkeit ist nicht, irgend etwas zu finden, sondern sich in der Flut der Veröffentlichungen zurechtzufinden. Seitens der Seelsorge wären hier Möglichkeiten der Beratung, Buchausstellungen usw. zu besprechen. Ein breites Angebot erscheint auch zu Fragen der Ehe und Familie, zu ehevorbereitender und ehebegleitender Bildung, zu allgemeinen und besonderen Erziehungsfragen. Kleinschriften und Zeitschriften vermitteln – freilich in mehr oder weniger geglückter Weise – heutige exegetische, theologische, pädagogische und moraltheologische Erkenntnisse. Auch die Kirchenzeitungen leisten darin gute Dienste. Sie sind, bei allen berechtigten Aussetzungen, nicht so unzureichend, wie sie zuweilen hingestellt werden.

Wer als Seelsorger im Blick auf dieses Angebot beobachtet, wie dürftig die Informationsquellen sind, aus denen Christen ihr Wissen beziehen, was an unseriösen Publikationen in ihren Familien ausliegt, mag sich betroffen fragen, warum so wenig Interesse an guter – auch unterhaltender – Literatur vorhanden ist. Er wird sich auch fragen, warum die vielen pfarrlichen und überpfarrlichen Bildungsangebote an Abenden, Wochenenden und in anderen Veranstaltungen für die allermeisten der sonntäglichen Meßbesucher anscheinend überhaupt nicht in Betracht kommen. Liegt es an der Thematik, an der Art der Durchführung oder an der vermeintlichen Unfähigkeit, mitreden zu können? Oder liegt es an der fehlenden Zeit? Wir sollten den Mut haben, die Behauptung in Frage zu stellen: Ich habe dafür keine Zeit! Über den einzelnen und den einzelnen Fall steht uns kein Urteil zu. Aber es muß doch erlaubt sein, die allgemeine Frage zu stellen, ob das Lesen von Wochenendblättern und Illustrierten, ob die vielen Stunden vor dem Fernsehschirm, ob so mancher Kegelabend oder

Vereinsabend, so manches – u. U. sehr kostspielige – Hobby die gleiche Dringlichkeit besitzen wie die Weiterbildung im Glauben. Das religiöse Versorgungsdenken schlägt sich auch in der Meinung nieder, daß man im Religionsunterricht das Nötige gelernt habe und im Gottesdienst weiterhin gesagt bekomme. Daß bei solcher Unterernährung allmählich die Glaubenssubstanz angegriffen wird, daß der religiöse Grundwasserspiegel unserer Gemeinden sinkt, wird spätestens in persönlichen Lebenskrisen sichtbar. Natürlich geht es nicht um bloßes Wissen. Auch ein geringes Wissen kann mit einem vorbildlichen Leben der Nächstenliebe einhergehen. Es geht um das Interesse des Herzens, wie das Evangelium heute gelebt werden kann. Wer das Hauptgebot der Liebe zu leben versucht, den wird sein Suchen wie von selbst zum Verlangen nach tieferem Eindringen in die Wahrheiten des Glaubens führen.

3.2.4 Das Aufgreifen von Möglichkeiten der Weiterbildung im Glauben kann das Glaubensgespräch in der Familie fördern. In der Familie ist dann auch das möglich, was mit einem großen Wort »*Hauskatechese*« genannt wird: die Weitergabe des Glaubens durch Wort und Leben in der Familie. Was jahrhundertelang der Hauptweg des Christentums in die Zukunft gewesen ist, gewinnt heute, im Hinblick auf die rückläufige Wirksamkeit des Religionsunterrichts, neue Aktualität. Vor 1600 Jahren antwortete Klemens von Alexandrien, einer der bedeutendsten frühchristlichen Schriftsteller, auf die Frage, was er tun würde, wenn er einen Heiden zum Christentum bekehren wolle: »Ich würde ihn ein Jahr lang in meinem Hause wohnen lassen!« So sicher war er sich der Überzeugungskraft des gelebten Glaubens seiner Familie.
Die Hauskatechese braucht keine gelehrten Abhandlungen, sie erfordert keine theologische Ausbildung und keine »Unterrichtsstunden«. Sie besteht in der Hauptsache im gläubigen Alltag der Familie und in den ungezwungenen Gesprächen, die sich aus vielerlei Anlässen ergeben: aus dem, was Kinder aus Schule, Freundeskreis, Freizeit und von der Arbeitsstelle mitbringen, was in den Nachrichten und Sendungen des Fernsehens gebracht wird, aus aktuellen Themen der Öffentlichkeit und der Familie. Manche Themen liegen sozusagen in der Luft, andere müssen provoziert werden. Je nach Altersstufe werden Fragen von Kindern gestellt, oder sie müssen erspürt werden.
Es ist für unsere Familien zweifellos ungewohnt, in den Unterhaltungen zu Hause ein Stück Seelsorge zu sehen. Es geht auch nicht dar-

um, daß sie fortwährend Bezüge zum Glauben herstellen. Nur müßten sie in die Lage versetzt werden, die Oberflächlichkeit der gängigen Ansichten und Verhaltensweisen zu erkennen und aus tieferen Quellen das Gewissen zu bilden. Sicher wird auch in dieser Sicht die Frage zu stellen sein, wie die einzelnen Familienangehörigen den Abend und das Wochenende verbringen. Wo die Zeit für ein Gespräch auch sonst kaum aufgebracht wird, werden auch Themen des Glaubens keine Aussicht haben.

Sosehr die Frage berechtigt ist, ob es die »katholische Familie« noch gibt und welche Chancen sich der Versuch einer erneuerten »Hauskatechese« ausrechnen kann, so muß doch alles versucht werden, die »Familie als Träger der Glaubensverkündigung« (Schmitt) unter voller Berücksichtigung ihrer Schwierigkeiten zu motivieren und sie auf die kleinen Schritte aufmerksam zu machen, mit denen sie ihre Aufgabe heute erfüllen kann. Die Schwierigkeiten mit Heranwachsenden, die nicht mehr mitbeten und nicht mehr zum Sonntagsgottesdienst gehen wollen, könnten z. B. ein guter Anlaß sein, wiederholt und umfassend über das Thema »Hauskatechese« zu sprechen.

Für die konfessionsverschiedenen Ehen sind Gespräche über Glauben und kirchliches Leben um so dringlicher, als das Ausklammern dieser Thematik den Indifferentismus fördert und konkrete Entscheidungen etwa bei Taufe und Trauung von Kindern aus dieser Familie erschwert. Der seelsorglichen Verkündigung obliegt es, die Möglichkeit der Verbindung von Festigkeit in der eigenen Glaubensüberzeugung mit der liebenden Toleranz an Hand konkreter Beispiele darzutun, die Gemeinsamkeiten des christlichen Familienlebens ans Licht zu heben und das katholische Verständnis der sakramentalen Vollzüge einsichtig zu machen.

B) Predigtvorlagen

Vorbemerkung: Auch die folgenden drei Vorschläge können nur einen äußerst geringen Teil der skizzierten Thematik behandeln. Nach dem Versuch einer Beschreibung dessen, was Sakramentalität der Ehe und ihre Beziehung zur Familie bedeuten, sollen unter den Titeln »Glaubenspartnerschaft« und »Glaubensvermittlung« wesentliche Inhalte einer Seelsorge durch die Familie aufgewiesen werden.

Predigtvorlage III

Die Familie – Kirche im kleinen:
Wie Gott sich auf die Familie einläßt

Auf der Karikatur, die ich am Beginn unserer Predigten zum Thema Familie erwähnte, steht unter den Erwachsenen, die an einem Kind herumzerren, auch ein Theologe. Auch er hebt zum »Jahr des Kindes« mahnend den Zeigefinger. Mir scheint dies der typische Eindruck zu sein, den viele katholische Christen von Theologen und Priestern und von der Kirche haben. Die Kirche hebt den Zeigefinger, besonders wenn es um Kinder, um Ehe und Familie, um Sexualität und Liebe geht. Sie sagt, was ein Christ tun muß und was er nicht tun darf. Sie stellt Gebote und Verbote auf.

1. Distanz und Erwartungen gegenüber dem Wort der Kirche

Früher haben die meisten Katholiken fraglos hingenommen, was ihnen die Kirche an Geboten und Normen vorlegte, auch wenn sie sich nicht daran gehalten haben. Heute ist das anders. Heute wird der Kirche die Kompetenz bestritten, für Sexualität, Ehe und Familie zuständig zu sein. Als zur Vorbereitung der Synode der deutschen Bistümer eine Umfrage unter den Katholiken veranstaltet wurde, zeigte sich in nüchternen Zahlen, was Seelsorger und engagierte Christen schon seit Jahren erleben: Die Vorstellungen über das, was in diesen Bereichen sinnvoll, erlaubt oder geboten ist, stehen bei den Gläubigen in klaffendem Widerspruch zu dem, was die Kirche lehrt. 43%

der Befragten denken über Sexualität allgemein anders als die Kirche. Nur 15 % der mehrheitlich Praktizierenden erwarten von der Kirche im Hinblick auf voreheliches Sexualverhalten eine hilfreiche Auskunft (zit. bei Neysters 141).

Distanz zur Kirche

Die Kirche hat sich nach Auffassung vieler auf diesem Gebiet unglaubwürdig gemacht: Was sie dazu gesagt habe, sei von einem tiefen Mißtrauen geprägt. Nicht Hilfe, sondern Einschränkungen, nicht Ermutigung und Freude, sondern Verzicht und Ängste habe man von ihr erfahren. Noch heute hänge sie längst überholten Vorstellungen an. Sie könne sich nur schwer dazu durchringen, die neuen wissenschaftlichen Erkenntnisse zu akzeptieren und der Tatsache ins Auge zu sehen, daß sie mit ihren Normen nicht mehr ankommt. Sie müsse sich endlich anpassen, wenn sie nicht ganz in Bedeutungslosigkeit versinken wolle. Sie solle die Freiheit des Menschen respektieren, der sich jede Einmischung in seine Privatsphäre verbittet. Die Kirche müsse endlich die Gewissensfreiheit gewähren, von der sie so viel spricht.
Wenn solche Ansichten schon von denen geäußert werden, die mehr oder weniger noch am Leben der Kirche teilnehmen, um wieviel mehr wird die kirchliche Sexual- und Ehemoral von denen abgelehnt, die kaum noch Kontakt mit der Kirche haben! Das sind je nach Gegend 70–90 %, die sich noch katholisch bezeichnen, nicht aus der Kirche austreten, aber sich nicht um ihr Leben und ihre Lehre kümmern (vgl. Lange 84–89).

Erwartungen an die Kirche

Anderseits wünschen sie, daß ihnen die Kirche in der Erziehung ihrer Kinder hilft. Erziehungshilfe und Sozialarbeit stehen in den Erwartungen obenan, die sich an die Kirche richten. Auch die kirchliche Trauung ist nach wie vor gefragt. Die Statistik verzeichnet zwar ein deutliches Absinken und ein Ansteigen der »Ehe ohne Trauschein«. Wenn sie sich aber entschließen, zusammenzubleiben, neigt die Mehrheit immer noch zur kirchlichen Eheschließung. 90 % aller verheirateten Katholiken in der Bundesrepublik sind auch katholisch ge-

traut. Die Motive sind unterschiedlich. Für viele ist es der gehobene festliche Rahmen, die stimmungsvolle Feierlichkeit, die sie außer zum Standesamt auch zum Altare führt. Vielleicht spielt aber auch bei ihnen, ohne daß sie sich dessen bewußt sind, die Erwartung eine Rolle, eine kirchlich eingesegnete Ehe sei beständiger, krisenfester und mit mehr Hilfe und »Segen« ausgestattet wie die bloß zivile Ehe (vgl. Lange 90, 105 f.).
Diese Christen wollen später auch die Taufe ihrer Kinder und die Erstkommunion, auch wenn sie selber kaum oder nie beim Gottesdienst zu sehen sind. Mancher Pfarrer ist dabei schon in größte Verlegenheit geraten. Denn darf er Kinder taufen, darf er Kinder zur Erstkommunion zulassen, wenn der Glaube der Eltern fehlt? Darf er trauen, ohne ausreichende Gewißheit, daß die Brautleute auf Grund ihres Glaubens in der Lage sind, das Sakrament der Ehe zu empfangen? Worin besteht denn das eigentlich Christliche in einer Ehe und Familie? In der gültigen Trauung, im Religionsunterricht der Kinder, in der kirchlichen Beerdigung?
Aber suchen diese fernstehenden und abständigen Christen nicht doch mehr, wenn sie die Dienste der Kirche beanspruchen? Dürfen wir sie abfällig beurteilen? Müssen wir nicht vielmehr alle Anstrengungen unternehmen, ihnen zu zeigen, was christliche Ehe und Familie sind, wie sie zu verstehen sind, wie sie heute gelebt werden können? Diese Frage richtet sich an die Seelsorger, sie richtet sich auch an Sie alle, die Sie Christen sind und als solche in Ehe und Familie leben oder gelebt haben. Was ist das Besondere, das Ihre Ehe und Ihre Familie von denen unterscheidet, die keine Christen sind oder nicht mehr ihren Glauben leben? Darüber wollen wir heute nachdenken.

2. Sakrament der Ehe

Alles, was Christen von Ehe und Familie sagen können, läßt sich in dem einen Wort »Sakrament« zusammenfassen. Die Ehe ist unter Christen ein Sakrament der Kirche, und die Familie nimmt an dieser sakramentalen Eigenart der Ehe teil. Aber was heißt das?
Am besten gehen wir von den natürlichen Werten von Ehe und Familie aus. In Ehe und Familie sucht der Mensch Geborgenheit. Sie sind für ihn das Zuhause, von dem wir gesprochen haben. Er versteht sie nicht als irgendeine der vielen Gruppen, die sich wegen gemeinsamer Interessen zusammengefunden haben. Ehe und Familie sind für ihn

der Ort und der Raum von Menschen, die ihn voll und ganz annehmen, die ihn bejahen, die zu ihm stehen, was immer auch kommen mag. Sie sind sein »Heim«, seine »Heimat«. Ohne sie könnte er nicht Mensch sein, wie er möchte. Sie sind eine Verbindung, ein Bund, der einfach zum Menschsein gehört.

In der Gemeinschaft mit Christus . . .

Mit diesem Bund der Ehe wird in der Bibel der Bund Gottes mit den Menschen verglichen: der Alte Bund mit dem Volke Israel, der Neue Bund in Jesus Christus mit der Kirche und durch sie mit allen Menschen.

Durch alle Schriften des Alten Testamentes zieht sich wie ein roter Faden der Bundesgedanke, oft verglichen mit dem Ehebund zwischen Mann und Frau. Jahve liebt sein Volk; er liebt es mehr, als ein Mann seine Frau lieben kann. Er ist treu. Was er von seinem Volk erwartet, ist gewiß Erfüllung seiner Gebote, des »Bundesgesetzes«, so wie es in den Zehn Geboten ausgesprochen und in vielen anderen Geboten und Verboten ausgelegt ist. Aber mehr als alle Gebotserfüllung und in aller Gebotserfüllung erwartet er die Liebe des Volkes. Das Hauptgebot der Liebe findet sich schon in den ersten Schriften des Alten Bundes: »Du sollst den Herrn, deinen Gott, aus ganzem Herzen, aus ganzer Seele und mit all deiner Kraft lieben!« (Dt 6,5). Es soll die Antwort auf jene Liebe sein, die Gott zuerst seinem Volk erwiesen hat, dem er auch dann treu bleibt, wenn es untreu wird. Die Propheten haben die Untreue des Volkes im Abfall zu den heidnischen Götzen in drastischen Worten als Ehebruch beschrieben.

Auch der Neue Bund wird mit einer Ehe verglichen. Er wurde durch Jesus Christus und in ihm geschlossen. Gott wurde in ihm Mensch; er verband sich für immer und unwiderruflich mit dem Menschen. Jesus Christus ist in seiner Person der vollendete Bund Gottes mit uns. Die sichtbare Gestalt dieses Bundes ist die Kirche. Die Ehe ist ein Abbild, ein Zeichen dieses Bundes. Sie ist mehr als ein äußeres Symbol, mehr als eine Erinnerung. In der Ehe gläubiger Christen ist der Bund Christi mit der Kirche gegenwärtig. Sie enthält, was sie anzeigt: die Liebe Christi, der sich für uns hingab, und die Antwort der Kirche, die seine »Braut« genannt wird. Die Liebe Christi ist nicht nur Vorbild für die Liebe von Mann und Frau. Sie ist da, lebendig und wirksam, wo Christen einander in der Ehe verbunden sind und einander lieben. Der Bund der Ehe ist hineingenommen in den Bund, den Gott in Jesus Christus mit der Kirche geschlossen hat. Die Ehe ist eine Ausdrucksform der Liebe Gottes in dieser Zeit und Welt. Die gegenseitige Annahme, die sich Eheleute schenken, das bedingungslose Ja, das sie einander gegeben haben, ist Ausdruck und Gegenwart der Annahme und des Jawortes, das Gott uns für immer gegeben hat. Das Zuhause, das Eheleute einander bereiten, ist etwas vom Zuhause des Menschen bei Gott. Ihre Liebe ist eine Ahnung der Liebe Gottes zu uns. Ihre Treue ist ein Abglanz der Treue Gottes zu uns.

Und eben dies nennen wir Sakrament der Ehe. Was in allen uns bekannten Religionen und Kulturen an religiösen Deutungen der Ehe, in rituellen Symbolen erahnt wurde, das findet in der Ehe gläubiger Christen Bestätigung und unbegreifliche Erfüllung. Die Ehe als urmenschliche Institution wird hineingenommen in die Gemeinschaft des Menschen mit Gott. Das Sakrament ist nicht etwas neben der Ehe, nicht etwas über der Ehe; es wird der natürlichen Ehe nicht übergestülpt, es wird ihr nicht angeklebt. Es ist die Ehe selbst, insofern sie von Christen geschlossen und gelebt wird.

Nach außen sieht sie aus wie jede Ehe, dennoch ist sie eine andere Ehe. Wie ein Getaufter sich äußerlich in nichts von einem Ungetauften unterscheidet und doch eine »Neuschöpfung«, ein »neuer Mensch« ist (vgl. 2 Kor 5,17; Gal 6,15; Kol 3,10), so ist auch die Ehe der Christen etwas anderes, etwas Neues. Sie wurzelt in einer größeren Tiefe, sie greift weiter, sie zielt höher. Sie reicht hinein in das Geheimnis der Liebe Gottes zu uns Menschen.

. . . Gemeinschaft erfüllter ehelicher Liebe

Nichts an menschlichem Wert und menschlichem Glück geht dabei verloren. Nichts davon wird beiseite geschoben, als sei es unwichtig. Sakrament meint nicht eine Ehe, die über dem Alltag schwebt. Sie meint die Ehe in ihrer Freude und in ihrem Leid, in ihrem Glück und in ihrer Trauer, in ihrer Hoffnung und Enttäuschung. Nichts Menschliches ist von ihr ausgeschlossen, vor allem nicht die Erfahrung von Glück und die Sehnsucht nach immer tieferer Liebe. Was immer Mann und Frau einander schenken, ist eingefügt in das Geschenk des menschgewordenen Jesus Christus an uns. Die Erfahrung, daß sie einander vertrauen können, daß sie einander zu sich selbst verhelfen können, daß sie aneinander und miteinander wach-

sen, daß einer des anderen Erfüllung sein kann bis hin in die leiblichen Ausdrucksformen ihrer Liebe, wird zum Zeichen für die Erfüllung und das Glück, das uns im letzten nur in der Gemeinschaft mit Gott geschenkt wird.
Denn dies gehört auch zur Erfahrung menschlichen Glückes in menschlicher Liebe: Sie ist begrenzt. Sie ist niemals ganz ungetrübt, sie ist niemals ungefährdet. Kein Partner kann die unendliche Sehnsucht des Herzens nach dem Zuhause ganz und für immer erfüllen. Keiner ist immer der, als den er sich in den Sternstunden der Liebe zu geben weiß. Keiner ist vom Risiko der Enttäuschung frei. Es gibt das Sterben der Liebe, es gibt die Trümmer der Liebe. Es gibt auch den Mißbrauch der Liebe. Menschen können im Raum des Zuhause, in diesem nur durch die Liebe geschützten Raum, einander ausbeuten. Der Mensch kann zur Ware werden. Das kann um so eher geschehen, wenn keine tieferen Begründungen der Liebe anerkannt werden, als sie Sympathie und Leidenschaft, Berechnung oder auch menschliche Anständigkeit eingeben. Sie alle geraten an eine Grenze, wenn die Liebe Selbstverzicht fordert. Wer oder was sollte einen Menschen letztlich hindern, sich selbst zum Maß seines Verhaltens zu machen, wenn er nicht an Gott glaubt?
Wer seine Ehe in Gott gegründet weiß, wer an Christus als den Dritten im Bunde seiner Ehe glaubt, kann so nicht denken. Der Glaube vermag ihn vor jeder, auch noch so feiner Vereinnahmung des Ehepartners zu bewahren. Im Glauben an die sakramentale Eigenart der Ehe wird die Freiheit am sichersten geschützt.
Der Glaube weist der Liebe und dem Leben der Ehe den rechten Platz zu. Das Sakrament erhebt die Ehe zu einem Wert und Sinn, den sie in keiner anderen Deutung findet. Es ist aber auch ein Zeichen, daß die Ehe nicht das letzte ist. Sie ist nicht der »Himmel auf Erden«. Wie die anderen Sakramente Zeichen für das Handeln Christi hier und jetzt sind, zugleich aber auf die endgültige Erfüllung hinweisen, die noch aussteht, so weist auch die Ehe als Sakrament auf die Vollendung, die in der Bibel mit dem Bild einer Hochzeit beschrieben wird (vgl. Mt 22,1–14). Die Ehe gehört zur Gestalt dieser Welt, die einmal vergehen wird. Sie ist ein hoher Wert, aber nicht der Höchstwert. Sie ist auch nicht die einzige Möglichkeit, zu der ein Mensch berufen sein kann, in der er seine Erfüllung finden kann. Auch die Ehelosigkeit, sei sie freiwillig »um des Himmelreiches willen« (Mt 19,12), sei sei unfreiwillig, ist in der Freiheit des Christen für den dazu Gerufenen ein Weg zu Gott.

3. Selbstverwirklichung der Kirche in Ehe und Familie

Und noch etwas ist über die christliche Ehe zu sagen: Sie ist Sakrament, weil sie Sakrament der Kirche ist.
Kein Sakrament ist ohne die Kirche. Sakramente sind nicht wie Hilfsmittel, die jedermann zur Verfügung stehen, der die Bedienungsanleitung kennt. Sie sind – jedes auf seine Weise – Ausdruck und Ausfluß des einen großen Sakramentes der Kirche. Die Kirche ist als Ganze Sakrament, d. h. Zeichen für die Gegenwart und das Wirken Christi in dieser Zeit und Welt. Sie stellt sich in den einzelnen Sakramenten dar und wird durch die Sakramente aufgebaut. Sie lebt in den Sakramenten. Jedes Sakrament ist eine Art Selbstvollzug, eine Selbstverwirklichung der Kirche.

Selbstvollzug der Kirche

Für das Sakrament der Ehe gilt das in besonderer Weise. Weil die Ehe lebendige Gegenwart des Bundes Christus–Kirche ist, steht die Kirche der Ehe nicht fremd gegenüber. Sie selbst ist in der christlichen Ehe gemeint, sie ist darin engagiert, es geht in der Ehe auch um sie. Es kann ihr darum nicht gleichgültig sein, wie diese Ehe entsteht und wie sie besteht. Sie muß sich um die Ehen der Christen kümmern. Sie muß sich bemühen, die Voraussetzungen für das Gelingen einer Ehe zu schaffen: vor der Ehe und während der Ehe. Dazu gehört die Ordnung der Eheschließung, dazu gehören auch die Hilfen, die Orientierungen, die Weisungen und Normen für ein Leben der Ehe im Glauben.
Dies ist keine Einmischung in private Angelegenheiten. Die Ehe ist keine reine Privatsache. Sie lebt im Raum der Gemeinschaft, sie lebt von der Gemeinschaft, sie lebt auch für die Gemeinschaft. Das ist im gesellschaftlich-staatlichen Bereich so, das trifft um so mehr zu für Gemeinschaft der Kirche. Die Kirche ist kein Zweckverband, sie ist kein loser Zusammenschluß Interessierter, der jederzeit von jedem aufgekündigt werden kann. Die Kirche ist das Volk Gottes, sie ist die Familie Gottes. Aber anders als in Volk und Familie, wie wir sie kennen, sind die Glieder der Kirche so eng miteinander verbunden wie die Glieder eines Leibes. Paulus gebraucht dieses Bild, um das Miteinander und Füreinander der Christen zu veranschaulichen und um die Gemeinschaft aller mit Christus, dem Haupt, darzustellen (vgl. Eph 4,1–16; 1 Kor 12,12–31).

So ist denn auch die Sorge für die christliche Ehe allen in der Kirche anvertraut. Die rechtliche Ordnung allein kann die Ehe nicht schützen. Sie muß sein und muß den wechselnden Anforderungen der Zeit angepaßt werden. Aber sie ist nicht alles. Sie steht im Dienst der zutiefst kirchlichen Eigenart der christlichen Ehe: des Sakramentes der Ehe.

An dieser Eigenart nimmt die Familie teil. Die Familie ist »erweiterte« Ehe. Das Kind, die Kinder gehören zum innersten Sinnziel der Ehe. Sie sind die »Krönung« der ehelichen Liebe (Pastoralkonstitution n. 48). Nicht nur die Ehe, die ganze Familie ist Zeichen des Bundes Gottes mit uns. Sie ist nicht nur das Zuhause der Menschen, sie ist Zeichen für das Zuhause, das Gott uns in Jesus bereitet hat. Gott hat sich der Ehe und Familie zugesagt. Er hat sich auf sie eingelassen. In Jesus Christus ist er selbst als Mensch in einer Familie aufgewachsen. Die Familie ist, wie eine altchristliche Bezeichnung sagt, »Kirche im kleinen«. Wie die Kirche als Ganze Zeichen der Gegenwart Gottes unter allen Menschen ist, so auch die Familie in ihrem kleinen Bereich. Wie die Kirche als Ganze Weg und Hilfe auf dem Wege zu Gott sein soll, so die Familie für jene, die in ihr leben.

Mitvollzug des Menschen

Aber ist das nicht bloße Gedankenspielerei, sind es nicht Illusionen, die mit der rauhen Wirklichkeit nichts zu tun haben? Bewahren sie den Christen vor den Härten des Familienalltages? Sind die Ehen der Christen stabiler als die der anderen? Sind ihre Kinder besser erzogen? Bekommen sie einen besseren Start ins Leben? Wir werden uns hüten, das zu behaupten. So wenig einer deswegen ein besserer Mensch ist, weil er ein Christ ist, so wenig ist seine Ehe allein deshalb besser, weil sie eine christliche Ehe ist. Das Sakrament der Ehe erreicht seine Wirkung erst, wenn es im Glauben gelebt wird. Die Familie ist »Kirche im kleinen« erst dann, wenn sie in die Tat umsetzt, was sie geworden ist.

Es ist wie mit dem Christsein überhaupt: Am Anfang steht das Geschenk. Gott schenkt sich selbst, unverdient und als grenzenlose Chance. Sein Angebot bleibt bestehen. Gott nimmt nichts zurück. Aber es liegt an uns, was wir daraus machen. Wer es ausschlägt, beweist damit nicht, daß das Geschenk nicht existiert oder wertlos ist. Er beweist nur seine Uneinsichtigkeit, seinen Leichtsinn und seinen

Undank. Er bekundet damit – so sagt Jesus – seinen Unglauben. Was Jesus zuerst und vor allem fordert, ist der Glaube, der sich in Umkehr erweist (vgl. Mk 1,15). Was dies bedeutet, hat Jesus in der Bergpredigt deutlich von der sogenannten »Realität« abgehoben, die in der Welt als Maßstab gilt. Der Glaube steht immer im Widerspruch zur Wirklichkeit. Ist die Nächstenliebe darum eine Illusion? Sind Ehrlichkeit, Selbstbeherrschung, Einsatz für die Notleidenden und Unterdrückten, Gerechtigkeit und Demut und all die anderen Konsequenzen des Evangeliums falsch, weil die Menschen sich nach anderen Grundsätzen richten, weil auch wir Christen so wenig nach den Maßstäben des Evangeliums leben?

Es kommt darauf an, was wir aus dem Geschenk Gottes machen: in unserem persönlichen Leben und in Ehe und Familie. Gott überspielt nicht unsere Freiheit. Er will das freie Ja der Liebe. Wer die Antwort der Liebe aufrichtig gibt, wer sie immer wieder neu ins Leben zu übersetzen versucht, wird immer mehr erfahren, daß Christsein mehr Menschlichkeit bedeutet. Er wird in seiner Ehe und Familie zu tieferer Liebe, zu größerer Geborgenheit und wahrer Freude finden. Er wird darin eine Vorahnung jenes Glücks in der Gemeinschaft mit Gott sehen, von der Ehe und Familie ein lebendiges Abbild sind.

Fürbitten

Herr Jesus Christus, wir bitten dich für alle, die in Ehe und Familie miteinander verbunden sind:

- daß sie erkennen, zu welcher Größe der Liebe sie berufen sind . . .
- daß ihre Liebe immer mehr ein Abbild deiner Liebe zur Kirche und ihre Familie immer mehr eine »Kirche im kleinen« wird . . .
- daß sie in Enttäuschungen und Krisen aus der Kraft des Sakramentes wieder zueinander finden . . .
- daß sie sich in Freud und Leid in der Gemeinschaft der Kirche geborgen wissen . . .
- daß ihr gemeinsamer Weg sie in die ewige Gemeinschaft der Erlösten mit Gott führt . . .

Herr Jesus Christus, du heiligst den Bund der Ehe und Familie durch deine Gegenwart. Stehe allen bei, die darin leben, und laß sie wachsen in deiner Liebe. Amen.

Predigtvorlage IV

Die Familie – Partnerschaft im Glauben:
Wie Eheleute, Eltern und Kinder füreinander da sein können

Wer junge Leute fragt, warum sie eine feste Bindung eingegangen sind, warum sie einmal heiraten wollen, was sie sich von ihrer jetzigen und von ihrer künftigen Gemeinschaft erwarten, dann wird die Antwort wohl immer auf dieses eine zielen: Sie wollen miteinander glücklich werden. Sie hoffen auf eine Partnerschaft, die sie rundum glücklich macht. Partnerschaft ist das Leitbild, das heute Freundschaft, Ehe und Familie beherrscht. Partnerschaft ist, richtig verstanden, auch Leitbild christlich gelebter Ehe und Familie: Partnerschaft im Glauben. Darüber wollen wir heute nachdenken.

1. Dasein für den anderen

Partnerschaft war nicht immer das, was sich Christen unter Ehe und Familie vorstellten. Bis in unser Jahrhundert hinein gab es ein anderes Verständnis: das patriarchalische Verständnis von Ehe und Familie. Die älteren unter uns werden es vielleicht noch erlebt haben. Damals lebten die Eltern mit ihren Kindern zusammen in einem größeren Familienverband. Auf dem Lande und in vielen handwerklichen Betrieben wohnte und arbeitete man mit näheren und entfernteren Verwandten in einer sogenannten Großfamilie. Sie war eine festgefügte Einheit. In ihr hatten alle und hatte alles einen festen Platz und eine klare Ordnung. Es gab Werte und Normen, die unbestritten waren, auch wenn sie nicht von allen eingehalten wurden. Es gab Überordnung und Unterordnung, Befehl und Gehorsam. Nicht als ob die Liebe und Güte unbekannt gewesen wären, aber die Entscheidung lag in der Hand eines einzelnen.

Auf dem Weg zur partnerschaftlichen Ehe

Heute ist die Normalfamilie eine Klein- und Kleinstfamilie. Sie lebt nicht mehr vom Besitz und seinen Erträgen, sondern von der Erwerbstätigkeit, die außerhalb des Raumes der Familie verrichtet wird. Die Familie ist jetzt mehr als früher der Außenwelt geöffnet.

Viele Einflüsse wirken von außen in sie hinein. Zugleich ist sie intimer geworden. Es hängt weit mehr von der Fähigkeit der Eheleute und Eltern ab, ob im engen Raum ihrer Kleinfamilie Ehe und Familie gelingen. Es hängt davon ab, ob sie zur Partnerschaft fähig sind. Christen sollten in hohem Maße dazu fähig sein. Die partnerschaftliche Ehe entspricht weit mehr dem biblischen Verständnis der Ehe. Schon der Bericht von der Erschaffung des Menschen setzt in seiner bildhaften Sprache Partnerschaft zwischen Mann und Frau voraus. Gott erschuf dem Menschen einen Partner, der ihm entspricht (Gen 2,20 ff.). Von Anfang an wird der gleiche Wert aller Menschen und ihr Dasein füreinander festgestellt. Jesus hat sich auf diese Stelle im ersten Buch der Bibel berufen, als er über die unauflösliche Einheit von Mann und Frau in der Ehe sprach (Mt 19,4–6).

Die Christen haben sich schwergetan, die Gleichwertigkeit aller Menschen auch in der Ehe mit allen Folgerungen zu erkennen und in die Tat umzusetzen. In den neutestamentlichen Briefen finden wir noch zeitgenössische Vorstellungen von der Unterordnung der Frau unter den Mann als das »Haupt« (Eph 5,22–24). Aber diese Unter- und Überordnung wird in der Liebe anders gesehen: Sie ist Dienst aneinander und Hingabe füreinander, weil alle in Christus »eins« sind, weil in ihm keiner wertvoller ist als der andere.

So selbstverständlich heute Partnerschaft gefordert wird, so wenig scheint sie zu gelingen. Sie meint ja nicht absolute Gleichheit. Sie ist nicht dasselbe wie grenzenlose Emanzipation. Und vor allem: Partnerschaft ist nicht etwas Fertiges. Sie ist nicht schon da, wenn zwei sich entschließen, zusammen zu leben. Partnerschaft muß erlernt und beständig vertieft werden. Es kann in Ehe und Familie nicht zugehen wie bei Geschäftspartnern oder Tarifpartnern.

Partner sein heißt in seiner sprachlichen Bedeutung »Teilhaber« sein. Für Ehe und Familie bedeutet dies nicht allein teilhaben am Besitz des anderen. Es meint vor allem nicht, daß der eine über den anderen verfügen kann. Es meint Teilhabe im Sichschenken und Annehmen, ohne Eigenständigkeit und Eigenverantwortung zu verlieren. Partner sein heißt sich dem anderen erschließen, für ihn da sein, mit ihm gehen, in allem sein Bestes wollen, ohne seine Freiheit anzutasten.

Partnerschaft im Glauben an die Partnerschaft mit Gott

Gott hat sich dem Volk des Alten Bundes mit dem Namen »Jahve« geoffenbart. Jahve – das heißt: »Ich bin, der da ist!« (Ex 3,14). Ich bin, der für dich da ist! Immer wieder heißt es in den Schriften des Alten Testamentes: Fürchte dich nicht! Ich gehe mit dir. Ich bleibe bei dir. »Und wenn auch eine Mutter ihr Kind vergessen würde, ich vergesse dich nicht!« (Jes 49,15). Gott steht zu seinem Bund. Er ist ein treuer Partner.

Gott steht erst recht zum Neuen Bund, den er in Jesus Christus mit uns geschlossen hat. Im Namen »Jesus« ist es ausgesprochen: Gott rettet, Gott erlöst, Gott ist da, Gott geht nicht fort von uns, Gott begleitet uns. In Jesus Christus hat er sich für immer und untrennbar mit uns verbunden.

Gottes Partnerschaft ist Maßstab der Partnerschaft in Ehe und Familie. Wenn die Ehe Abbild des Bundes Christi mit der Kirche und wenn die Familie Kirche im kleinen ist, dann gewinnt die eheliche Partnerschaft eine ganz andere Tiefe; dann binden die Familienbeziehungen in ganz anderer Weise. Dann sind Eheleute und Eltern Partner auf dem Wege zu Gott. Ihre Gemeinschaft ist Partnerschaft im Glauben. Was sie füreinander sind und füreinander tun, hat Sinn und Bedeutung für ihre Gemeinschaft mit Gott. Wo immer sie einander in Liebe näherkommen, kommen sie Gott näher. Wo immer sie in Christus wachsen, wird ihre Liebe zueinander tiefer. Ihre Ehe ist kein Umweg zu Gott, wie eine frühere Frömmigkeit meinte, sondern unmittelbarer Weg zu Gott. Je mehr ihre Familie ein Zuhause ist, um so mehr ist Jesus Christus bei ihnen zu Hause. Je mehr er in ihrer Mitte ist, um so mehr Geborgenheit und Glück schenken sie einander.

Dasein füreinander: für den Ehemann, für die Ehefrau, dasein für die Kinder, für jedes einzelne von ihnen und für alle zusammen – das ist Partnerschaft. Den anderen ganz annehmen, ihn auch mit den Belastungen und Entwicklungen annehmen, die er mitbringt; zu ihm stehen, auch wenn er nicht mehr zu begreifen ist; sein Wort nicht zurücknehmen, auch wenn er enttäuscht – das ist Partnerschaft im Glauben. Die Kinder als Geschenk der Liebe annehmen, sie behutsam und mit Geduld, mit Festigkeit und beständiger Vergebungsbereitschaft zur eigenen Verantwortung führen, sie nicht für sich in Beschlag nehmen, sondern sie zu Partnern Gottes erziehen – das ist Glaubenspartnerschaft in der Familie.

In solcher Partnerschaft wird verstanden und kann bestehen, was in jeder Liebe gemeint ist, was aber wohl die meisten Menschen heute nicht mehr verstehen: die unkündbare Treue in Ehe und Familie.

2. *Dasein für immer*

Die Unauflöslichkeit der Ehe wird heute allgemein als unmöglich und als Zumutung erklärt. Wie kann man Menschen für 30, 40, 50 und mehr Jahre aneinanderketten, wenn sie nichts mehr füreinander empfinden? Wer kann heute wissen, wie er oder sein Partner sich später entwickelt? Ist es nicht vermessen und unmenschlich, unwiderrufliche Entscheidungen fällen zu wollen? Wenn sich die Partner lieben, bleiben sie ohnehin beisammen. Wenn die Liebe tot ist, wäre es Heuchelei und Quälerei, zusammenzubleiben. Warum sollen beide nicht einen neuen Anfang machen dürfen?

Das klingt alles so vernünftig, so menschlich. Manche scheinen ihre Ehe schon unter der Voraussetzung zu schließen: Wenn es nicht mehr geht, lassen wir uns eben scheiden. Andere heiraten erst gar nicht, sie leben erst einmal »auf Probe« zusammen, ob sie zusammenpassen. Wenn nicht, können sie ohne bürokratische Formalitäten auseinandergehen. Über zwei Drittel von Befragten fanden »nichts dabei«, über die Hälfte der Kirchgänger war der gleichen Meinung. Ich bin nicht sicher, ob solche Antworten eine gründlich durchdachte Meinung wiedergeben. Mir scheint, daß viele – vielleicht ohne sich dessen bewußt zu sein – das wiedergeben, was heute »in« ist, was in den Massenmedien schmackhaft gemacht und von manchen Prominenten vorgelebt wird. Wie sehr solche Umfragen eine produzierte öffentliche Meinung wiedergeben, zeigt z. B. die Tatsache, daß fast 90% von Befragten ihre eigene Ehe als glücklich bezeichneten, während über zwei Drittel die Ehen der anderen für unglücklich hielten (Köcher 88).

Immerhin, die kirchliche Lehre und Praxis hinsichtlich der Unauflöslichkeit stößt auch unter Katholiken auf immer mehr Unverständnis. Ist sie falsch? Muß sie sich der Entwicklung anpassen? Muß sie endlich Scheidung und Wiederheirat legalisieren?

Bindung der Ehe in der Treue Christi

Aber kann die Kirche das? Darf sie das? Die Kirche kann und darf und muß nur eines: dem Willen Jesu Christi getreu leben, d. h. sein Wort richtig verstehen und in unsere Zeit »übersetzen«. Sie muß den Menschen helfen, heute zu sein und zu leben, was Jesus uns als Willen Gottes verkündet hat. Es besteht aber kein Zweifel, daß Jesus die

Ehe als unauflöslich gewollt hat. Er hebt die jüdische Erlaubnis zur Scheidung auf. Er verweist auf den ursprünglichen Willen Gottes: »Was Gott verbunden hat, das darf der Mensch nicht trennen« (Mt 19,6). Daran kann die Kirche nicht rütteln. Sie darf die Forderung Jesu nicht beiseite schieben. Sie würde ihm und sich selber untreu. Die Unauflöslichkeit der Ehe ist keine Verwaltungsangelegenheit. Sie beruht nicht auf Übereinkunft der Menschen. Sie wurzelt in der Treue Gottes zu uns, in der Treue Christi zur Kirche.

Dies ist die eigentliche, die tiefste Begründung. Es gibt viele Gründe, die dafür sprechen, daß Mann und Frau für immer zusammenbleiben sollen. Die Liebe ist von ihrem innersten Wesen her auf Dauer angelegt. Liebe meint Treue, sonst ist sie nicht echt, sonst will sie mehr haben als geben. Wo Liebe eine solche totale Gemeinschaft meint wie in der Ehe, wo sie so tief in das leiblich-seelisch-geistige Sein eines Menschen eingreift, wo ein Mensch sich so rückhaltlos hingibt, dort braucht sie die Gewißheit der Bindung für immer. Dort braucht sie den Schutz vor Laune und Willkür. Um ihrer selbst willen braucht die Liebe die Treue, sonst würde aus der Hingabe leicht eine Preisgabe.

Auch die Tatsache, daß Kinder das harmonische Zusammenbleiben der Eltern brauchen, spricht für die Unauflöslichkeit der Ehe. Die vielen Scheidungswaisen sind wie eine einzige Anklage gegen das Unrecht, das ihnen angetan wurde.

Alles dies spricht dafür, daß die Scheidung an sich nicht sein soll. Aber es beweist nicht, daß sie nie und nimmer sein darf. Die letzte und tiefste Begründung finden wir nur im Glauben an die unlösbare Verbindung zwischen Christus und der Kirche. Wenn die christliche Ehe Abbild dieses Bundes ist, gilt in ihr auch die Treue dieses Bundes. Jesus Christus nimmt sein Wort nicht zurück. Die Eheleute bindet nicht allein das Wort, das sie sich gegeben haben, es bindet sie nicht nur die Sorge für die Kinder, es bindet sie im tiefsten ihre Bindung an Christus. Ihre Untreue wäre ein Widerspruch zu ihrem Christsein – etwas, was die Kirche unmöglich billigen kann.

Bindung der Kirche an den Willen Christi

Die Kirche darf jene nicht abschreiben, die sich dennoch getrennt haben. Sie muß fragen, ob sie tatsächlich »von Gott verbunden« waren. Sie muß sich fragen, ob ihre Ehegesetzgebung den Willen Jesu richtig wiedergibt. Sie darf jene nicht verurteilen, die durch das Scheitern ihrer Ehe den Kontakt mit ihr verloren haben. Sie muß ihnen nachgehen, mehr als bisher. Sie muß die Voraussetzungen prüfen, unter denen die wiederverheirateten Geschiedenen weiterhin die Sakramente empfangen können. Sie muß noch sehr vieles tun, um den vielen Menschen zu helfen, die sich von der Kirche verstoßen fühlen.

Aber eines darf die Kirche nicht: Sie darf niemals den Anschein erwecken, als nehme sie das Scheideverbot Jesu nicht ernst, als sei es schließlich doch gleichgültig, ob gültig verheiratet oder nicht, ob überhaupt verheiratet oder nicht. Sie muß die Gewissensentscheidung eines jeden achten, aber sie darf nicht aufhören, für diese Gewissensentscheidung die richtigen, die sach- und menschengerechten Argumente und Hilfen bereitzustellen. Sie darf nicht aufhören, auf den Dritten im Bunde hinzuweisen, dessen Liebe niemals stirbt. Sie muß eine Treue verkünden, in der sich die »Fülle christlicher Existenz« kundtut, wie die Synode sagt: »Der Glaube an den Auferstandenen, welcher den Glauben an die Auferweckung des Ehepartners einschließt; die Hoffnung, welche für den anderen hofft, indem sie auf Christus setzt; die Liebe, die am anderen festhält, weil sie ihn in Christi Liebe zu bejahen vermag« (1.2.2.3).

Die Kirche kann gar nicht anders: Sie muß auch hier, wie an so manch anderer Stelle, in einem echten Sinn »konservativ«, d. h. wörtlich: bewahrend sein, nicht indem sie, wie Kardinal Höffner einmal sagte, »die Asche toter Gesetze hütet«, sondern indem sie die Flamme jener Liebe brennend erhält, die einmal von Christen unter dem Kreuz bezeugt wurde und »todernst« gemeint war. Die Kirche muß in einer säkularisierten Gesellschaft darauf hinweisen, daß die staatliche Scheidungserlaubnis für den Christen keine Gewissensrechtfertigung darstellt. Den Christen bindet in seinem Gewissen nicht das bürgerliche Gesetzbuch, sondern der Wille Christi, den die Kirche zu interpretieren hat.

Treue aus der Kraft des Glaubens

Dennoch scheitern auch Ehen von Christen. Sie geraten in den Stillstand der Liebe, in die Enttäuschung, in das grenzenlose Leid verratener Treue. Das Sakrament bewahrt sie nicht einfachhin davor. Es ist keine Garantie gegen das Scheitern einer Ehe. Aber die Partnerschaft im Glauben kann dem Christen eine Sicht der Liebe und Treue eröffnen, sie kann ihm Beweggründe und Kräfte vermitteln, die dem Nichtglaubenden unbekannt sind. Dem Glaubenden ist das Wort von der Ehe unter dem Kreuz kein Fremdwort. Er wird das Wort vom Kreuzweg der Liebe nicht von sich weisen. Liebe, die Jesus meint, ist nicht zu trennen von der Selbsthingabe, von der Selbstverwirklichung im Kreuztragen und von der Torheit des Kreuzes.

Wir wollen das Wort vom Kreuztragen nicht leichthin gebrauchen. Aber es gibt unbestreitbar das Leid in vielen Ehen und Familien. Wir sind gefragt, ob wir es als Glaubenspartner bestehen oder als »unzumutbar« von uns weisen; ob ein Christ sich gefordert und befähigt sieht, in einer unglücklichen Ehe auszuhalten oder nach der Trennung allein zu bleiben und auch darin eine Erfüllung seines Lebens zu finden, oder ob er eine neue Bindung eingeht, weil er »schließlich auch etwas vom Leben haben« will. Christliche Eltern sind gefragt, ob sie trotz des Leides, das ihnen Kinder antun, weiterhin für sie da sind, für sie Partner auf dem Wege zu Gott bleiben wollen, oder ob sie ihr Tun praktisch billigen oder nichts mehr mit ihnen zu tun haben wollen.

Partnerschaft ist Dasein für andere, Dasein für immer. Solches Dasein hat man nicht ein für allemal. Es muß beständig gelernt werden.

3. Lernprozeß Partnerschaft

Wie wird Partnerschaft erlernt? Das ist nicht zuerst eine Frage von Technik und Methode, es ist eine Sache des Herzens. Es ist nicht allein eine Frage der Wissenschaft, der Psychologie, der Soziologie oder anderer Wissenschaften, die sich mit Teilbereichen der menschlichen Möglichkeiten befassen. Es ist eine Sache des ganzen Menschen, der zu seinem Partner ja gesagt hat und dieses Ja durchhält. Aber Wissenschaft und Erfahrung können Anregungen und Hilfen geben, in diesem Ja zu wachsen. Einige seien genannt:

Da ist zunächst das Ja, das der Mensch zu sich selber sagen muß. Wer mit sich selbst unzufrieden ist, mit seinem Dasein, seinen Fähigkeiten und Möglichkeiten, kann kein guter Partner werden. Er kann sich nicht voll einbringen und Anteil geben.

Da ist ferner die Annahme des Partners wie er ist, da ist die notwendige Enttäuschung von den Illusionen, von dem falschen Bild und den unwirklichen Erwartungen, die der eine auf den anderen überträgt. Dazu gehört das beständige Aufmerken auf den anderen, das

Wahrnehmen dessen, was er fühlt und will. Im letzten ist jeder Mensch ein Geheimnis. Eine totale Partnerschaft gibt es nicht. Sie kann nur Gott schenken. Aber es gibt ein immer tieferes Eingehen in die Persönlichkeit des anderen und ein immer tieferes Aufnehmen des Partners in den eigenen Lebens- und Erlebensbereich.

Möglichkeiten der Einübung

Es wird heute viel von Kommunikation gesprochen. Kurse und Übungen werden abgehalten, sie zu erlernen. Sie bringen wertvolle Erkenntnisse über die Hindernisse der Partnerschaft. Wir erfahren darin, woran es liegt, daß Mißstimmung und Verärgerung das Klima verschlechtern. Es wird gezeigt, wie solche Blockierungen auf gute Weise abgebaut, wie ungute Gefühle richtig »abreagiert« werden können. Es wird gezeigt und eingeübt, wie Menschen ohne Angst und Beklemmung einander ihre Gefühle, Erwartungen und Wünsche, ihre Freude und ihr Unbehagen mitteilen können. Immer deutlicher wird erkannt, wie sehr die Unfähigkeit, miteinander zu reden, Ehen und Familien belastet. Sprachlosigkeit oder Ausdrucksunfähigkeit machen es schwer, einander zu verstehen. Eheliche Partnerschaft wächst aber gerade in dem Maße, als sich beide auch in ihrem Gefühlsbereich erschließen. Im Streß der anonymen Leistungswelt von heute ist diese Kommunikation notwendiger denn je.

Kurse und Übungen sind gut. Eheleute können aber auch ohne sie Partnerschaft üben. Entscheidend ist, daß sie aufeinander hören und miteinander sprechen wollen.

Es ist schlimm, wenn sie nicht mehr miteinander sprechen oder nur die notwendigsten Informationen austauschen, wenn das Fernsehen den Abend und das Hobby die Wochenenden und den Urlaub beherrschen. Die Langeweile ist die fast unausweichliche Folge, spätestens dann, wenn die Kinder aus dem Hause sind und beide sich nichts mehr zu sagen haben. Manche Ehe gerät jetzt offen in eine Krise, die verdeckt schon lange vorbereitet war. Manche Eltern haben vergessen, daß sie Eheleute sind. Sie haben verlernt oder nie recht gelernt, miteinander zu sprechen. Die Liebe braucht aber das Gespräch.

Sie braucht auch das Gespräch mit den Kindern, mit den Heranwachsenden. Hier liegt wohl der entscheidende Punkt in manchen Familien. Es findet kein wirkliches Gespräch über die Dinge statt, die zu Konflikten führen. Weil von beiden Seiten nicht Standpunkte geäußert werden, sind es Monologe, ist es kein Dialog. Es wird Angriff vermutet, wo mehr Unsicherheit und Suchen sind. Es wird autoritäres Verhalten vorausgesetzt, wo Sorge um die Zukunft der Kinder und gleichfalls Unsicherheit im Spiel sind. Partnerschaft im Gespräch mit den Jugendlichen – das wäre ein Thema für sich. Wir können hier nicht mehr darauf eingehen. In einem anderen Zusammenhang kommen wir darauf zurück.

Partnerschaft im Glaubensgespräch

Bedenken wir abschließend noch, daß Partnerschaft im Glauben gemeinsames Wachsen im Glauben ist und daß dazu auch das Glaubensgespräch gehört. Es wäre ein Widerspruch, menschliche Partnerschaft zu pflegen und das Christliche davon auszuschließen. In der Partnerschaft mit Gott kann niemand einen anderen vertreten. Niemand kann ergründen, was zwischen Gott und diesem Menschen vor sich geht. Dennoch sind wir vor Gott keine Einzelgänger. Wir sind im Glauben aufeinander angewiesen. Wann und wo immer sich Gott mir schenkt, schenkt er sich nicht mir allein, sondern mit mir und durch mich auch den anderen. Wo sollte dies mehr gelten als in der engen Gemeinschaft von Ehe und Familie? Wo wäre ein Sprechen über den Glauben mehr angebracht als hier: ein Sprechen über die Schwierigkeiten im Glauben, ein Austausch der Erfahrungen im Glauben, ein gemeinsames Suchen nach gelebtem Glauben? Kommen uns solche Gedanken ungewohnt vor? Die Bibel spricht wie selbstverständlich davon. Als die Ehe bei der Feier der Eucharistie geschlossen und im gemeinsamen Mahl mit Christus besiegelt wurde, war diese Partnerschaft gemeint. Ob wir nicht gerade sie neu lernen müßten?

Fürbitten

Herr Jesus Christus, du bist in deiner Menschwerdung der Partner unseres ewigen Heiles geworden. Wir rufen zu dir:

- Laß alle, die in Ehe und Familie miteinander verbunden sind, in der Partnerschaft des Glaubens einander helfen auf dem Wege zu dir . . .
- Laß sie nicht aufhören, ganz und immer füreinander da zu sein und einander zum Glück und Heil zu werden . . .
- Laß sie ihre Liebe als unkündbare Treue verstehen und in der Kraft deiner Treue zu uns auch in schweren Zeiten bewahren . . .
- Laß sie allezeit ein offenes Ohr und ein offenes Herz füreinander haben und ihre Konflikte in redlichem Gespräch zu lösen versuchen . . .
- Laß jene, deren Ehe gescheitert und deren Familie zerstritten ist, in der Gemeinschaft deiner Kirche Verständnis und Hilfe finden . . .

Herr, du hast dich uns für immer verbunden; gib, daß deine Treue immer mehr zum Maßstab unserer Treue wird. Amen.

Predigtvorlage V

Die Familie – Schule des Glaubens:
Wo der Glaube zuerst vermittelt wird

Eines Tages wurde jemand gefragt: »Was würdest du tun, wenn du jemanden für den Glauben an Christus gewinnen willst?« Er antwortete: »Ich würde ihn ein Jahr lang in meiner Familie wohnen lassen!« So überzeugt war er, daß der gelebte Glaube seiner Familie den Nichtchristen bekehren würde. Der das sagte, lebte im 3. Jahrhundert in Ägypten: Klemens von Alexandrien, einer der großen frühchristlichen Schriftsteller.

1. Zur Situation der christlichen Familie heute

Ja, damals, mag mancher denken, damals war es auch leichter, eine christliche Familie zu führen. Aber heute? Bei so vielen Einflüssen, die in die Familie hineindrängen! Wo in der Schule, bei den Freunden unserer Kinder, im Radio und Fernsehen und in den vielen Schriften, die unsere Kinder in die Hände bekommen, genau das Gegenteil von dem gesagt wird, was wir ihnen beibringen? Ist das überhaupt noch möglich – eine christliche Familie? Sind die anderen nicht stärker? Die Kinder hören doch viel lieber, was die ihnen sagen. Damals war es bestimmt einfacher als in unserer komplizierten Welt.

Erschwerte Bedingungen

War es damals leichter, ein Christ zu sein und eine christliche Familie zu führen? Es war die Zeit der Verfolgung. Wer sich als Christ bekannte, riskierte Verhaftung, Folter und Tod. Wenn er Familie hatte, hinterließ er sie völlig mittellos. Es gab keine Sozialversicherung, es gab keine Fürsorge, keine organisierte Caritas. Bei uns riskiert keiner sein Leben, wenn er Christ ist. Er riskiert höchstens ein mitleidiges Lächeln und herablassenden Spott; vielleicht riskiert er auch berufliche Nachteile und gesellschaftliche Zurücksetzung. Aber aufs Ganze gesehen war es damals schwerer, ein Christ zu sein.

Anderseits ist ein Glaube überzeugender, wenn er unter Lebensgefahr bekannt wird. Er schließt auch die Glaubenden enger zusammen. Sie sind buchstäblich auf Gedeih und Verderb aufeinander angewiesen. Wenn wir es so sehen, konnte damals eine christliche Familie überzeugender wirken. Und so mag Klemens von Alexandrien mit seinem Optimismus schon recht gehabt haben.

Eine solche, im Glauben zusammengeschlossene Familie ist heute außerordentlich schwieriger. Es gibt nicht nur die Alternative: Christ oder Heide. Die Meinungen über das, was Leben heißt, gehen auch unter Christen ziemlich auseinander. Viele finden, es sei überhaupt nicht so wichtig, welchen Glauben man hat. Anderes steht im Mittelpunkt. Die meisten jungen Menschen interessieren heute ganz andere Dinge als Fragen um Gott und Glauben und Kirche. Sie wollen leben. Sie wollen sich nichts entgehen lassen. Sie wollen sich nicht vorschreiben lassen, was sie tun dürfen und was nicht.

So gibt es Meinungsverschiedenheiten und Auseinandersetzungen. Der Generationenkonflikt wird auch im religiösen Bereich ausgetragen. Manchmal ist die Familie eher ein Kampfplatz als ein Zuhause, mehr ein Umschlagplatz der unterschiedlichsten weltanschaulichen Meinungen als eine »Kirche im kleinen«.

Auf der Suche nach Sinn

Aber es gibt auch das andere. Es gibt das versteckte Suchen junger Menschen. Es gibt die verdeckte und die offene Frage nach dem Sinn des Lebens. Wir sind schon einmal auf diese wichtige Beobachtung gestoßen. Junge Menschen möchten auf die Sinnfrage keine theoretischen Antworten. Sie wollen sehen, wo und wie Sinn gelebt wird. Sie haben ein äußerst feines Gespür für die Zusammenhänge zwischen Glauben und Leben. Das macht sie kritisch gegen Oberflächlichkeit, Heuchelei und Doppelmoral. Das macht sie anderseits empfänglich für Menschen, die den Glauben aufrichtig leben. Sie können sich begeistern für Taizé und für Mutter Teresa. Sie setzen sich ein für Hilfsbedürftige und Verachtete. Sie propagieren einen neuen Lebensstil. Manche ziehen aus, weil ihnen der Lebensstil der Eltern unehrlich vorkommt. Sie protestieren oft nicht ohne Grund. Sie protestieren auf eine Weise, die wiederum Unrecht ist, aber dahinter steckt doch oft ein tiefes Suchen und Fragen.
Sicher nicht bei allen! Viele lassen sich einfach treiben. Sie nehmen, was sie bekommen. Manche verfallen neuen Heilbringern: den Jugendsekten. Bei ihnen meinen sie Sicherheit, Geborgenheit, Zukunft und Glück zu finden. Dort meinen sie die andere Lebensform zu finden: die Gemeinschaft, das einfache, glückliche Leben. Dafür geben sie vieles auf: Beruf, Schule, Familie, sogar ihre Freiheit. Sie folgen bedingungslos fanatischen Führergestalten. Immer dringlicher stellt sich die Frage, woher es kommt, daß sie den »Kindern Gottes«, der »Vereinigungskirche«, der »Hare-Krishna-Bewegung«, der »Transzendentalen Meditation« und anderen Sekten verfallen. Und noch dringlicher stellt sich die Frage, wie es kommt, daß sie der Sucht verfallen, dem Alkoholismus und der Drogensucht.
Es wäre zu billig, einfach der Familie die Schuld zu geben. Aber daß es mit der Familie zu tun hat, wird man nicht leugnen können. Es hat mit der Frage zu tun, ob die Familie den Glauben an das eigentliche Ziel, an den letzten Sinn unseres Lebens, ob sie den Glauben an Gott vermittelt.

2. Durch Familie vermittelter Glaube

Den Glauben lernt ein Mensch nicht aus Büchern. Glaube wird im Grunde nicht gelehrt, sondern vorgelebt. Er wird von lebendigen Vorbildern übernommen. Nicht der Unterricht macht den Christen, sondern die christliche Umwelt, in der er lebt. Wo sollte diese Umwelt eher gegeben sein als in der Familie? Wenn die Familie die Grund-Schule der Menschlichkeit und Mitmenschlichkeit ist, dann gilt das auch für den Glauben. Die Familie ist die Grund-Schule des Glaubens. Sie ist der Raum, wo der Glaube zuerst vermittelt wird.

Wirksamer als der Religionsunterricht

Einen Religionsunterricht gibt es erst seit etwa 200 Jahren. Es ist gut, daß es ihn gibt. Wir müssen alles tun, daß er als ordentliches Lehrfach in unseren Schulen erhalten bleibt. Wir müssen uns gegen alle Tendenzen wehren, ihn abzudrängen. Was noch wichtiger ist: Wir müssen ein wachsames Auge darauf haben, daß es ein guter Religionsunterricht ist. Es kann den Eltern nicht gleichgültig sein, wer ihr Kind unterrichtet und wie er den Religionsunterricht gibt. Ein Vater oder eine Mutter sollten auch den Mut haben, einen Religionslehrer über das zu befragen, was das Kind an Meinungen nach Hause mitbringt, die dem bisherigen Glaubensverständnis widersprechen. Sie haben das Recht und die Pflicht, in einem guten Sinn den Lehrer ihres Kindes »zur Rede zu stellen«.
Aber was nützt der beste Religionsunterricht, wenn die Familie nicht mitmacht? Jeder Religionslehrer wird eine Fülle von Beispielen bringen können, daß seine Arbeit wie umsonst erscheint, weil in der Familie anders gesagt und nach anderen Grundsätzen gelebt wird. Er mag sich noch so sehr abmühen – und zunächst wird man es von jedem annehmen, daß er es tut –, er arbeitet wie gegen den Strom, wenn die Familie nicht mitzieht. Die Religion erscheint als ein Fach, das nichts einbringt. Anderes ist für das Leben wichtiger. Warum soll man sich nicht abmelden, wenn es geht?
In früheren Jahrhunderten gab es keinen schulischen Religionsunterricht. Es gab auch nicht den Katechismusunterricht der Kirche. Es gab nicht einmal kirchliche Gebäude und Räume, in denen er hätte erteilt werden können. Und doch wurde der Glaube weitergegeben.

Er wurde durch die Familie weitergegeben, gewiß zusammen mit Gottesdienst und Predigt und den anderen Seelsorgsdiensten, die es damals gab. Aber die Grundlagen des Glaubens wurden in der Familie gelegt. Die Kirche lebte ganz anders als heute in den Familien und aus den Familien. In der Urkirche versammelten sich die Christen in den Räumen der Familien. Es waren buchstäblich häusliche Kirchengemeinden. Die Familien wurden zu Zentren der Glaubensverbreitung.

Vielleicht haben wir uns zu sehr daran gewöhnt, daß ja der Priester für den Glauben der Kinder sorgt. Vielleicht bedenken wir zuwenig, daß die Familie den Boden bereiten muß, damit der Glaube eingepflanzt werden kann, ja daß die erste Pflanzung durch die Familie selbst geschehen muß. Ob und wie in der Familie über Gott und Glaube, über Kirche und kirchliches Leben gesprochen wird, das prägt einen Menschen gründlicher als alles spätere Reden im Religionsunterricht. Ob und wie in der Familie gebetet wird, welchen Platz Gottesdienst und Sakramentenempfang dort einnehmen, das entscheidet mehr über die spätere Praxis des Glaubens als alle Ermahnungen des Religionslehrers. Ob ein Kind zum Gott der Liebe findet und in Vertrauen zu ihm beten kann, das hängt sehr davon ab, ob es zu Hause wahre Liebe und Geborgenheit gefunden hat. Ob ein Kind zu Gott Vater sagen kann, wird von seinem Vater zu Hause abhängen. Wenn der Vater ein Egoist, ein Tyrann ist, einer, mit dem man nicht reden kann oder der nie zu sprechen ist, welches Vaterbild soll ein Kind dann von Gott bekommen? Ob ein Mensch auch in schwersten Zeiten den Glauben durchhält, wird in dem Maße gelingen, als er in der Familie das Vertrauen auf die Vorsehung des Vatergottes erlebt hat. Ob ein Mensch an Vergebung glauben kann und ob er selber bereit ist zu vergeben, das wird davon abhängig sein, ob er zu Hause Vergebung erfahren hat. Ob ein Mensch grundsätzlich im Mitmenschen den Nächsten sieht, für den er mitverantwortlich ist, oder ob er in ihm zuerst den Rivalen vermutet und Menschen nach Klischees und Feindbildern einteilt, das wird schon in den ersten Kinderjahren entschieden. Die Familie vermittelt den Glauben, oder sie vermittelt einen schwachen Glauben, Aberglauben und Unglauben.

Die ersten Seelsorger der Kinder

Dies alles ist leicht einzusehen. Erfahrungen von Generationen und eingehende Forschungen bestätigen es. Der Glaube ist »familiärer«

Glaube. Die Eltern sind das »Modell« des christlichen Lebens für die Kinder. Das spätere Glaubensleben wird in aller Regel so aussehen, wie es zu Hause eingeübt oder nicht eingeübt wurde. Ausnahmen gibt es, sie bestätigen auch in diesem Fall nur die Regel.
Und auch hier sind es wieder die bitteren Erfahrungen, die die Bedeutung der Familie beweisen. Wenn in einer Familie alles andere wichtiger ist als der Glaube, als das Gebet, als der Gottesdienst, werden die Wertmaßstäbe des Kindes von Grund auf verfälscht. Wenn zu Hause kein Kirchenbewußtsein vorhanden war, wie soll ein Kind später die Kirche als Familie Gottes erkennen und sich darin zu Hause fühlen? Wenn im Glauben nur Pflichterfüllung gesehen wurde, wie sollte er nicht als Last statt als Befreiung und Freude empfunden werden? Wenn überdies Eltern eine Doppelmoral praktizieren, d. h. wenn sie ihre Kinder in den Religionsunterricht und in den Gottesdienst schicken, selbst aber selten oder nie dort zu sehen sind, werden die Kinder mit Sicherheit Glaube und Kirche als eine Sache für Kinder oder allenfalls noch für alte Leute ansehen. Sie werden sich auf den Tag freuen, an dem sie nicht mehr in die Kirche müssen. Sie werden sich, sobald es geht, vom Religionsunterricht abmelden.
Ich meine, wir sollten uns diesen Fragen ohne Beschönigung stellen. Es geht nicht um Vorwürfe, es geht nicht um Anklagen, es geht um die Zukunft Ihrer Kinder, liebe Eltern. Ich bin überzeugt, daß Sie alles dafür tun wollen. Müßte dann nicht die Glaubensbildung einen ganz anderen Platz einnehmen? Das Leben der Familie aus dem Glauben? Der Alltag im Glauben? Die Erfahrung der Kirche im Alltag und an den kirchlichen Festen? Der hl. Augustinus, der große Theologe und Seelsorger des christlichen Altertums, hat die Väter seiner Gemeinde als »meine lieben Mitbischöfe« angeredet. Er hat ausdrücken wollen, was jeder Vater, was jede Mutter ist: Sie sind die ersten Seelsorger ihrer Kinder.
Ich weiß: das mag als schöne Theorie alles richtig sein, aber wie schwer es Eltern haben, im Alltag damit fertig zu werden, das weiß nur einer, der sich Tag für Tag mit anderen Meinungen herumschlagen muß. So manche Eltern kommen sich wie ohnmächtig vor gegenüber einer andersdenkenden Umwelt der Kinder in Schule, Arbeits- und Freizeitwelt. Sie meinen, wie auf verlorenem Posten zu stehen in einem Meer von religiöser Gleichgültigkeit, von Materialismus und Unglauben. Es gibt kein Patentrezept gegen diese Ohnmachtsgefühle. Es gibt dagegen nur eines: die eigene Glaubensüberzeugung in christlicher Hoffnung durchhalten, sie festigen und vorleben.

Eines gibt es dabei, was wir gewiß mehr als bisher tun müssen. Das ist das Gespräch über den Glauben. Das ist das Glaubensgespräch in der Familie.

3. Das Glaubensgespräch in der Familie

Dringlichkeit des Glaubensgesprächs

Es ist kein Zweifel, daß junge Menschen heute mehr als früher das Gespräch brauchen. Sie haben es schwerer, als die meisten von uns es gehabt haben, mit den Fragen nach dem Sinn des Lebens zurechtzukommen. Sie haben es viel schwerer mit dem Glauben. So vieles stürmt in diesen Jahren auf sie ein: so viele Ansichten, Meinungen und Praktiken, so viel Widersprüchliches und Verlockendes im Pluralismus unserer Zeit, daß sie oft gar nicht in der Lage sind, richtig zu urteilen und zu entscheiden. In dieser Zeit der Entwicklungsjahre, wo sie es ohnehin nicht leicht haben, mit sich selbst klarzukommen, werden sie in den Sinnfragen des Lebens und in den Glaubensfragen oft hoffnungslos überfordert. Vieles an Aufsässigkeit ist Unsicherheit. Vieles ist eine versteckte Anfrage: Könnt ihr mir helfen, wie ich im Glauben Sinn und Zukunft finden kann? Vieles ist ein verschlüsselter Hilferuf. Eine Jugendzeitschrift mit einer Millionen-Leserschaft, aber mit höchst fragwürdigem Niveau, bekommt monatlich über 5000 Briefe von jungen Menschen mit bedrängenden Lebensfragen.
Müßten Eltern nicht solche Fragen erspüren können? Könnten sie diese Fragen nicht provozieren. Vor allem aber: Sind sie in der Lage, darüber zu sprechen, so daß ihre Jugendlichen es gar nicht nötig haben, sich an jene fragwürdigen Ratgeber zu wenden? Können Eltern begründen, warum sie glauben? Können sie einsichtig machen, warum sie in die Kirche gehen, warum sie eine andere Lebensauffassung vertreten als diese oder jene herrschende Meinung, als dieses oder jenes von den jungen Menschen verehrte Idol?
Dürfen Eltern, wenn solche Fragen gestellt werden, in die Abwehr flüchten: Ich habe keine Zeit? Es kann Flucht sein: Denn es ist unangenehm, sich bohrenden Fragen stellen zu müssen, ohne eine überzeugende Antwort zu haben. Aber wenn es um die Nöte der Kinder geht, werden Beruf und Hobby doch wohl zurückstehen müssen. Bei keinem von Ihnen, liebe Eltern, wird zutreffen, was eine Vierzehnjährige ihren Eltern vorwarf: »Ich wollt', ich wär' ein Auto, dann hät-

tet ihr mehr Zeit für mich!« Aber die Rangordnung unserer Pflichten und Bedürfnisse bedarf doch immer wieder einer Überprüfung.
Mir scheint aber, der eigentliche Grund für das Unbehagen, sich Gesprächen über den Glauben zu stellen – ob mit den Kindern oder mit dem Ehepartner –, ist ein anderer. Es ist die Unsicherheit, oder sagen wir es deutlicher: die Unwissenheit in manchen Bereichen unseres Glaubens. Auf diesen Punkt möchte ich abschließend noch eingehen.

Dringlichkeit der Glaubensbildung

Es ist ein wunder Punkt, unser Glaubenswissen und unsere Glaubensbildung. Jeder wird zugeben, daß ein Mensch mit dem bloßen Schulwissen im Leben nicht zurechtkommt. Er muß sich weiterbilden. Das gilt für jeden Beruf. Die Angebote für Erwachsenenbildung sind entsprechend groß.
Weiterbildung braucht aber auch der »Beruf« des Christen. Auch ein Christ kann sich nicht mit dem Katechismuswissen seiner Kinderjahre begnügen. Der Glaube muß weitergebildet werden! Bilden wir ihn? Wo und wie geschieht Glaubensbildung?
Sicher nicht aus den Illustrierten und anderen Massenblättern. Wer nur daraus sein Wissen über Gott und Glaube, über Kirche in dieser Zeit, über ihre Probleme und ihre Aufgaben bezieht, kann unmöglich von Glaubensbildung sprechen. Im Gegenteil: Er leidet an religiöser Auszehrung. Das muß, so meine ich, in unserem Zusammenhang deutlich gesagt werden, zumal ja manche dieser Blätter eine glaubensunfreundliche, wenn nicht sogar feindliche Tendenz zeigen. Wo informieren wir uns? Nur aus Sendungen im Radio oder Fernsehen? Auch das kann nicht ausreichen, zumal auch hier die Objektivität der Darstellung zuweilen sehr zu wünschen übrigläßt.
Wo also und wie bilden wir uns? Die wichtigste Quelle ist die Heilige Schrift. Es gibt sehr gute Ausgaben, auch solche mit guten Erklärungen. Lesen wir darin? Besinnlich? Auf unsere Situation bezogen? Könnten wir uns vorstellen, daß bei uns zu Hause gemeinsam in der Bibel gelesen wird? Warum ist das ausgeschlossen? Und wie ist es mit anderem religiösen Schrifttum? Es gibt eine Fülle von guter religiöser Literatur für alle Alters- und Bildungsgruppen. Lesen wir so etwas? Wenigstens die Kirchenzeitung, die uns über das Wichtigste informieren kann? Was liegt an Lesestoff bei uns zu Hause aus? Ist es das Richtige? Das Notwendige? Das Geeignete für die Kinder?

Es gibt auch eine Fülle von Bildungsveranstaltungen, an Abenden und Wochenenden, zu grundlegenden und aktuellen Themen. Hier können wir im Gespräch unsere Schwierigkeiten, unsere Proteste und Forderungen einbringen. Hier können wir kräftig mitreden. Warum, so frage ich mich des öfteren, warum kommen solche Veranstaltungen für die allermeisten unserer guten katholischen Christen überhaupt nicht in Betracht? Warum fällt ihnen anscheinend nicht einmal der Gedanke ein, daran teilzunehmen? Keine Zeit? Ich kann mir darüber kein Urteil erlauben. Aber die Frage ist doch wohl erlaubt, ob diese Begründung stimmt, wenn wir die Zeit in Betracht ziehen, die wir für andere Dinge aufbringen. Die Frage darf doch wohl gestellt werden, ob die Glaubensbildung nicht die gleiche Dringlichkeit besitzt wie der Kegelabend, die Vereinssitzungen, wie Sportveranstaltungen und vieles andere. Nichts gegen alle diese Möglichkeiten der Entspannung und Freude! Es geht um die Rangordnung der Werte. Es geht darum, wie wir das Geschenk unseres Glaubens vor Gott verantworten. Vor ihm werden wir einmal Rechenschaft darüber ablegen müssen, was wir aus ihm gemacht und wie wir ihn weitergegeben haben.

Familie als Zukunft des Glaubens

Die Zukunft des Glaubens, die Zukunft der Kirche hängt heute mehr als früher von der Familie ab. Unzählige christliche Eltern mühen sich, weiterzugeben, was ihnen ihr Glaube an Sinn und Kraft und Freude gibt. Welche Geduld und welche Tapferkeit, welche selbstlose Liebe manche von ihnen Tag für Tag aufbringen, ist wahrlich bewundernswert. Sie sollen wissen, daß nichts umsonst ist, auch wenn es oft so aussieht. Was sie grundlegen, ist stärker als alle Ideologien. Mag auch manches später ihre Kinder vom Glauben wegführen, die Grundlage bleibt, auf der Gott neu aufbauen kann. Denn er ist es, der den Glauben schenkt. Menschen sind Vermittler, sie sind Diener des Glaubens, die Eltern wie die Seelsorger. Wer sich redlich in seinem Dienst müht, arbeitet nicht vergebens. Er leistet den besten Beitrag zum »Jahr des Kindes«. Er dient dem Grundrecht des Kindes auf eine gute, auf eine christliche Familie.

Fürbitten

Herr Jesus Christus, du willst, daß dein Wort in unseren Familien gelebt und weitergegeben wird. Wir bitten dich:

– Laß die Eltern erkennen, welches Vertrauen du ihnen schenkst, daß sie den Glauben an dich in ihren Kindern grundlegen und entfalten dürfen . . .

– Hilf ihnen, durch ihr überzeugendes Leben eine Atmosphäre des Glaubens zu schaffen, die allen Belastungen unserer Zeit standhält . . .

– Gib ihnen Erkenntnis und Fähigkeit, Einfühlungsvermögen und Geduld, mit ihren Kindern und untereinander über Erfahrungen und Schwierigkeiten des Glaubens heute zu sprechen . . .

– Bewege sie, die Gelegenheiten zu nutzen, ihren Glauben weiterzubilden . . .

– Stärke in unserer Pfarrgemeinde die Verantwortung für unsere Familien, daß sie als »Kirche im kleinen« jedwede Unterstützung erfahren, ihre Aufgaben zu erfüllen . . .

Du hast uns allen aufgetragen, Herr, dein Evangelium zu den Menschen zu bringen. Lehre uns, diesen Auftrag zu erfüllen. Amen.

III. Spiritualität in Ehe und Familie

A) Thematische Hinführung

1. Zum Verständnis der Spiritualität in Ehe und Familie

1.1 »Ehespiritualität ist die Fähigkeit, alle Dimensionen eines ungeteilten Christseins im Stande der Ehe zu leben« (Dietrich 47). Sie zeigt sich nicht zuerst in religiöser Pflichterfüllung und frommem Brauchtum. Sie ist als das *grundlegende geistliche Selbstverständnis der Ehe* zu verstehen, von dem aus ihre sittliche Lebensführung erst verstanden werden kann. Die Spiritualität soll nicht eine vermeintlich widergöttliche Wirklichkeit taufen, sondern die schöpfungsmäßige Wirklichkeit der Ehe zu ihrer ganzen Fülle bringen.
Hier ist gewiß noch manches überkommene Mißverständnis aufzuarbeiten. Die Frömmigkeit von Eheleuten wurde mehr als Übernahme von Frömmigkeitsübungen des »Standes der Vollkommenheit« denn als spezifisch eheliche Frömmigkeit verstanden. Häufige Teilnahme am Meßopfer, Rosenkranzgebet, bestimmte Abtötungen und Übungen sollten den Eheleuten, wenn sie schon nicht das »eigentliche« Leben der Vollkommenheit führen konnten, möglichst viel Anteil an den geistlichen Früchten des Ordensstandes vermitteln. Die Einrichtung der »Dritten Orden« und des »Oblatentums« scheint u. a. auch von dieser Absicht her motiviert gewesen zu sein. Die Einflüsse eines Sexualpessimismus haben, entgegen den biblischen und offiziellen

kirchlichen Aussagen, die Praxis des ehelichen Lebens als ein grundsätzliches Hindernis oder als Erschwerung des Strebens nach Vollkommenheit hingestellt. Die Exkulpationstheorie des christlichen Altertums mit ihrer einseitig hervorgehobenen Zeugungsfinalität der ehelichen Sexualität hat bis in unser Jahrhundert hinein unterschwellig die Meinung begünstigt, daß Eheleute *trotz* ihres Ehelebens in den Himmel kommen können. Eine eigentliche Ehespiritualität, wonach die Ehe für die dazu Berufenen nicht ein Umweg, sondern *der* gemeinsame Weg zu Gott ist, konnte unter diesen Voraussetzungen nicht entwickelt werden. Die Mahnungen an die Eheleute bezogen sich selbstverständlich auf die Liebe. Kirchenväter und Schriftsteller aller Jahrhunderte haben Tiefes und Bleibendes darüber geschrieben. Aber die Verbindung der Liebe mit ihrem leiblichen Ausdruck in der Ehe wollte ihnen nicht so recht gelingen. Vielleicht ist dies u. a. auch ein Grund dafür, daß nur relativ wenig kanonisierte heilige Ehemänner und Ehefrauen im Heiligenkalender stehen; letztere wurden im früheren Meßbuch unter dem Commune »Nec virgo nec martyr« gefeiert.

Die Verkündigung hat hervorzuheben, daß die gläubig gelebte Ehe nicht auf Umwegen zu Gott führt. Wenn das Sakrament der Ehe nicht etwas neben oder über der Ehe, sondern die Ehe selber ist, wenn sie nicht bloß Symbol, sondern wirksame Gegenwart des Bundes Christi mit der Kirche ist, wenn Gnade nicht nur Hilfe zur Erfüllung der ehelichen Standespflichten, sondern Zuwendung Gottes ist, dann ereignet sich in der christlichen Ehe göttliches Leben, sofern sich die Eheleute diesem Leben öffnen und es nicht durch ihre Schuld vermindern oder verlieren. Nicht eine zur Ehe hinzukommende Frömmigkeitsübung heiligt die Eheleute, sondern ihr Alltag, wenn er von jener Liebe getragen ist, die im Sakrament ihre tiefste Wurzel hat, deren Treue letztlich in der Treue Christi verankert ist. »Ehespiritualität ist eine durchaus nüchterne und realistische Sache . . . (Sie) verlangt den Willen, sich immer mehr einander zu öffnen und Anteil zu geben an dem, was jeden bewegt. In diesem Innenraum geschieht der wesentliche Vollzug der Ehe: die Reifung als dauernder und nie abgeschlossener Prozeß. In den scheinbar nur äußeren Kleinigkeiten des Alltags und in den unbewußten Tiefen der Person wächst eheliche Spiritualität, . . .« (Dietrich 60). Hier verläuft ihr gemeinsamer Weg zu Gott, ihre gemeinsame Geschichte mit Gott, ihre »Seilgemeinschaft«, die auch die schwierigsten »Gratwanderungen« zu bestehen vermag (Gründel 68).

1.2 Spiritualität in der Ehe wirkt sich aus in *Spiritualität in der Familie*. Die Synode spricht in einem eigenen Abschnitt über die gläubige Atmosphäre, in der ein Christ für sein Leben heranwachsen kann. »In der Familie kann der Mensch Befreiung von Angst und Einsamkeit und damit ein Stück ›Erlösung‹ erfahren. Hier umfangen ihn das Vertrauen, die Geborgenheit und die Fürsorge, die auf das Angenommensein durch Gott und auf Gottes Treue hinweisen . . . Die Alltäglichkeiten des Familienlebens bahnen in ihrer Prägekraft den Weg zu einem gläubig-religiösen Leben: Das gemeinsame Mahl, Gespräch, Fest und Feier, Spiel, Umgangsformen, gern gewährte Vergebung, gelebtes Brauchtum. All dies erfährt seine Vertiefung und Verklärung im Gottesdienst, in den Sakramenten, im Gebet und bewährt sich im rechten Stehen in der Welt. Ein mögliches Modell so verstandener Spiritualität wäre etwa die Ausprägung christlicher Grundhaltungen des Dankes, der Versöhnung und der Verantwortung« (Synode 2.4.1).
Die Synode spricht von den Schwierigkeiten, durch die eine alle Familienmitglieder tragende Spiritualität behindert wird, und folgert: »Jede Familie muß ihren Stil der Spiritualität finden und pflegen« (ebd. 2.4.2). Sie verweist u. a. besonders auf das Gebet in der Familie. Dazu und zur sakramentalen Frömmigkeit in der Familie einige pastorale Überlegungen:

2. Das Gebet in der Familie

2.1 »Keine Familie kann ohne Schaden für den Glauben für immer auf gemeinsames Gebet verzichten« (Synode ebd.). Dieser Feststellung des Synoden-Dokumentes steht die durch empirische Untersuchungen bestätigte Erfahrung gegenüber, daß nur 18 % aller katholischen Eltern in der Bundesrepublik mit ihren Kindern noch beten (Schmitt 70; vgl. Pompey 76–78 mit günstigeren Ergebnissen bei der Befragung kirchlich orientierter Jugendlicher).
Das Gebet in der Familie ist von den *gleichen Schwierigkeiten* betroffen, die das Beten überhaupt für den Menschen von heute aufwirft. Nützt das Beten? Hilft das Beten? Warum beten? Viele Schwierigkeiten gehen auf die Art des Betens zurück. Beten wird als Aufsagen von Gebetsformeln verstanden. Auswendig gelernte Gebete der Kindheit werden ins Jugend- und Erwachsenenalter übernommen. Sie stehen neben dem Leben, werden als Relikte mitgeschleppt oder mitsamt dem Beten überhaupt über Bord geworfen.

Das tiefere Mißverständnis ist die Einengung des Betens auf das Bittgebet. Es wird übersehen, daß Beten sprechender Glaube ist. Wer glaubt, betet. Sein Gebet ist zuerst Hinwendung zu Gott, Anerkennung Gottes, Anbetung, Dank und Freude gegenüber Gott. Die Schwierigkeiten im Beten sind daher auf den Glauben und auf das Gottesbild hin zu untersuchen. Wie jemand mit dem Beten umgeht, wie er mit den Schwierigkeiten fertig wird, sagt etwas über seinen Glauben aus. Ob und wie in der Familie gebetet wird, ist ein Hinweis auf die Glaubenssituation der Familie.

2.2 Andererseits erfreut sich die Meditation einer großen Beliebtheit, auch bei Jugendlichen. Für 65 % der Kirchengebundenen und für 56 % der Fernstehenden bedeutet sie viel (Pompey 75). Manches darin spricht für eine »Fluchttendenz« und eine »introvertierte« Religiosität. Doch bieten sich hier Ansatzpunkte, aus der meditativen Selbsterfahrung *zu einem persönlichen Gebet* zu finden.
Das Familiengebet ist in der Hauptsache gemeinsames Gebet. Dafür braucht man gemeinsame Texte. Es gibt gute Angebote an Tischgebeten, Morgen- und Abendgebeten und Gebeten bei besonderen Anlässen. Auch das neue »Gotteslob« bietet hilfreiche Vorlagen. Sie oder andere von den Kindern auswendig lernen zu lassen, kann auch weiterhin eine gute Stütze für das Beten sein. Ausschlaggebend für das Gelingen des Überganges zum Beten des Erwachsenen ist jedoch die frühzeitige Einübung des Betens mit eigenen Worten. Beim Beten der Mutter mit dem Kleinkind dürfte es darin kaum Schwierigkeiten geben. Warum sollten aber nicht auch beim Tischgebet mit den Heranwachsenden vom Vater oder der Mutter aus der jeweiligen Situation heraus persönliche Gebetsworte gefunden werden? Sicher ist es nicht der glücklichste Weg familiärer Gebetserziehung, immer das jüngste Kind kindliche Tischgebete aufsagen zu lassen. Wenn es noch das gemeinsame Abendgebet gibt – warum könnte es nicht in manchen Familien eingeführt werden? –, können auch darin familiäre Probleme und Spannungen angesprochen und entkrampft werden.
So ungewohnt solche Hinweise für die meisten unserer sonntäglichen Meßbesucher klingen mögen, wir sollten sie nicht unterlassen. Es scheint auf diesem Gebiet mehr Erwartung und Bereitschaft zu geben, als wir vermuten. Die Zeiten des Kirchenjahres sind ein je besonderer Anlaß, sie aufzugreifen.
Ein Versuch zur Belebung des Familiengebetes in der Diözese Regensburg hat ein unerwartet positives Echo gefunden. Die Familien

wurden aufgefordert, sich an einem festgesetzten Tag im Advent oder in der Fastenzeit beim Läuten der Glocken zu einer Hausandacht zu versammeln. Texte dazu waren bereitgestellt worden. 60% der Sonntagsmeßbesucher haben mitgemacht. Manche haben den Abend mehrmals wiederholt. Einer der nachhaltigsten Eindrücke war für Jugendliche das Erlebnis, daß und wie ihre Eltern beten.
Andere Eltern müssen erleben, daß ihre Kinder eines Tages nicht mehr mitbeten wollen. Die Gründe können unterschiedlich und vielschichtig sein. Es kann sein, daß die üblichen Familiengebete ihnen nichts mehr sagen. Ein Wechsel könnte helfen. Es kann aber auch sein, daß echte Glaubensschwierigkeiten eines Jugendlichen vorliegen. Ein offenes Gespräch oder die Vermittlung eines Gespräches wäre in diesem Falle dringend angebracht. Anderseits muß von dem jungen Menschen erwartet werden, daß er das Familiengebet der anderen nicht abfällig beurteilt. Das gemeinsame Tischgebet seinetwegen zu unterlassen, wäre wohl eine falsche Rücksichtnahme.
Wir stoßen hier auf Probleme und auf viel Leid in Familien, die die Glaubensvermittlung ernst nehmen. Das tritt besonders deutlich in einem anderen Bereich der Familienspiritualität zutage:

3. Das liturgisch-sakramentale Leben in der Familie

3.1 »Warum müssen wir *sonntags in die Kirche?* Andere Kinder brauchen nicht zu gehen. Unser Religionslehrer hat gesagt, wenn ich nicht zum Beten aufgelegt bin, brauche ich nicht zu kommen.« Es werden wenige Eltern unter unseren Zuhörern sein, die solche Vorwürfe noch nicht gehört haben. Es darf als sicher gelten, daß sie von uns ein orientierendes Wort für ihre Antwort und ihr Verhalten erwarten.
Die Grundfrage ist die nach den Ursachen und Motiven der Kinder und Jugendlichen: Ist es nur Bequemlichkeit? Nur das Vermeiden des Spottes ihrer Schulkameraden und Arbeitskollegen? Ist es die Art und Weise, wie der Gottesdienst in dieser Pfarrei vollzogen wird? Oder ist es eine echte Glaubenskrise? Ist es eine übersättigte religiöse Familienerziehung ohne Tiefgang? Oder ist es die Gleichgültigkeit der Eltern, die ihre Kinder mehr aus Tradition und dem vagen Empfinden der Notwendigkeit religiös-kirchlicher Erziehung zur Kirche schicken, selber aber oft fernbleiben?
Diese Fragen stellen heißt die Eltern zur Prüfung ihrer eigenen Gläu-

bigkeit auffordern. Es wäre Unrecht, alle Fehlentwicklungen nur den Eltern anzulasten. Manche haben sich in allem Ernst um echte Glaubensvermittlung bemüht, dennoch haben sich ihre Kinder dem kirchlichen Leben entzogen, als sie in eine andere Umwelt gerieten. Was sollen wir ihnen sagen?

Wir müssen versuchen, vom Gebotscharakter der Sonntagsmesse zu deren Sinnhaftigkeit und Selbstverständlichkeit zu führen. Die Beispiele frühchristlicher Märtyrer, die lieber Folterung und Tod auf sich nahmen als auf die sonntägliche Eucharistiefeier zu verzichten, können in der Predigt illustrieren, wie sehr unser Christusverhältnis und unser Gemeindeverständnis verrechtlicht sind. Was ist die Eucharistie für eine Christengemeinde? Welchen Stellenwert hat sie im Licht der neutestamentlichen Aussagen? Welche Bedeutung kommt ihr zu im Blick auf den Glauben des einzelnen und der Kirche? Wie kann sie heute ein Leben aus dem Geiste Christi ermöglichen? Wo immer auf diese Fragen eingegangen wird, werden fragenden Eltern Argumente für das Gespräch zu Hause vermittelt.

Die Sinnhaftigkeit der Eucharistie macht das *Gebot* der Sonntagsmesse nicht überflüssig. Wir brauchen auch auf anderen Gebieten die Hilfe eines Gebotes, um das zu tun, was an sich selbstverständlich ist. Der Standort des Gebotenem im Glaubensleben bedarf dringend einer eingehenden Darlegung in der Verkündigung. Die frühere Gebots-Moral droht in das Extrem der bloßen Situations-Moral umzuschlagen. Vermutlich gehört auch ein gutes Stück Demut dazu, sich einzugestehen, daß die Gewissensfreiheit der Leitlinie und Grenzziehung von Geboten bedarf.

Jene Eltern, deren Kinder sich trotz aller Mühen um eine gute Glaubensatmosphäre zu Hause vom kirchlichen Leben getrennt leben, haben Anspruch auf glaubwürdigen Trost. Er besteht in der Wahrheit, daß Glaube Gnade ist. Glaube kann nicht anbewiesen, nicht »gemacht« und nicht vererbt werden. Wir können ihm nur den Boden bereiten. Was uns selbst betrifft, geht diese Bereitung in das Ja des Glaubens über, das jeder unvertretbar nur für sich selbst geben kann. Eltern können es nicht für ihre Kinder geben. Wenn sie nach bestem Wissen und Können das Ihre zur Bereitung des Bodens durch ihr eigenes überzeugtes Leben getan haben, bleibt ihnen nichts anderes, als die Entscheidung ihrer selbstverantwortlichen Kinder zu respektieren. Darin dürfen nicht Resignation oder Verzweiflung den Ton angeben. Vielmehr sollen sie in der Gewißheit des Glaubens leben und darin bestärkt werden, daß nichts vergeblich ist, was sie grundgelegt haben. Mögen andere Einflüsse und Erlebnisse das Erleben des Glaubens zu Hause überlagern, auslöschen können sie es nicht. Das Gebet der Hoffnung und das Mittragen des Kreuzes, unter dem sie ihre Ehe geschlossen haben und das auch für sie der Weg des Heiles ist, sind für die Eltern Trost und bleibend wirksame Kraft. Wir sollten sie ihnen in Erinnerung rufen.

3.2 Auch alle anderen Sakramente haben mit Familie zu tun. Sie sind ein unerschöpfliches Thema für das Wort an die Familie. Für die *Taufe* bietet die Liturgie der Sonntage hinlänglich Gelegenheit zu Predigten über das christliche Initiationssakrament. Der Glaube der Gemeinde, der zur Kindertaufe berechtigt und verpflichtet, ist als der Glaube der Familie zu veranschaulichen. Taufgespräche und Taufspendung können nachhaltig die Verantwortung der Eltern ins Bewußtsein heben. Eine Taufspendung innerhalb eines Gemeindegottesdienstes kann die Mitverantwortung aller unterstreichen.
Die *Firmung* hat in vielen Pfarreien in Vorbereitung, Vollzug und Nachwirkung eine erfreuliche Aufwertung erhalten. Mag auch der Anteil der Eltern an der Vorbereitung ähnlich wie bei der *Erstkommunionvorbereitung* relativ gering sein, die gruppenweise durch Laien und unter ihnen durch Väter und Mütter durchgeführte Hinführung zu beiden Sakramenten hat das Verantwortungsbewußtsein und die Verantwortungsfreude in diesen Pfarreien spürbar gehoben. Hier tut sich ein weites Feld noch unbearbeiteter Seelsorge und eine große Zahl noch unbekannter williger und fähiger Helfer auf. Die Familie kann durch diese Aktivitäten nur gewinnen. Das Sakrament christlicher Mündigwerdung hat größere Chancen, wenn es in der Familie zu bewußterem Glaubensbekenntnis führt.
Das *Bußsakrament* wird seinen Platz im Leben eines Menschen weitgehend so einnehmen, wie es sich aus dem Verständnis und der Praxis der Eltern eingeprägt hat. Die Erfahrung von Vergebung zu Hause ist der beste Weg zum Glauben an die Vergebung durch Gott. Die erlebte Liebe in der Familie vermag am wirkungsvollsten Schuld und Sünde in ihrem Wesen als Gegensatz zur Liebe darzutun. Das Erlebnis, daß Eltern nicht nur Gott, sondern auch in der Familie um Vergebung bitten, rückt ihre Autorität in den rechten Bezug zu Gott und schützt vor Mißdeutungen in jeder Richtung. Die Predigt über Sünde, Buße und Bußsakrament, über die vielfältigen Formen der Buße und ihre Beziehung zum Sakrament der Versöhnung kann im Blick auf die Familie an Tiefe und Weite bereichert werden.

Auch das Sakrament der *Krankensalbung* ist ein Sakrament, das in der Familie seinen Platz hat. Die Neuordnung weist ihr den kleinen Kreis der Angehörigen oder Bekannten als angemessenen Raum der Spendung zu. Die größeren Veranstaltungen sind als Ausnahmen gedacht. Es ist sinnvoll, daß der kranke oder alte Mensch im vertrauten Lebensraum des Zuhause jene »Aufrichtung« erfährt, die dieses Sakrament ihm schenken soll. Es gehört zu den weniger guten Folgen der modernen medizinischen Versorgung, daß Krankheit und Sterben immer weniger in den Familien erlebt werden. Für Kinder und Jugendliche, aber auch für die Erwachsenen fallen dadurch viele Möglichkeiten aus, die heutige Tabuisierung von Krankheit und Sterben zu durchbrechen und sich einen wichtigen Erfahrungsbereich des Menschseins zu erschließen. Um so mehr sollte in regelmäßigen Abständen in der Verkündigung auf die rechtzeitige Spendung der Krankensalbung aufmerksam gemacht werden. Sie ist von ihrer Sinngebung her kein »Sterbesakrament« und kann daher in mehr Fällen als üblich in der Familie gespendet werden. Aber auch im Krankenhaus sollte man auf die Anwesenheit von Angehörigen dringen. Im Zusammenhang der Behandlung dieses Sakramentes haben die heute verdrängten Themen Krankheit, Sterben, Tod und Vollendung ihren legitimen Ort. Der Bezug zur Familie ist fast immer gegeben.
Die Zusammenhänge zwischen dem Sakrament der *Priesterweihe* und der Familie liegen auf der Hand. Gute Priester kommen in der Regel aus guten christlichen Familien. Ausnahmen gibt es. Sie beweisen die Macht der Gnade. Wo in einer Familie nicht einmal der Gedanke an die Möglichkeit aufkommt, daß eines der Kinder zum Priestertum oder Ordensstand berufen sein könnte, ist der geeignete Boden nicht vorhanden, auf dem eine Berufung entdeckt werden und wachsen kann. Umfragen unter Angehörigen jüngerer Weihejahrgänge brachten ans Licht, daß eine große Zahl gegen den Willen ihrer Eltern Priester geworden ist. Angesichts des Protestes mancher Gemeinden, denen der Kaplan oder auch der Priester überhaupt genommen wird, weil immer mehr Stellen nicht mehr besetzt werden können, wäre diese Einstellung eine gute Gelegenheit, über die Verantwortung der Familie für den Priesternachwuchs zu sprechen. Natürlich ist der Priestermangel ein vielschichtiges Problem. Die unterschiedlichen Ursachen sollen nicht verschwiegen werden, auch nicht die schlichte Tatsache, daß der rapide Geburtenrückgang die Chancen erheblich mindert, daß aus einer Ein- oder Zweikindfamilie ein Priester kommt. Entscheidend aber ist auch in der Kleinfamilie das

für Priester- und Ordensberuf günstige oder ungünstige Klima. Unabhängig von der Diskussion um den Zölibat bleibt die Kernfrage die des totalen Sich-zur-Verfügung-Stellens im Dienste des Herrn und der Treue gegenüber dem gegebenen Wort. Die Berührungspunkte der Themen Priestertum und Ehe sind nicht zu übersehen.

B) Predigtvorlagen

Vorbemerkung: Der erste der folgenden Vorschläge greift aus den grundlegenden Fragen der Spiritualität das Thema Liebe heraus, der zweite versucht, das Gebet und das sakramentale Leben in der Familie an praktischen Beispielen zu verdeutlichen.

Predigtvorlage VI

Die Familie – Schule der Liebe:
Wie Liebe in der Familie Gestalt gewinnen kann

Vielleicht ist es Ihnen auch schon so ergangen: Sie beobachten, wie manche Eltern mit ihren Kindern umgehen, und denken sich: Das kann doch nicht gutgehen! Das ist doch keine Erziehung! Aber es geht doch gut, gegen alle Regeln der Pädagogik und Psychologie. Sicher geht manches schief. Aber das renkt sich wieder ein. Es geht aufs Ganze gesehen gut, weil das Entscheidende da ist: die Liebe. Nichts gegen die Grundsätze der Pädagogik! Vieles wäre leichter, viele Fehlentwicklungen könnten vermieden werden. »Wenn ich aber die Liebe nicht hätte«, so gilt auch hier, »es nützte mir nichts« (1 Kor 13,3).
Über dieses Grundgesetz der Familie wollen wir heute nachdenken. Es können nur einige Hinweise sein. Denn wie sollten wir in wenigen Minuten beschreiben, was Liebe ist! Wie könnten wir überhaupt ergründen, was Liebe ist!

1. Das Grundgesetz der Liebe

Was ist Liebe? Es gibt kaum ein Wort, das so viel gebraucht und so viel mißbraucht wird. Was wird nicht alles als Liebe ausgegeben: Liebe als Leidenschaft, Liebe als Sex, Liebe als Schwärmerei, Liebe in Schlagern und Romanen, käufliche Liebe, Liebe »für ein paar tolle Tage«! Aber auch das andere wird Liebe genannt: die Liebe einer Mutter zu ihrem verkrüppelten Kind, die Liebe von Menschen, die ihr Leben in den Dienst der Kranken, der Alten, der Behinderten stellen, und nicht zuletzt: die Liebe von Eheleuten, die unter größten Belastungen einander treu bleiben.

Was ist Liebe? Wir Christen müßten es besser wissen als andere. Wir müßten »Spezialisten« der Liebe sein. Denn die Bibel sagt: »Gott ist Liebe« (1 Joh 4,16). Nichts Tieferes, nichts Besseres kann von Gott gesagt werden als dies: Er ist der unendlich und unbegreiflich Liebende. Davon hat uns Jesus berichtet. Er hat nicht in bloßen Worten bezeugt, daß Gott unser »Vater« ist. Er hat es in seinem ganzen Leben, vor allem durch seinen Tod bezeugt. »So sehr hat Gott die Welt geliebt, daß er seinen einzigen Sohn (für sie) hingab« (Joh 3,16). Mehr konnte Gott nicht tun, um zu zeigen, wer er für uns ist.

Auf Gott müssen wir schauen, um zu erfahren, was Liebe ist. Echte menschliche Liebe ist ein Abglanz der Liebe, die Gott ist und uns unaufhörlich erweist. Auf Jesus Christus müssen wir schauen, um zu erfahren, was Liebe in Ehe und Familie ist. Denn er will, daß seine Liebe zur Kirche in der Liebe von Mann und Frau, in der Liebe zwischen Eltern und Kindern sichtbar wird. Wir haben darüber gesprochen: Der Bund menschlicher Liebe und Treue ist hineingenommen in den Bund der Liebe Gottes mit uns in Jesus Christus. Eheliche und familiäre Liebe ist sakramentale Liebe.

Hier müssen wir ansetzen, um das Grundgesetz der Liebe in Ehe und Familie richtig zu »orten«. Wir müssen ausgehen von jenem Ja, das Gott zu uns spricht, von jener Zusage und Annahme, die Gott niemals zurücknimmt, von jener Treue, in der alle menschliche Treue begründet ist. Hier erfahren wir, daß Liebe ein Geschenk ist. Es kann nicht verdient werden. Es kann nur in Dankbarkeit und Staunen angenommen werden. Auf dieses Geschenk gibt es nur eine Antwort: Das ist die Gegenliebe ohne Grenzen und ohne Maß.

Von Gott erfahren wir, daß Liebe zutiefst nicht haben, sondern geben will. Darin besteht das Gemeinsame aller Mißverständnisse der Liebe: Sie meinen nicht den Menschen, sondern etwas an ihm; sie wollen nicht das Wohl des Geliebten, sie wollen etwas haben von ihm. Von Jesus erfahren wir, daß Liebe nicht zuerst glücklich werden, sondern glücklich machen will.

Liebe meint den anderen, wie er ist, nicht das Idealbild, sondern die Realität dieses ganz bestimmten Menschen, nicht mit Vorbedingungen oder Garantieerklärungen für die Zukunft, sondern mit dem vollen Risiko der menschlichen Entwicklung. Das Grundgesetz der Liebe gilt für immer. Wäre sie anders gemeint, würde sie nur an äußeren Dingen hängen, an Attraktivität, an Jugend und Besitz, dann wäre sie bald dahin, wenn diese Beweggründe entschwinden. Dann kommt es zu der Meinung: Diesen Menschen hatte ich nicht gemeint; den hatte ich nicht geheiratet; das kann keiner verlangen, daß ich bei dem aushalte. Die Liebe ist tot, heißt es dann. Wir erleben das im Scheitern der Ehen, im Auseinanderbrechen der Familien, in dem namenlosen Leid von Hunderttausenden, die oft ohne ihre Schuld davon betroffen sind. Ist die Liebe wirklich gestorben? Oder müßte nicht gefragt werden, ob sie jemals da war, oder ob sie zwar im Ansatz da war, aber nicht gewachsen und gereift ist, ob sie eine infantile Liebe geblieben ist.

Worin aber zeigt sich echte Liebe? Wir müßten das ganze Leben eines Menschen ausbreiten, um darauf zu antworten. Wir müßten den ganzen Bereich des Glaubens abschreiten, um es zu wissen. Wir werden immer nur eine Handvoll aus dem unendlichen Meer der Liebe schöpfen können. Aber auch im kleinsten Zeichen der Liebe ist sie ganz gemeint. Ich möchte auf zwei Zeichen der Liebe aufmerksam machen. Sie sind den Beschreibungen der Liebe im Alltag entnommen, die Paulus in seinen Briefen an die Familien und Gemeinden vorlegt. Die eine lautet: »Ertraget einander« (Kol 3,13), die andere: »Dient einander in Liebe« (Gal 5,13).

2. Einander ertragen

»Einander ertragen« – damit ist mehr gemeint als ein bloßes Hinnehmen dessen, was nun einmal nicht zu ändern ist. So kann man auch Menschen ertragen, die einem lästig sind, in der stillen Hoffnung, daß man sie bald los wird. In Ehe und Familie kann das Ertragen so nicht gemeint sein. Mann und Frau, Eltern und Kinder leben in engster Lebensgemeinschaft miteinander. Wenn der eine den anderen nur in Kauf nimmt, weil er nun mal da ist, kann nicht von Liebe gesprochen werden.

Es gibt solche Situationen des Nebeneinander statt des Miteinander. Vielleicht hat es Auseinandersetzungen gegeben. Die Konflikte sind geblieben. Jeder blieb bei seiner Ansicht, bei seiner Lebensgewohnheit. Um des »lieben Friedens« willen wird nicht mehr darüber gesprochen. Aber die Atmosphäre ist gespannt. Die Jungen verstehen die Alten und die Alten die Jungen nicht. Der Mann begreift nicht, was seine Frau »nur hat«; die Frau versteht ihren Mann nicht; und jeder in der Familie versteht sich manchmal selber nicht. Sie ertragen sich nur äußerlich. Sie tragen nicht miteinander, sondern nebeneinander und gegeneinander. Ertragen aber heißt mehr.

Ertragen heißt einander annehmen, ihn gelten lassen, ihm das Recht geben, er selbst zu sein, ihn nicht zu dem umfunktionieren wollen, als den man ihn haben will. Ertragen heißt den andern in seiner Persönlichkeit ernst nehmen: seine Eigenart, seine guten und weniger guten Eigenschaften. Ertragen bedeutet auch, das Versagen eines Menschen annehmen, nicht das Falsche und die Schuld bejahen, sondern den Menschen, der schuldig geworden ist.
Ertragen heißt wissen, daß ein Mensch niemals berechenbar ist. Er bleibt im Tiefsten Geheimnis. Viel Mißverständnis und Leid könnten vermieden werden, wenn wir mehr Ehrfurcht vor der Einmaligkeit eines Menschen hätten. Was wissen wir wirklich von seinem Leben, von seinem innersten Fragen und Suchen, von seinen Hoffnungen und Enttäuschungen, von den Schwierigkeiten und Nöten, die er keinem offenbaren kann?
Den andern annehmen wie er ist: auch den Mann, der ganz andere Interessen hat, auch die Frau, die sich für die Arbeit des Mannes wenig interessiert, auch den Sohn, der sich ganz anders entwickelt, auch die Tochter mit ihrem schulischen Versagen. Enttäuschungen bleiben nicht aus. Kein Mensch kann die Erwartungen erfüllen, die eine hochgespannte Liebe auf ihn richtet. Täuschungen müssen zur Enttäuschung führen. Nur so wird der Mensch gemeint, den wir lieben. Nur wenn wir ihn, nicht etwas an ihm meinen, kommen wir frei von bloßen Gefühlszusagen, vom Nützlichkeitsdenken und vorgefaßten Meinungen. Nur so gelangen wir an die letzte und tiefste Begründung, warum wir einander annehmen sollen: »Nehmt einander an, wie auch Christus uns angenommen hat« (Röm 15,7). »Einer trage des andern Last; auf diese Weise erfüllt ihr das Gesetz Christi« (Gal 6,2). Weil Gott uns annimmt, sollen wir einander annehmen. Weil Gott in Christus unsere Last trägt, darum sollen wir einander tragen. Weil Gott für uns da ist, darum sollen wir füreinander dasein.
Nirgendwo wird diese christliche Grundforderung einsichtiger als in Ehe und Familie. Wir sprachen davon, daß der Mensch davon lebt, daß andere ihn anerkennen. Er entfaltet sich zum Menschen, wenn und insoweit andere für ihn da sind. Von dieser Grundeinsicht aus und auf der Grundlage, daß wir selbst von Gott angenommen sind, wird die ganze Tragweite des Daseins von Mann und Frau füreinander und der Eltern für ihre Kinder sichtbar. Von hier aus erst läßt sich ahnen, was Einsamkeit in der Ehe bedeutet und welcher Ab-

grund von Hilflosigkeit sich öffnet, wenn Jugendliche mit Grund ihre Eltern anklagen: Ihr habt keine Zeit für mich! Diese Zeit kann niemand mit Geld und Geschenken ausgleichen. Der Mensch wird gebraucht, nicht das Materielle. Nur der Mensch kann jene Wärme schenken, die aus der Liebe kommt.

Geistige Umweltentgiftung

Konrad Lorenz, der bekannte Verhaltensforscher, hat ein Buch über die »acht Todsünden« der zivilisierten Menschheit geschrieben. Eine dieser Todsünden sei der »Wärmetod«, schreibt er. Wie es in der Natur den Wärmetod gibt, wenn die durchschnittliche Temperatur abnimmt, so auch unter den Menschen, wenn sie es verlernen, einander anzunehmen und zu verstehen, wenn sie einander nicht mehr zuhören, nicht mehr aufeinander zugehen, wenn sie den Kontakt miteinander verlieren. Keine noch so perfekte Technik, keine noch so ausgeklügelte Manipulation des menschlichen Verhaltens, keine noch so kluge Pädagogik kann das Herz ersetzen, das zum Herzen spricht. Die beste Altersversorgung und die beste medizinische Behandlung verfehlen ihren Sinn, wenn sie den Menschen verfehlen. Die beste Schulbildung wäre verfehlt, wenn sie nur den Verstand bildet und – wie beklagt wird – »affektive Wüsten« schafft. Eine Gesellschaft kann die beste Sozialgesetzgebung haben, wenn die Menschen in dieser Gesellschaft einander nicht als Menschen annehmen, wird es eine unmenschliche Gesellschaft werden. Kompetente Zeitbeobachter machen auf Trends aufmerksam, die in diese Richtung weisen. Es wird kälter unter den Menschen, im Beruf, in der Freizeit, im Straßenverkehr und auch in den Familien.

Ist nicht die christliche Familie mehr denn je aufgerufen, zur geistigen Umweltentgiftung beizutragen? Keine Einrichtung ist mehr in der Lage, die Grundvoraussetzung für ein gutes Umweltklima zu schaffen, als die Familie. Die unbedingte gegenseitige Annahme ist das Fundament, auf dem die Grundwerte der Menschlichkeit einsichtig gemacht und eingeübt werden können: die Rücksicht auf den Wert und die Würde eines jeden Menschen, die Mitverantwortung, die Gerechtigkeit, die Ehrlichkeit und vor allem die Nächstenliebe.

Die gegenseitige Annahme schafft jene Atmosphäre, in der ein junger Mensch zum Sinn seines Lebens, zu Hoffnung und Freude finden kann. Sie ist der beste Schutz gegen die Sinnleere, die manche Jugendliche empfinden, und gegen die Irrlichter und Verführer, denen sie nachlaufen. Manche von ihnen gleichen Anhaltern an der Straße, die ein Schild vorzeigen: Nimm mich mit, egal wohin! Sie suchen das andere Leben, sie suchen Menschen, die sie verstehen, die sie annehmen, so wie sie sind. Sie suchen, was sie zu Hause meinen nicht finden zu können. Meinen sie es nur? Ist ihr Ausbrechen nur jugendliche Torheit? Oder sind sie wirklich nicht angenommen?

Einander vergeben

Zum Angenommensein gehört auch die Erfahrung von Vergebung. Wer einen Menschen vorbehaltlos annimmt, nimmt ihn auch mit seinen Fehlern und seiner Schuld an. Er trägt nicht nach. »Von Herzen« sollen wir vergeben, hat Jesus gesagt (Mt 18,35), nicht nach dem Schlagwort: Vergeben – ja, Vergessen – nein. Das kann eine bewährte Methode sein, sich eine Waffe für alle Fälle zurückzubehalten. Bei der nächsten Gelegenheit wird die Schuld präsentiert: »Sei du nur ruhig, du weißt ja: damals . . .« Hier kann durch das Schuldgefühl Druck ausgeübt werden. Menschen werden kleingehalten, indem man ihnen ihre Schuld vorrechnet. Das ist auch in der Familie möglich. Man läßt es den Mann, die Frau, das Kind spüren, was sie angestellt haben. Die Vergebung wird nur unter dem Vorbehalt des Wohlverhaltens gegeben.
Jesus versteht die Vergebung anders. Wir kennen die Begebenheit, bei der er dazu Stellung nimmt. Nicht siebenmal soll Petrus vergeben, sondern sieben mal siebzigmal, d. h. immer und ohne Vorbedingungen. Jesus erläutert durch das Gleichnis von den beiden Schuldnern, was er sagen will (Mt 18,21–35). Vor Gott sind wir alle Millionenschuldner. Wer meint, Gott habe ihm nichts zu vergeben, gleicht dem Pharisäer, der sich besser dünkte als der Zöllner (vgl. Lk 18,9–14). Gott aber vergibt grenzenlos. Die ganze Geschichte der Menschheit und unsere eigene Lebensgeschichte ist die Geschichte der Erbarmungen Gottes. Eben dies ist der Grund, warum auch wir und wie wir vergeben sollen. Paulus sagt es ausdrücklich: »Wie der Herr euch vergeben hat, so vergebt auch ihr!« (Kol 3,13). Für Jesus ist die Bereitschaft zur Vergebung so wichtig, daß er unseren Gottesdienst als sinnlos und heuchlerisch erklärt, wenn wir nicht alles zur Versöhnung tun (vgl. Mt 5,23 f.).

Das kann schwer sein. Das kann übermenschlich schwer sein, wenn der andere angefangen hat, wenn er vielleicht heimtückisch das Vertrauen mißbraucht und die Liebe verraten hat, wenn er den Ehepartner betrogen hat, wenn er die Eltern zutiefst verletzt hat. Vergeben heißt nicht gutheißen, was Sünde ist. Aber es heißt, den Teufelskreis des Bösen durchbrechen, nicht mit gleicher, sondern mit anderer »Münze« heimzahlen: mit der Münze der Liebe, die den Menschen nicht aufgibt, sondern ihn aus den Fängen des Bösen befreien will. Das kann nur die Liebe, die aufrichtig vergibt.

Einander ertragen heißt einander vergeben. Vielleicht ist es am schwersten, aber auch am wichtigsten, dem anderen zu vergeben, daß er so ist, wie er ist: dem Ehepartner, daß er die hochgestellten Erwartungen nicht erfüllt, den Kindern, daß sie nicht werden, was die Eltern möchten oder selber gern geworden wären.

Am Ertragen und Verzeihen erfahren wir, daß Liebe in Ehe und Familie niemals an ein Ende kommen. Sie muß wachsen und reifen. Die Schule der Liebe »hört niemals auf« (1 Kor 13,8).

3. Einander dienen

»Dienet einander!« – das ist die andere Aufforderung, mit der Paulus die Liebe im Alltag beschreibt. Die Liebe muß sich im Tun ausweisen, nicht im bloßen Reden.

Das Wort dienen will nicht recht in die Sprache des modernen Menschen passen. Es scheint aus einer Zeit zu stammen, in der es noch zweierlei Menschen gab: die Herrschenden und die Gehorchenden. Im Zeitalter der Gleichberechtigung gibt es keinen Platz für Unterwürfigkeit.

»Dienst« und »Dienen«

Anderseits sprechen wir viel vom »Dienst«. Wir haben Dienst, wir müssen zum Dienst. Viele Berufe verstehen sich ausdrücklich als Dienste. Außerdem gibt es noch die eigentlichen »Dienstleistungsberufe«. Mir scheint dieser Begriff auszusprechen, was auch sonst mit Dienst gemeint ist. Es geht um Leistungen, für die jemand bezahlt wird. Das ist richtig und gut. Wir erwarten, daß er für seinen Lohn »gute Dienste« leistet. Wir erwarten natürlich auch, daß er ihn höflich und freundlich leistet, wenn es ein »öffentlicher Dienst« ist. Aber es ist uns nicht bekannt, und es ist den meisten auch ziemlich gleichgültig, wie es im Herzen dieses freundlichen Herrn am Schalter aussieht. Wir wissen nicht, und es interessiert uns vielleicht auch nicht, welchen Kummer die liebenswürdige Verkäuferin hat. Hauptsache, wir werden »gut bedient«.

So hat Paulus das Dienen sicher nicht gemeint. Solch ein Dienst würde in Ehe und Familie nicht ausreichen. Er könnte eine Kälte verdecken, die die Menschen auseinandertreibt. Dienen im Verständnis des Christen ist Dienen im Verständnis Christi. Bei der Fußwaschung hat er zusammenfassend und den Karfreitag vorwegnehmend unvergeßlich deutlich gemacht, was er unter Dienen versteht. Sein Leben und Sterben war Dienst als Hingabe, als rückhaltloses Dasein für uns. »Ein Beispiel habe ich euch gegeben, damit auch ihr tut, wie ich an euch getan habe« (Joh 13,15). »Wer bei euch groß sein will, sei euer Diener, und wer bei euch der Erste sein will, sei euer Sklave« (Mt 20,26 f.). Diese Worte lassen an Deutlichkeit nichts zu wünschen übrig. Sie lassen sich nicht im Sinne von bezahlter Dienstleistung verstehen. Solchen Dienst kann einer nur ganz, »aus ganzem Herzen«, tun. Jesus erwartet es von allen, er erwartet es auch und besonders in Ehe und Familie.

Es war also ein Mißverständnis, wenn in früheren Zeiten die Autorität des Mannes und der Eltern als Herrschaft verstanden wurde. Es war ein Mißverständnis, das viel Leid über Frauen und Kinder gebracht hat. Gewiß, es steht in der Bibel – und viele von Ihnen haben es aus Ihrer Trauungsmesse noch in Erinnerung –, daß die Frauen sich ihren Männern unterordnen und ihnen dienen sollen, weil der Mann das »Haupt der Frau« ist. Und es steht an derselben Stelle im Brief an die Christengemeinde in Ephesus, daß der Gehorsam gegenüber den Eltern ein Hauptgebot der Kinder ist. Aber es steht an der gleichen Stelle auch, daß die Männer ihre Frauen lieben sollen »wie Christus die Kirche geliebt und sich für sie hingegeben hat«; und es heißt weiter, daß die Väter ihre Kinder für Gott erziehen sollen. Paulus übernimmt das damalige patriarchalische Verständnis von Ehe und Familie. Er kannte es nicht anders. Aber er hat es von innen her umgewandelt. Wer so liebt, wie er es versteht, übt keine Herrschaft aus. Er besitzt Autorität, aber er ist nicht autoritär (vgl. Eph 5,21–6,4).

Dienende Autorität

Dienen widerspricht nicht der Anerkennung und Ausübung von Autorität. Denn auch Autorität kann richtig nur als Dienen verstanden werden. Absolute Autorität besitzt nur Gott. Menschliche Autorität, auch die der Kirche, ist dienende Autorität. Wer Autorität besitzt, soll seine ganze Kraft einsetzen, den ihm Anvertrauten zu helfen, ihr Lebensziel zu erreichen.

Das partnerschaftliche Verständnis der Ehe hat die Autoritätsvorstellungen zwischen Mann und Frau weitgehend abgebaut. Aber es bleibt die Autorität der jeweiligen Fähigkeiten und Aufgaben. Und wer wollte behaupten, daß nicht auch weiter, vielleicht in feinerer Form Herrschaft über den anderen ausgeübt wird? Die Autorität über die Kinder ist weitgehend durch Gesetze eingeschränkt. Aber gibt es nicht einen Mißbrauch elterlicher Gewalt, den kein Strafrecht erreicht? Es gibt den Mißbrauch durch den Mangel an Liebe, es gibt ihn durch hemmungslose Verwöhnung mit vermeintlicher Liebe. Es gibt den Mißbrauch durch Vorenthaltung des guten Beispiels und durch das Einprägen falscher Leitbilder. Es gibt den Mißbrauch dadurch, daß zuviel und daß zuwenig Selbständigkeit zugestanden wird.

Wie schwer es ist, zwischen den Extremen die gesunde Mitte zu halten, wissen die geplagten Eltern selber am besten. Ich bin überzeugt: Je mehr sie den Dienst aneinander und an ihren Kindern aus dem Glauben an Christus verstehen, der in ihrer Mitte leben will, um so mehr Licht wird auf ihren Weg fallen, um so mehr werden sie unter dem Grundgesetz der Liebe einander ertragen und einander dienen.

Fürbitten

Herr Jesus Christus, du hast den Bund der Ehe zum Abbild deiner Liebe zur Kirche gemacht. Wir bitten dich:

- für die Eheleute, daß ihre Liebe beständig wachse und sich im Dienst aneinander bewähre . . .
- für die Ehen, in denen die Liebe gefährdet oder erkaltet ist, daß Mann und Frau zu jener Liebe zurückfinden, die sie einmal einander versprochen haben . . .
- für die Kinder und Jugendlichen, daß sie in ihrer Familie erfahren dürfen, was wahre Liebe ist . . .
- für die Familien, die untereinander und mit ihrer Verwandtschaft in Unfrieden leben, daß sie vorbehaltlos miteinander sprechen und Wege der Versöhnung suchen . . .
- für unsere Pfarrgemeinde, daß sie aus den vielen Familien zu einer Gemeinschaft der Brüderlichkeit zusammenwachse . . .

Gütiger Gott, all unsere Liebe ist nur eine schwache Antwort auf jene Liebe, die du uns immerfort schenkst; laß uns in dieser Antwort dir stets näher kommen und vollende uns dereinst in deiner Liebe. Amen.

Predigtvorlage VII

Die Familie – Gelebter Glaube:
Wie die Familie heute gläubig leben kann

»Unser Sohn will nicht mehr mit in die Kirche! Jeden Sonntag gibt es Ärger.« Es wird wohl wenige Eltern geben, die nicht Anlaß zu dieser Klage haben. Was sollen wir tun?, fragen viele bekümmert.
Wir haben in den bisherigen Predigten darüber nachgedacht, wie unersetzlich Ehe und Familie für die Weitergabe des Glaubens sind und wie unentbehrlich der Glaube für Ehe und Familie ist. Eheleute und Eltern sind füreinander und für ihre Kinder Partner und Vermittler des Glaubens. Sie sind gemeinsam auf dem Wege zu Gott, einer des andern Helfer im Wachsen und Reifen vor Gott.
Alles gut und schön, mag mancher denken, aber helfen diese schönen Theorien im Alltag? Kann eine Familie heute noch so gläubig leben, wie es von uns erwartet wird? Gibt es das überhaupt noch: eine rundum gläubige katholische Familie?
Darüber möchte ich heute sprechen: Ob und wie die Familie gläubig leben kann. Wir können das Thema auch mit einem Wort benennen, das heute viel gebraucht wird: mit »Spiritualität« in Ehe und Familie. Die Synode der Bistümer in der Bundesrepublik hat darüber in ihrem Dokument »Christlich gelebte Ehe und Familie« einen eigenen Abschnitt (2.4). Unter Spiritualität versteht sie nicht allein religiöse Pflichterfüllung und Einhaltung überkommener christlicher Bräuche, sondern jene Atmosphäre des Glaubens, in der Ehe und Familie im Alltag leben, »in der ein Christ für das Leben heranwachsen kann« (2.4.1).
Wir müßten die ganze Breite und Tiefe des täglichen Lebens durchschreiten, wollten wir alle Auswirkungen dieser Glaubensatmosphäre beschreiben. Ich möchte – weil dies unmöglich ist – statt dessen die beiden Pfeiler ins Auge fassen, auf denen der gelebte Glaube ruht. Das sind das Gebet und die Sakramente. Nicht als erschöpfe sich das Leben aus dem Glauben in Gebet und Sakramentenempfang! Beide wären sinnlos, würden sie nicht das tägliche Leben tragen, das sich über ihnen als den Pfeilern wölbt.

1. Das Gebet in der Familie

Glaube spricht sich aus im Gebet. Glaube kann nicht sein ohne Gebet. Gelebter Glaube in der Familie ist undenkbar ohne das Gebet in der Familie.

Schwierigkeiten

So selbstverständlich dies ist, so schwer tun sich viele mit dem Beten, so schwierig scheint das Familiengebet heute zu sein. Umfragen haben ergeben, daß nicht einmal ein Fünftel aller katholischen Eltern mit ihren Kindern betet. Wo es noch geschieht, gehört manchmal Mut dazu, in Gegenwart von Gästen bei Tisch zu beten. Viele Seelsorger erleben, daß Kinder zum Erstkommunionunterricht kommen, die nicht einmal das Kreuzzeichen und das Vaterunser kennen. Bei Besuchen im Krankenhaus schauten mich Kinder erstaunt an, als ich sie nach dem Morgen- und Abendgebet fragte. »Beten«, sagte ein Kind, »lernen wir in der Schule.«

Woher rührt dieser Gebetsschwund? Sicher liegt es an der Glaubensschwäche und am Glaubensschwund. Wem der Glaube wenig bedeutet, der sieht nicht ein, warum er beten soll. Aber auch der Glaubende ist unsicher geworden. Wozu das Beten? Gott weiß doch, was mir fehlt. Warum muß ich ihm das sagen? Und wenn ich es ihm im Gebet vortrage – nützt das Gebet? Wie viele Gebete werden nicht erhört! Jemand sagte, er komme sich beim Beten vor wie einer, der telefoniert und nicht weiß, ob der Teilnehmer den Hörer abnehmen wird, und wenn er ihn abnimmt, ob er zuhört, und wenn er zuhört, ob es ihn interessiert, was ihm gesagt wird.

Es liegt aber auch an der Art des Betens, daß viele damit nicht zurechtkommen. Sie haben feste Gebetsformeln: das Vaterunser und manche andere, die sie gelernt haben und beim Beten aufsagen. Manchmal sind es Kindergebete, die bis ins hohe Erwachsenenalter festgehalten werden. Wen wundert's, daß ihnen solches Beten sinnlos vorkommt! Wen wundert's, daß Jugendliche mit Tischgebeten von Kleinkindern nichts anfangen können, daß ihnen Glaube und Frömmigkeit überhaupt kindisch vorkommen! Ihnen wird auch das gemeinsame Gebet im Gottesdienst wenig bedeuten, wenn sie nicht gelernt haben, was beten heißt.

Persönliches und gemeinsames Gebet

Was heißt beten? Wir verwechseln beten leicht mit bitten, als gehe es darum, etwas bei Gott zu erreichen, wozu wir selber nicht imstande sind. Das Gebet wird als Mittel gebraucht, in Not und in Bedrängnis und in sonstigen Anliegen Hilfe zu bekommen. Wenn wir es nur so verstehen, sind wir natürlich enttäuscht, wenn nicht eintritt, um was wir bitten. Von selbst kommen dann die Zweifel: Nützt das Beten? Beten ist mehr als Bitten. Beten ist zuerst und zutiefst das Ja zu Gott. Gebet ist Anerkennung Gottes, Anbetung Gottes, Freude an Gott, Hingabe an Gott, Vertrauen auf Gott. Gebet ist das Aussprechen alles dessen, was glauben heißt. Gebet ist der Ausdruck der Liebe zu Gott. Wie die Liebe zu einem Menschen sich nicht zuerst darin äußert, daß man etwas von ihm will, sondern daß man sich zu ihm bekennt, bei ihm sein und sich an ihm und mit ihm freuen will, so auch die Liebe zu Gott und der Glaube an Gott.

Ein so verstandenes Gebet braucht keine bestimmten Worte. Alle formulierten Gebete sind Anleitungen und Hilfen für das persönliche Gebet, für das Gebet des Herzens. Wie jeder Mensch seine Sprache der Liebe und des Vertrauens hat, so sollte jeder auf seine Weise seinen Glauben und seine Liebe Gott gegenüber aussprechen: das rückhaltlose Ja zu Gott, die Freude darüber, daß er da ist, daß er mich und die Meinen liebt, das unbeirrte Vertrauen, daß wir alle in seiner Hand sind, aber auch den Schrei der Not: Herr, hilf uns, wir wissen nicht mehr, wie es weitergehen soll!

Im Gebet des Herzens hat die Bitte ihren Platz. Sie ist wie im Vaterunser eingefügt in das Wollen Gottes, in das Vertrauen auf Gott und in die Bereitschaft, zu vergeben, weil und wie Gott uns vergibt. Bei solchem Beten ist das Hinhören auf Gottes Wort wichtiger als das eigene Wort, das Hinlenken des Herzens auf Gott wichtiger als das Formulieren bestimmter Anliegen. Vielleicht machen wir auch beim Beten zuviel Lärm, vielleicht machen wir zu viele Worte, vielleicht suchen wir darin zu sehr uns selbst und verhindern so die wichtigste Gebetserhörung: daß wir Gott näher kommen.

Das Familiengebet

Das persönliche Gebet ist die Grundlage des Familiengebetes. Für das gemeinsame Gebet braucht man gemeinsame Worte, feste Texte. Wir brauchen dazu feste Gebetszeiten. Sie haben sich eingebürgert:

das Tischgebet, das Morgen- und Abendgebet. Es ist gut, daß es diese Gebetsordnung gibt. Wollten wir nur beten, wenn wir dazu aufgelegt sind, käme es nur selten zum Familiengebet. Es ist auch gut, daß es die bekannten Gebetstexte gibt, allen voran das Vaterunser und das Gegrüßet seist du Maria. Es ist aber nicht gut, wenn wir nur Kindergebete kennen und sie vom Jüngsten aufsagen lassen. Es gibt gute Vorlagen für das Familiengebet: Texte, die dem heutigen Empfinden entsprechen. Es wäre eine nützliche Anschaffung, sie sich zu besorgen. Auch im neuen »Gotteslob« stehen gute Anregungen. Sie bieten viele Möglichkeiten zur Abwechslung beim Tischgebet und beim Morgen- und Abendgebet.

Das gemeinsame Gebet schließt das persönliche Beten nicht aus. Warum sollten Eheleute nicht mit eigenen Worten den Tag beginnen und beschließen? Vieles könnte in persönlichen Gebetsworten gesagt werden, was dem Ehepartner persönlich zu sagen man sich scheut. Vieles könnte auf diese Weise an Spannungen entkrampft werden, was sich im Laufe des Tages angesammelt hat. Und wenn Mütter mit Kleinkindern beten, ergibt es sich wie von selbst, daß sie Ereignisse und Dinge einbeziehen, die das Kind und die Familie bewegen. Auswendig gelernte Gebete sind gut und notwendig, besser und notwendiger ist das Einüben des Betens mit eigenen Worten. Je lebensnaher und ungezwungener es geschieht, um so größer sind die Chancen eines persönlichen Betens im Jugend- und Erwachsenenalter.

Auch das Tischgebet eignet sich zu persönlichem Gebet: zum Gedenken an jene, die hungern, an alle, denen die Familie zu Dank verpflichtet ist, vor allem an das Brot des Lebens, das die Familie in der großen Familie Gottes empfängt.

Das freie Beten in der Familie – sagen wir nicht, das sei unmöglich! Haben wir es versucht? Gewiß gibt es Hemmungen, wenn es bisher nicht üblich war. Sicher ist es sehr schwer, wenn bisher überhaupt nicht gemeinsam gebetet wurde. Unmöglich ist es nicht. Wenn es uns ernst ist mit der Familie als Glaubenspartnerschaft und als dem ersten Ort der Glaubensvermittlung, darf uns keine Mühe davon abhalten, das Familiengebet zu pflegen. Dann werden wir auch neue Formen des Betens finden, in denen die Zeiten des Kirchenjahres in der Familie lebendig werden. Es gibt junge Familien, die das in hervorragender Weise verstehen.

Hausandachten

Es gibt offenbar mehr Bereitschaft und Bedürfnis zum Familiengebet, als wir vermuten. In einer deutschen Diözese werden seit einigen Jahren Hausandachten gehalten. In der Adventszeit oder in der Fastenzeit versammeln sich die Familien an einem bestimmten Tag beim Glockenzeichen zu Hause. Es wird gebetet, gesungen und vorgelesen. Die Texte werden rechtzeitig zugestellt.
Ein Hausgottesdienst mag uns fremd vorkommen. Unsere Vorfahren haben ihn gekannt und auf ihre Weise praktiziert. Daß er auch heute ankommt, zeigt die Beteiligung in jener Diözese. Eine Umfrage erbrachte, daß 63 % der Sonntagsmeßbesucher mitgemacht haben. Manche haben den Abend wiederholt. Ein Mädchen schrieb: Ich habe zum ersten Mal meinen Vater beten gesehen. Solche Erlebnisse wirken mehr als die besten Ermahnungen. Warum sollten sie bei uns unmöglich sein? Und warum sind sie unmöglich?

2. Das sakramentale Leben in der Familie

Der zweite Pfeiler, der den Glauben in der Familie trägt, die zweite Quelle, aus der er lebt, sind die Sakramente. Ehe und Familie sind begründet im Sakrament, sie leben aus den Sakramenten.

Alle Sakramente

Alle Sakramente haben mit Ehe und Familie zu tun. Wir könnten sie der Reihe nach durchgehen: Die *Taufe* z. B. ist ein Familienfest. Ein neues Glied der Familie wird aufgenommen in die große Familie Gottes, in die Kirche, von der die Familie ein Abbild ist: »Kirche im kleinen«. Daß sie bereit ist, es zu sein, ist Voraussetzung dafür, daß die Taufe gespendet werden darf.
Die *Firmung* entfaltet ihre Wirkung dann am nachhaltigsten, wenn die Kraft des Geistes in der gläubigen Familie aufgenommen und der junge Mensch in der Familie angeleitet wird, verantwortlich christlich zu leben.
Das *Bußsakrament* wird einem Kind als Sakrament der Versöhnung am ehesten dann verständlich gemacht werden können, wenn es zu Hause Vergebung erfährt. Es wird ihm im Übergang zum Jugend-

und Erwachsenenalter leichter zu einem Weg der Glaubensbekehrung und Glaubensvertiefung, wenn es erlebt, wie die Eltern durch dieses Sakrament neu zueinander und zu ihrer Familie finden. Und wo anders als in der Familie sollte ein Kind am eindrucksvollsten und entscheidend für sein Leben erkennen, daß Schuld und Sünde in ihrem Wesen Verweigerung und Verletzung der Liebe sind?
Auch die *Krankensalbung* hat ihren Platz in der Familie. Wenn sie heute seltener zu Hause gespendet wird, sollten doch Angehörige dabeisein, wenn der Kranke das Sakrament empfängt, das ihn aufrichten und stärken soll. Die Geborgenheit in der Familie ist auch in dieser Stunde ein Zeichen der Geborgenheit in Gott.
Daß die *Priesterweihe* aufs engste mit der Familie zusammenhängt, muß nicht bewiesen werden. Priester kommen aus guten christlichen Familien. So ist es die Regel. Es gibt Ausnahmen. Sie erweisen die Macht der Gnade Gottes, der ruft, wen und wann und wie er will. Die Familie ist der Nährboden, auf dem ein Priesterberuf wachsen kann. Ist unsere Familie ein guter Nährboden? Leben wir so, daß bei einem unserer Kinder der Gedanke aufkommen kann, zum Priester- oder Ordensstand berufen zu sein. Würden wir uns freuen, wenn er geäußert wird? Beten wir darum, daß Gott einen aus unserer Mitte erwählt? Unsere Familien tragen einen großen Teil Mitverantwortung für den Priester- und Ordensnachwuchs.

Die Eucharistie

Vieles wäre zu diesem und zu den anderen Sakramenten in der Familie zu bedenken. Uns fehlt dazu die Zeit. Ein Sakrament aber wollen wir besonders hervorheben, das wichtigste Sakrament: die *Eucharistie*. Die Einführung in die Mitfeier der Messe, die Vorbereitung auf die Erstkommunion sind zuerst Sache der Familie. Kein Erstkommunionunterricht kann ersetzen, was gläubige Eltern ihren Kindern durch Wort und Beispiel geben können. Viele bereiten ihre Kinder selber vor. Viele helfen in der Vorbereitung anderer Kinder. Sie leisten unschätzbare Dienste der Glaubensvermittlung.
Aber mit der Erstkommunion ist es nicht getan. Alles hängt davon ab, welchen Platz die Eucharistie im Leben der Familie einnimmt, welcher Wert der Sonntagsmesse beigemessen wird. Der sonntägliche Kirchgang ist kein sicheres Zeichen für ein gutes Christentum. Er kann mehr aus Gewohnheit als aus Überzeugung geschehen. Immer-

hin ist er ein Ausdruck der Zugehörigkeit zur Kirche. Viele, ja die meisten katholischen Christen kommen nicht mehr oder nur höchst selten. Warum geht unsere Familie sonntags zur Kirche? Warum gehen wir zu den Sakramenten? Die Antwort auf diese Fragen wird einen jungen Menschen nachhaltig beeinflussen. Das bloße Gebot beeindruckt ihn nicht. Er fragt nach dem Sinn. Wer den Sinn einer Sache einsieht, steht zu ihr. Für ihn ist das Sonntagsmeßgebot Erinnerung und Stütze, nicht Selbstzweck.

3. Abständige Jugendliche

Aber wie soll man einem 15jährigen diesen Sinn erklären? Was ist zu tun, wenn er oder ältere Geschwister sich weigern, sonntags mitzukommen, wenn sie bei Tisch nicht mehr mitbeten? Was ist, wenn sie auf einmal alles über Bord zu werfen scheinen, was für die Eltern unverzichtbar ist? Wenn sie in offenem, vielleicht provozierendem Widerspruch zu den Grundlagen des katholischen Glaubens leben?

Es gibt viele Gründe für die Abständigkeit von Jugendlichen. Vielleicht wollen sie den Spott ihrer Schulkameraden oder Arbeitskollegen vermeiden. Vielleicht liegt es an der Art des pfarrlichen Gottesdienstes. Es kann auch sein, daß die Familie zwar auf Erfüllung der Sonntagspflicht Wert legt, daß aber ihre religiöse Erziehung zuwenig Tiefgang hatte. Es kann sein, daß junge Menschen im konventionellen Christentum zu Hause keine Antwort auf ihre bedrängenden Sinnfragen finden. Es kann eine echte Glaubenskrise hinter ihrer Weigerung stehen, an Gebet und Sonntagsmesse teilzunehmen.

Aber auch etwas anderes kann der Grund sein, etwas sehr Menschliches: die Anpassung an das Bequemere, an das, was die anderen denken und tun. Wo dies der Fall ist, müssen sich der Sohn oder die Tochter die Frage gefallen lassen, ob sie sich redlich mit der Sache auseinandergesetzt haben; woher sie ihre Informationen über Gott und Kirche, Religion und Glauben beziehen; ob es eine echte Gewissensentscheidung ist, die sie vom Glauben des Elternhauses trennt; ob jene glaubwürdiger sind, auf die sie hören, als die Eltern, die von Anfang ihres Lebens an für sie da waren. Wenn junge Menschen heute auf ihre Eigenverantwortung pochen, ist das ihr gutes Recht. Wenn sie kritisch die Meinungen und Praktiken der Erwachsenen unter die Lupe nehmen, kann ihnen auch dies nicht verwehrt werden. Dann aber muß man sie auch selbst beim Wort nehmen dürfen, dann muß ihre Gewissensentscheidung, dann müssen ihre Ansichten und Praktiken genauso kritisch hinterfragt werden dürfen, wie sie die anderen kritisieren.

Darüber muß in der Familie gesprochen werden, ohne Vorwürfe und ohne aggressive Untertöne. Es muß geduldig versucht werden, herauszuhören, was den Jugendlichen vom Leben des Glaubens fernhält. Dabei kommen die Eltern nicht daran vorbei, ihre eigenen Gründe für Gebet und Sakramentenempfang ehrlich darzulegen. Sie werden sich prüfen müssen, ob ihre Motive echt sind. Sie werden sachliche Informationen über Sinn und Wert, über Notwendigkeit und Selbstverständlichkeit der Teilnahme an der Eucharistiefeier brauchen. Sie sollten sie bei jenen einholen, die sich auskennen.

Die leidige Frage »Warum müssen wir . . .?« erledigt sich von selbst, wenn wir auch nur ahnungsweise wahrnehmen, welches Geschenk uns Jesus in diesem Sakrament hinterlassen hat. Christen der frühkirchlichen Verfolgungszeit haben lieber den Tod auf sich genommen, als auf die Teilnahme an der »Herrenfeier« und am »Herrenmahl«, wie sie es nannten, zu verzichten. »Wir können ohne die Teilnahme daran nicht leben!« haben sie gesagt. Genau dies gilt auch für uns: Wir können ohne die regelmäßige Teilnahme an der Eucharistie – soweit sie uns möglich ist – nicht Christen sein.

Freilich muß die Sonntagsmesse in Einklang mit unserem Alltag stehen. Es gibt keinen schlimmeren Widerspruch als den, sonntags am Mahl der Liebe teilzunehmen und werktags das Hauptgebot zu mißachten. Jugendliche haben scharfe Augen. Ob nicht ihr Fernbleiben auch in diesem Widerspruch begründet ist?

Wenn Eltern in Gespräch und überzeugtem christlichen Leben alles tun, was möglich ist, bleibt ihnen nichts anderes, als die weitere Entwicklung ihres Kindes in die Hände dessen zu legen, der es ihnen anvertraut hat. Ihr Glaube bewahrt sie vor Resignation und Bitterkeit. Im Glauben wissen sie, daß Gott keinen aus dem Auge verliert. Gottes Arm reicht in die tiefsten Verstecke, in die sich Menschen vor ihm flüchten. Sein Licht dringt in die tiefste Dunkelheit, seine Gnade rührt die härtesten Herzen.

Gott ist es, der letztlich den Glauben begründet und bewahrt. Glaube ist Gnade. Man kann ihn nicht vererben wie ein Haus oder wie ein Auto. Man kann nur die Grundlagen dafür bereitstellen: bei sich selbst und bei anderen. Wenn in der Familie die Grundlagen gelegt und gelebt werden, wird Gott das Seine tun. Nichts, gar nichts ist vergebens, was die gläubig lebende Familie dem jungen Menschen auf seinen Lebensweg mitgibt. Mag es auch »Durststrecken« geben, mag auch eine religiöse »Schonzeit« angebracht sein, das Fundament ist da, auf dem Gottes Gnade einen Menschen zu jeder Zeit erreichen kann. Wenn Gnade erbetet werden kann und erbetet werden muß, sollte dann nicht gerade von diesem Gebet gelten, was Jesus versprochen hat: »Wenn schon ihr . . . euren Kindern gebt, was gut ist, wieviel mehr wird euer Vater im Himmel denen, die ihn bitten, Gutes geben« (Mt 7,11)? Für manche Mutter gilt, was der Mutter des großen hl. Augustinus in seiner Jugendzeit gesagt wurde: »Ein Kind solcher Tränen kann nicht verlorengehen!«

Fürbitten

Herr Jesus Christus, wir bitten dich für die Familien unserer Pfarrgemeinde:

- Laß sie erkennen, wie sie den Glauben heute leben können . . .
- Lehre sie, im Gebet deine Gegenwart und deinen Beistand zu suchen . . .
- Vereine sie stets neu mit dir und untereinander durch das Sakrament deiner Liebe . . .
- Erleuchte und leite die Jugendlichen, die sich vom Glauben ihres Elternhauses abgewandt haben, und gib ihren Eltern Verständnis, Geduld, Zuversicht und Liebe . . .
- Laß unsere Familien zu Zentren des Glaubens in unserer Pfarrgemeinde werden . . .

Wir bitten dich, Herr, laß uns dir immer nahe sein in deinem Wort, im Gebet und im Sakrament, damit unser Glaube bestehen und den Menschen Hoffnung geben kann. Amen.

IV. Sexualität in Ehe und Familie

A) Thematische Hinführung

1. Grundsätzliche Überlegungen

Das Thema Sexualität darf nicht ausgeklammert werden. War es früher bevorzugtes Thema kirchlichen Redens über die Ehe, darf es heute, in einer Zeit radikaler Ablehnung und vielfältiger Verwirrung im Bereich der katholischen Sexual- und Ehemoral, nicht aus Unsicherheit oder Verlegenheit ausgelassen werden. Die heutige Freizügigkeit im Reden über diese Materie und deren offene Behandlung in den Synodentexten machen es leichter, sie auch im Gottesdienst zu behandeln.
In der folgenden Skizze einer Gedanken- und Argumentationsfolge soll versucht werden, in Anlehnung an die Synodendokumente »Christlich gelebte Ehe und Familie« (Beschluß) und »Sinn und Gestaltung menschlicher Sexualität« (Arbeitspapier) Hilfen für die Begründung des katholischen Sexualethos zu bieten. Die vermeintliche oder tatsächliche Uneinsichtigkeit kirchlicher Sexualnormen ist die Hauptschwierigkeit, mit diesem Thema heute vor die Menschen zu treten.

1.1 Ausgangspunkt ist die Frage nach dem *Sinn menschlicher Geschlechtlichkeit.* In Abhebung von allen einseitigen biologischen, psychologischen, soziologischen und anderen Deutungen ist er in der Ganzheit menschlicher Existenz zu suchen. Die Sexualität prägt den Menschen als Mann oder als Frau von Grund auf. Sie vermittelt dem Menschen »vielfache positive Möglichkeiten: Sie fördert die personale Entwicklung des Mannes und der Frau, vermittelt die Erfahrung lustvoller Hingabe, vertieft die Freude am Ehepartner, setzt opferbereiten Verzicht voraus, stärkt den Willen, füreinander da und in Treue verbunden zu sein und trägt so zum Gelingen der Ehe bei« (Synode 2.2.1.1). Die verschiedenen Dimensionen menschlicher Sexualität und ihre sinnbestimmenden Faktoren (vgl. Arbeitspapier 2; 3.1) lassen sich auf zwei Hauptsinnziele hin zusammenfassen: auf das personale und das soziale Sinnziel, d. h. auf die personale Einheit in der Liebe und auf die Weckung neuen Lebens.
Der gläubige Mensch sieht darin eine »natürliche« Schöpfungsordnung, in der eine »so gelebte eheliche Sexualität . . . keinen Raum für eine unchristliche Leibfeindlichkeit« läßt (Synode ebd.). Jesus hat dieses Verständnis bestätigt und unter das radikale Liebesgebot gestellt, das keine Scheidung der durch Gott Verbundenen zuläßt (vgl. Mk 10,2–12). Theologische Reflexion und kirchliche Lehre erkennen im Ehebund die sakramentale Vergegenwärtigung des Bundes Christus–Kirche, in die das leibliche Einswerden zeichenhaft voll integriert ist.

1.2 Aus der ganzheitlichen Deutung folgen die Notwendigkeit und Aufgabe, die Sexualität in den Gesamtsinn und auf das Gesamtziel des Menschen hin zu *integrieren.* Die dazu erforderliche Grundhaltung und Grundkraft ist die *Keuschheit.* Wie immer man dieses mißverstandene, verpönte und belächelte Wort durch ein anderes zu ersetzen versucht, das mit ihm Gemeinte bleibt nach wie vor Voraussetzung jedweden verantwortlichen geschlechtlichen Verhaltens.
Das Richtmaß der Keuschheit ist nicht der Verzicht, sondern »der harmonische Einbau des Geschlechtstriebes in die Gesamtpersönlichkeit.« Sie ist »die innere Einheit und Ordnung des geschlechtlich bestimmten und zur Liebe berufenen Menschen. Das Ziel der Keuschheit liegt also *in der spezifisch geschlechtlichen Liebesfähigkeit* und damit auch in der rechten Ehefähigkeit; denn ehefähig ist nur, wer im umfassenden Sinn liebesfähig ist. In analoger Weise gilt dies auch für den Zölibat, denn die Ehelosigkeit aus Berufung ist ebenfalls ein Ruf

zum liebenden Dasein in der menschlichen Gemeinschaft. Auch sie kann sinnvoll nur von einem Menschen gelebt werden, der als Mann oder als Frau liebesfähig ist und gerade als ›Fähiger‹ einen glaubwürdigen freien Verzicht leistet« (Böckle 28 f., Hervorhebung im Text). Damit ist gesagt, daß Keuschheit auch sinnvollen Verzicht enthält, sei es aus Rücksicht auf den Partner, sei es um eines frei gewählten ehelosen Lebens willen, sei es, weil die Umstände eine an sich gewünschte Ehe nicht zuließen. Die Keuschheit gehört zur Grundausstattung menschlichen Verhaltens: im vorehelichen und im ehelichen, im nachehelichen und im ehelosen Leben. Wo sie nicht gelingt, gleich in welcher Phase oder Situation oder in welchem Stand, sind Fehlentwicklungen und Schwierigkeiten unausweichlich.

Wo der Verzicht sinnvoll erbracht wird, kann nicht von Verkürzung des Menschseins gesprochen werden. Die entschieden positive Wertung der Geschlechtlichkeit macht aus ihr nicht den Höchstwert menschlicher Existenz. Die Korrektur, die Jesus anbringt, darf nicht überhört werden: »Die aber, die gewürdigt worden sind, an jener Welt und an der Auferstehung von den Toten teilzuhaben, heiraten nicht« (Lk 20,35).

1.3 Eine sachgemäße, dem christlichen Menschenbild entsprechende Integration der Sexualität setzt die Hilfe *sittlicher Normen* voraus. Auf den Dienst der Normen für eine richtige Gewissensentscheidung kann auch im Sexualbereich nicht verzichtet werden. Wer hier eine »normfreie« Sittlichkeit fordert, »übersieht, daß angeborene oder erworbene Mechanismen das menschliche Verhalten regeln . . . Den Menschen von Normen freizustellen hieße, ihn einem Entscheidungsdruck auszusetzen, dem er nicht gewachsen ist. Normen im Sinne vorgegebener Verhaltensmuster und Verhaltenserwartungen haben eine Entlastungsfunktion, die den Menschen vor Schaden bewahrt«. Die Tendenz zu »ersatzloser Streichung« führt häufig zur Aufstellung neuer Normen, die »zu einem erheblichen Teil auf Sozialzwängen« beruhen, »wenn auch unter umgekehrten Vorzeichen: Verbote von einst verkehren sich in Gebote« (Arbeitspapier 3.3.2 f.).

Der Glaube sieht auch die Sexualität im Bereich einer antwortenden Liebe, die den Dienst der Normen nicht aus-, sondern einschließt und sie mit Sinn und Leben erfüllt. Der Kirche ist aufgegeben, auf der Basis und im Licht des Evangeliums, aber auch im Dialog mit den anthropologischen Wissenschaften, Normen richtigen Sexualverhaltens festzustellen und zu interpretieren.

1.4 Ausgehend von den anthropologischen Voraussetzungen des Suchens nach gegenseitiger und unbedingter Annahme, nach der Treue und ihren personalen und institutionellen Stützen und auf der Grundlage des Verständnisses der Ehe als einer sakramentalen Lebens- und Liebesgemeinschaft folgert die Synode: *»Der Ort für die volle sexuelle Gemeinschaft von Mann und Frau ist . . . die Ehe«* (Synode 2.2.1 Hervorh. d. Verf.; vgl. 3.1.3.3; Arbeitspapier 4.1.1 und 4.2.3). Die Synode bekräftigt die überkommene Lehre der Kirche, allerdings in einer Weise, die sich in Begründung und Sprache vorteilhaft von der »Erklärung« der Kongregation für die Glaubenslehre »zu einigen Fragen der Sexualethik« (1975) unterscheidet. Was die Synode sagt und wie sie es sagt, bietet durchaus Chancen, auch mit denen ins Gespräch zu kommen, die den kirchlichen Standpunkt ablehnen. Angesichts weitverbreiteter Unsicherheit auch unter unseren sonntäglichen Zuhörern halte ich es für unerläßlich, diese Lehre der Kirche unmißverständlich vorzulegen.

2. Voreheliche Beziehungen

2.1 Mehr jedoch, als es früher geschehen ist, muß diese Lehre im *Kontext der Lebenserfahrung des jungen Menschen heute,* seiner Erwartungen und Schwierigkeiten erläutert werden. Ein guter Ansatzpunkt dürfte immer die Frage nach der Liebe sein. Welche Art Liebe ist in der Begegnung der Geschlechter gemeint, welche wird gesucht, welche Voraussetzungen und Konsequenzen verbinden sich mit ihr? Es ist der urtümlich christliche Ausgangspunkt. Wir sind mit ihm sofort im Kerngebiet biblischer Aussagen, die zugleich menschliche Grunderwartungen ansprechen. Liebe sucht Selbstverwirklichung und Selbstbestätigung niemals auf Kosten des Partners. Sie schließt jede Vereinnahmung aus. Sie schließt Rücksicht und Verzicht um des Partners willen ein. Wenn sie rückhaltlos, total und ausschließlich verstanden wird, kann sie nicht in vorübergehenden sexuellen Begegnungen bestehen. »Totale geschlechtliche Liebeshingabe *in voller Sinnerfüllung verlangt den Raum einer gesicherten ehelichen Bindung«,* weil diese Art Liebe den Geliebten ganz und für immer will und das gegenseitige »Erkennen«, von dem die Bibel spricht (Gen 4,1), nicht mehr zurückgenommen werden kann. Beide gehören »für immer zusammen, sonst wird die Hingabe der Person leicht zur Preisgabe ihrer selbst« (Böckle 32.; Hervorh. im Text).

»Beweisen« im Sinne einer unausweichlichen Zustimmung läßt sich die Einweisung der Sexualität in die Ehe nicht. Doch gibt es eine Vielzahl sinnbezogener Gründe, die durch Erfahrungswerte bestätigt werden. Dazu gehören auch die gemeinschaftsbezogenen Argumente. Die Liebenden leben nicht auf einer »Insel der Seligen«. Gesellschaft, Staat und Kirche haben ein Mitspracherecht. Sie leben von Ehe und Familie, wie diese nicht ohne Gesellschaft und Kirche bestehen können. Die Institution der Ehe ist einerseits Schutz der Liebe vor Laune und Willkür der Partner, anderseits Ausdruck der Kompetenz von Staat und Kirche. Alle uns bekannten Kulturen und Religionen haben die Beziehungen zwischen Mann und Frau nicht dem Belieben überlassen. Sie haben sie, wenn auch recht unterschiedlich, durch Gesetze und Bräuche im Interesse der Gesellschaft geregelt (vgl. Arbeitspapier 2.2).

Wenn versucht wird, dieses soziale Beziehungsgeflecht einsichtig zu machen, wird man bei nachdenklichen Jugendlichen Gehör finden. Für die gläubig Engagierten unter ihnen, aber auch für die anderen, denen wir in der Seelsorge begegnen, ist die sakramentale Eigenart der Ehe ein letztes, die anderen Begründungen umfassendes und vertiefendes Argument, das wir nicht auslassen dürfen. Die Ehe der Christen ist keine Privatangelegenheit. Ihr leiblicher Ausdruck ist integriert in das sakramentale Verständnis des Christus-Kirche-Abbildes und daher der Beliebigkeit der Partner vor, innerhalb und außerhalb der Ehe entzogen.

Die Synode legt in ihrer Begründung Gewicht auf die freie Partnerwahl. Die Auswahl unter mehreren möglichen Partnern und die Korrektur einer als verfehlt erkannten Partnerwahl lassen sich am besten verwirklichen, »wenn die Art der Beziehungen zwischen den Partnern dem noch nicht endgültigen Charakter der Verbindung entspricht. Die Aufnahme voller sexueller Beziehungen vor der Ehe erschwert durch vorzeitige Bindung die freie Wahl und macht sie unter Umständen sogar unmöglich« (Synode 3.1.3.1). Im Zusammenhang damit wird die weitverbreitete Auffassung, man könne das Gesamtproblem der sexuellen Harmonie vor der Ehe klären, als Irrtum zurückgewiesen: »Das Liebesverhältnis vor der Ehe ist nicht typisch für das Erleben in der Ehe« (ebd. 3.1.3.2).

2.2 Auf der Grundlage der Sinndeutung der Liebe auf ihren umfassenden personalen und sozialen Beziehungsfeldern können die *falschen Leitbilder und gängigen Schlagwörter* unter die Lupe genommen werden, denen junge Menschen ausgesetzt sind: der Vorrang der sexuellen Komponente in der Partnerbeziehung, der Mißbrauch eines Menschen unter dem Vorwand »Liebe«, das anscheinend vernünftige »Ausprobieren«, weil man »keine Katze im Sack kauft«, der innere Widerspruch einer Probe-Ehe und Probe-Liebe, die Selbsttäuschung in der Ablehnung jedweder institutionellen Bindung und andere bereitwillig weitergegebene Begründungen für die Selbstverständlichkeit vorehelicher sexueller Beziehungen. Wenn sie in ihren Auswirkungen durchgedacht und mit den inzwischen angesammelten Erfahrungen einer »befreiten« Sexualität vorgelegt werden, läßt sich bei vielen jungen Menschen wenigstens das eine erreichen, daß sie zum Nachdenken gebracht und in der Selbstverständlichkeit der öffentlichen Meinung verunsichert werden. Es gibt inzwischen eine Reihe guter, aus der Jugendarbeit erwachsener Hilfen für die Erziehung zum Nachdenken (z. B. Strätling; Bsteh; ferment 5/6/78, S. 32: darin z. B. von Lothar Zenetti: »Man will doch keine Katze im Sack kaufen, so drückte sich im Brautunterricht der Bräutigam recht bildhaft aus. Seine Braut vor Augen, denke ich bei mir, wiewohl im letzten inkompetent: Wieso Katze? Wieso Sack? Wieso kaufen?«).

2.3 Die Einweisung der vollen sexuellen Gemeinschaft in die Ehe zieht eine Grenze. Sie sagt nichts über den verantwortlichen *Ausdruck der Liebe vor der Ehe.* Anders als in früheren moraltheologischen und kirchlichen Stellungnahmen, in denen versucht wurde, möglichst genau die Grenze zwischen Erlaubtem und Unerlaubtem abzustecken, gibt die Synode eine behutsame und doch mutige »Generallinie« zu bedenken: »Im Vorraum der vollen sexuellen Gemeinschaft gibt es ein breites Spektrum sexueller, das heißt aus der geschlechtlichen Bestimmtheit des ganzen Menschen erwachsender Beziehungen unterschiedlicher Intensität und Ausdrucksformen, auch eine Stufenleiter der Zärtlichkeiten (vgl. 2.2.1). Diese Beziehungen können als gut und richtig gelten, solange sie Ausdruck der Vorläufigkeit sind und nicht intensiver gestaltet werden, als es dem Grad der zwischen den Partnern bestehenden personalen Bindung und der daraus resultierenden Vertrautheit entspricht. Volle geschlechtliche Beziehungen freilich haben ihren Ort in der Ehe« (Synode 3.1.3.3). Diese Grundregel wird sowohl dem objektiven sittlichen Sachverhalt wie der Anerkennung subjektiver Wahrhaftigkeit gerecht. Sie setzt Grenzen, legt das Gewicht jedoch auf Haltung der Handelnden. Sie kann wie jede Akzentuierung persönlicher Gewissensentscheidung mißverstanden werden, vermag jedoch mehr als bloße Warnungen vor Grenzüberschreitungen die Verantwortung für den Partner zu wecken.

2.4 Entsprechend diesem Vorgehen fordert die Synode ein *differenziertes Urteil über das tatsächliche Verhalten:* »So wenig der Meinung zugestimmt werden kann, volle sexuelle Beziehungen vor der Ehe seien selbstverständlich oder sogar unbedingt notwendig, so wenig wird eine undifferenzierte Verurteilung bestehender vorehelicher sexueller Beziehungen den betreffenden Menschen in ihrem Verhalten gerecht. Es ist offensichtlich, daß der wahllose Geschlechtsverkehr mit beliebigen Partnern anders zu bewerten ist als intime Beziehungen zwischen Verlobten oder fest Versprochenen, die einander lieben und zu einer Dauerbindung entschlossen sind, sich aber aus als schwerwiegend empfundenen Gründen an der Eheschließung noch gehindert sehen. Dennoch können diese Beziehungen nicht als der sittlichen Norm entsprechend angesehen werden. Hier zu einer verantwortbaren Entscheidung zu verhelfen, ist vordringliche Aufgabe der Gewissensbildung« (Synode 3.1.3.4).

2.5 Diese ausführlichen Zitate belegen die guten Hilfen, die uns in den Aussagen der Synode zur Verfügung stehen. Sie widerlegen das unqualifizierte Reden vom »zerbrochenen Normensystem der Kirche«, ermöglichen ein *klares Wort* über das unveräußerlich Bleibende und die unabtretbare Gewissensverantwortung des einzelnen. Der Gegensatz zur herrschenden Meinung und Praxis wird dadurch nicht aufgehoben. Er ist auf das sachlich Unterscheidende, letztlich auf das unterscheidend Christliche zurückzuführen. Wir dürfen ihn nicht verschweigen und nicht verwischen. Wir müssen den Gläubigen helfen, ihn in Sacheinsicht und Glauben zu bekennen und zu bestehen. Was die Synode sagt, kann auch bekümmerten Eltern helfen, zwischen objektivem sittlichen Sachverhalt und subjektiver Gewissenssituation zu unterscheiden. Es ist denkbar, daß ihr Sohn ohne Gewissensbedenken mit seiner Freundin am Studienort zusammen lebt. Die Einflüsse seiner Umwelt können so überwältigend sein, daß es zu einer »Werterblindung« auf diesem Gebiet kommt. Es fragt sich allerdings – und hier ist nach Verantwortung und auch nach Schuld zu fragen –, ob sich die jungen Leute ernsthaft mit der gegenteiligen Auffassung der Eltern bzw. der Kirche auseinandergesetzt haben. Eine bloße Anpassung an das allgemeine Verhalten oder die Meinung, es lohne sich nicht, über die herkömmlichen Sexualnormen noch zu reden, lassen nicht auf eine begründete Gewissensentscheidung schließen. In ihrer Weigerung können auch Bequemlichkeit und – biblisch gesprochen – Bekehrungsunwilligkeit den Ausschlag geben. Eltern und Seelsorger, sofern sie Zugang zu ihnen finden, können wirksam nur argumentativ und auf der Basis überzeugt gelebten Glaubens mit ihnen reden, ohne sich ein Urteil über ihren Zustand vor Gott zu erlauben.

3. Sexualität in Ehe und Familie

3.1 Die oben (1.1) genannten *positiven Möglichkeiten sittlich verantworteter Sexualität für Ehe und Familie* sind vom Konzil in einer in früheren kirchlichen Äußerungen nicht anzutreffenden Deutlichkeit gewürdigt worden: »Wo nämlich das intime eheliche Leben unterlassen wird, kann nicht selten die Treue als Ehegut in Gefahr geraten und das Kind als Ehegut in Mitleidenschaft gezogen werden« (Pastoralkonstitution n. 51). Von den mannigfaltig möglichen Ausdrucksformen dieser Liebe sagt die Synode, daß sie der »konkreten Lebenssituation« und der »körperlichen und seelischen Befindlichkeit« der Eheleute angemessen sein müssen. »Für die Gestaltung und Ausformung der sexuellen Beziehungen können alle jene natürlichen Handlungen als gut und richtig angesehen werden, die der Eigenart der beiden Partner entsprechen und in gegenseitiger Achtung, Rücksichtnahme und Liebe geschehen . . . Das Bemühen, einander glücklich zu machen, darf nie aufhören« (Synode 2.2.1.3).
Die Liebe als »das einende und formende Prinzip« verhindert, daß der andere »als Objekt oder Instrument des eigenen Ich betrachtet« wird. Sie bewirkt, daß das Ich sich dem Du öffnet, »um es zu bejahen und an seiner Selbstfindung mitzuwirken« (ebd. 2.2.1.2). Sie vermag die vielen Formen des Egoismus abzubauen bzw. davor zu bewahren, die den Menschen in seiner erbsündlich belasteten und angefochtenen Existenz auch im Sexualbereich bedrohen. Daß es hier Schuld und Sünde gibt, bis hin zu entwürdigenden Verobjektivierungen des Partners, ist nicht zu bestreiten und nicht zu verharmlosen. Wir sollten uns nicht scheuen, sie beim Namen zu nennen.

3.2 Der *Bezug der ehelichen Liebe zur Fruchtbarkeit* bedarf einer sorgsamen Darlegung. Nachdem die heftige Diskussion um »Humanae vitae« abgeebbt ist, hat eine besonnene Darlegung des Grundsätzlichen und Problematischen im Rahmen unserer Thematik ihren Platz. Sie ist als Hilfe zur Gewissensentscheidung heute um so notwendiger, als sich – wie es scheint – eine wenig reflektierte Ansicht und Praxis ausgebreitet haben, wonach die kirchlichen Weisungen zu diesem Bereich endgültig »erledigt« sind.

3.2.1 Zur ehelichen Liebe gehört das *grundsätzliche Ja zum Kinde*. Das Konzil hat in gleicher Weise wie die eheliche Liebe auch deren »Krönung« in der Nachkommenschaft hervorgehoben (Pastoralkonstitution n. 48). Die Synode urteilt nicht anders: »Die lebensschenkende Fruchtbarkeit entspricht dem inneren Wesen ehelicher Liebe« (Synode 2.2.2). Beide Sinnziele der Ehe gehören zusammen, wie auch immer ihre Beziehungen zueinander gedeutet werden. Es ist nicht überflüssig, diesen Zusammenhang zu betonen. Theoretisch bekennt sich zwar eine überwältigende Mehrheit von Befragten zum Kind, in der Praxis nehmen die kinderlosen Ehen zu. »Nach einer Modellrechnung, die auf der Beobachtung des jüngsten generativen Verhaltens (1966–1971) basiert, werden 23% der Ehen kein Kind haben, 24% ein Kind, 30% sind Zweikindfamilien . . .« »In der Hälfte aller bundesdeutschen Familien lebten 1971 keine Kinder unter 18 Jahren, ein Drittel dieser Ehepaare hatte überhaupt keine Kinder« (Lange 30). Der absolute Ausschluß von Kindern läßt nach katholischer Lehre eine Eheschließung nicht zustandekommen.

3.2.2 Die *Entscheidung* über die Zahl der Kinder und die Abstände der Geburtenfolge fällt in die ausschließliche Verantwortung der Eheleute. Sie müssen dabei die Situation ihrer Ehe und Familie, das körperliche und seelische Befinden der Frau, berufliche und wirtschaftliche Verhältnisse ebenso berücksichtigen wie die Verantwortung gegenüber den Kindern, »die der Geschwister bedürfen«, und gegenüber der Gesellschaft (Synode 2.2.2.2). Egoistische Motive dürfen nicht maßgebend sein.

3.2.3 Der Streit vor und nach »Humanae vitae« entzündete sich nicht an diesem Prinzip verantworteter Elternschaft, sondern an den *Methoden einer verantworteten Geburtenregelung*. Die Frage nach den sittlich erlaubten Methoden ist insofern keine belanglose Frage, als auch die Abtreibung als Methode praktiziert wird. Sie wird als solche von allen katholischen Diskussionsteilnehmern abgelehnt.

Hinsichtlich der übrigen Methoden hat Papst Paul VI. die traditionelle Unterscheidung zwischen den natürlichen = sittlich erlaubten und den nicht natürlichen = sittlich unerlaubten Methoden bestätigt. Erlaubt ist demnach neben dem Totalverzicht nur die Benutzung der unfruchtbaren Tage im Rhythmus der Frau. Den Grund sieht der Papst in der von Gott bestimmten unlösbaren Verknüpfung der beiden Sinngehalte: liebende Vereinigung und Fortpflanzung, die beide dem ehelichen Akt innewohnen und vom Menschen nicht eigenmächtig aufgelöst werden dürfen (Humanae vitae n. 12).
Diese Begründung, vor allem der ihr zugrundeliegende Naturbegriff, wurde und wird von namhaften Anthropologen und Moraltheologen als nicht stichhaltig angesehen. Sie sehen keinen wesentlichen Unterschied zwischen der berechneten Zeitwahl und anderen Aktivitäten mit dem Ziel der Verhütung einer Empfängnis. Ihre Stellungnahmen und der allgemeine Widerspruch gegen die Enzyklika haben deren Grundaussagen über Ehe und eheliche Liebe weitgehend in den Hintergrund treten lassen.
Die deutschen Bischöfe haben in ihrem »Wort zur seelsorglichen Lage nach dem Erscheinen der Enzyklika ›Humanae vitae‹« in einer ausgewogenen Erklärung einerseits auf die grundsätzliche Pflicht eines gläubigen Katholiken hingewiesen, die Lehre der Enzyklika anzunehmen, anderseits die Bedenken jener ernstgenommen, die sich aus schwerwiegenden Gründen nicht in der Lage sehen, ihr zu folgen. Die Bischöfe geben die Möglichkeit eines der Enzyklika in diesem Punkte widersprechenden Gewissensurteils zu. Sie fordern jene, die glauben »so denken zu müssen«, zu gewissenhafter Prüfung ihres Standpunktes auf und warnen vor »subjektiver Überheblichkeit und voreiliger Besserwisserei«. Überdies müsse Rücksicht auf die Gesetze des innerkirchlichen Dialogs genommen und jedes Ärgernis vermieden werden. »Nur wer so handelt, widerspricht nicht der rechtverstandenen Autorität und Gehorsamspflicht« (Wort der deutschen Bischöfe n. 11 f.). Alle Beteiligten und Verantwortlichen werden aufgerufen, an der Klärung der hier aufgeworfenen schwierigen Fragen mitzuwirken (ebd. n. 15).
Die Synode hat nach langwierigen und schwierigen Diskussionen über dieses Problem in ihrem Dokument einen Kompromiß gefunden, dessen Formulierung die Zustimmung einer wenn auch äußerst knappen zur Verabschiedung erforderlichen Mehrheit ermöglichte: »Das Urteil über die Methode der Empfängnisregelung, das in die Entscheidung der Ehegatten gehört, darf nicht willkürlich gefällt

werden, sondern muß in die gewissenhafte Prüfung die objektiven Normen miteinbeziehen, die das Lehramt der Kirche vorlegt« (Synode 2.2.2.3). Diese Stellungnahme, die in einer Fußnote auf Textauszüge aus der Pastoralkonstitution des Konzils und aus dem Wort der deutschen Bischöfe im Anhang des Dokumentes verweist, steht einerseits nicht im Widerspruch zur päpstlichen Lehramtsaussage, läßt anderseits aber die Möglichkeit eines abweichenden Gewissensurteils zu.

3.2.4 In dieser Situation ergeben sich *für die Verkündigung* m. E. folgende Aufgaben:

3.2.4.1 Wenn über dieses Thema gesprochen wird, müssen *alle Gesichtspunkte* zu ihrem Recht kommen. Unter ihnen ist die Aussage des kirchlichen Lehramtes nicht eine unter vielen anderen. Sie ist eine qualifizierte Aussage, auch wenn es sich nicht um eine unfehlbare Lehrentscheidung handelt. Es wäre gut und würde dem Ernst der Sache sowie dem Verständnis der kirchlichen Lehre dienlich sein, wenn Prediger oder Referent es verstünden, die Geschichte des Problems in ihren Grundzügen darzulegen und die theologischen Gründe zu erläutern, die zu dieser kirchlichen Lehre führten. Anderseits haben die Gläubigen ein Recht zu erfahren, daß und wie eine Lehrentwicklung möglich ist, in der Sexual- und Ehemoral stattgefunden hat und auch hinsichtlich der Familienplanung Möglichkeiten offenläßt. Es darf auch nicht verschwiegen werden, daß und warum es begründete andere Überzeugungen als die in »Humanae vitae« vorgelegten Weisungen gibt. Schließlich gehört, im Zusammenhang mit dem Letztgenannten, in eine ausgewogene Darstellung auch die Darstellung des unterschiedlichen Stellenwertes kirchlicher Lehraussagen und ihrer Verbindlichkeit.

3.2.4.2 Ausgangspunkt und Basis allen Redens über verantwortete Elternschaft sind die christlichen *Grundaussagen über Ehe und Familie.* Wichtiger als die Frage nach den Methoden der Empfängnisregelung ist die Frage nach der Liebe in der Ehe und ihren Auswirkungen im ehelichen und familiären Alltag.

3.2.4.3 In diesen Grundaussagen sollte heute das *Ja zum Kinde bzw. zu Kindern* nicht nebenbei behandelt, sondern betont hervorgehoben werden. »Familienplanung in einem christlichen Verständnis hat nicht nur den Aspekt der Beschränkung der Kinderzahl. Familienplanung, die aus einer tiefen Liebe zum Partner erfolgt und vom Wissen geprägt ist, daß das Kind Frucht und Vollendung der Liebe sein will, ist die in Verantwortung gestellte Frage nach dem Ja zu einem weiteren Kind« (Synode 2.2.2.1). Nachdem viele Jahre der negative Aspekt der Beschränkung der Kinderzahl und einer erlaubten bzw. gebotenen Empfängnisverhütung im Mittelpunkt der Diskussion stand und in der Öffentlichkeit dieser Gesichtspunkt auch heute noch vorherrscht, ist es hohe Zeit, in der Verkündigung auf das grundsätzliche Ja zum Kinde hinzuweisen. Es ist m. E. unzureichend, unter dem Thema »Verantwortete Fruchtbarkeit« der Ehepastoral die Klärung der Motivation zur Geburtenregelung nur unter dem Gesichtspunkt der Geburtenbeschränkung aufzutragen: »Undifferenziertes Lob der kinderreichen Familie ist ebenso falsch wie zu verschweigen, daß es ehrenwerte und vor dem Gewissen verantwortete Gründe gibt, eine kinderlose Ehe zu führen« (Lange 265). Undifferenziertes Lob ist sicher falsch, kann aber ein grundsätzliches Ausschließen von Kindern bejaht werden? Richtig ist, daß sich Eheleute versündigen können, »wenn sie die Maßnahmen zur Empfängnisregelung in ihrer Erfolgssicherheit nicht auf die Dringlichkeit der Verhütung abstimmen« (ebd.). Aber gibt es nicht auch eine Versündigung durch ungerechtfertigte, aus Bequemlichkeit kommende Verweigerung von Kindern? Gibt es nicht das Unrecht, das Eltern ihrem einzigen Kinde antun, wenn sie es ohne wichtigen Grund ohne Geschwister lassen? Ist der rapide Geburtenrückgang in den letzten Jahren nur »die Folge reinster Gewissenhaftigkeit und ungeheurer Gewissensnot« (so die Frage von Kard. Volk auf der Synode; HerdKorr 29 */1975/* 299)? Es gibt nicht nur ein verantwortungsloses »Kinderkriegen«, es gibt auch ein verantwortungsloses »Kinderverhüten«. Müssen wir diese Aspekte nicht auch einbringen? Es geht m. E. nicht an, nur von »Mut« zur Entscheidung gegen »Humanae vitae« zu sprechen, mir scheint heute eher der »Mut zum Kind«, der »Mut zur Familie« den Akzent abgeben zu müssen. Die heutigen Erkenntnisse über die Entfaltung von Mann und Frau im Vatersein und Muttersein, über die Bereicherungen, die eine Mehrkindfamilie für die Persönlichkeitsentfaltung der Kinder bedeuten, auch über die sozialen und psychologischen Probleme, die eine kommende »Gesellschaft ohne Geschwister« uns bescheren wird, geben uns solide Hintergrundinformationen, die richtigen Materialien zur Gewissensbildung auch in diesem Punkte vorzulegen.

Keineswegs dürfen dabei die Belastungen durch eine Mehrkindfamilie heruntergespielt werden. In keiner Weise darf Druck auf die Eltern ausgeübt werden. Ihre Verantwortung für die Größe ihrer Familie bleibt unangetastet. Es geht um eine ausgewogene Darstellung des Themas. Das Ja zum Kinde, die Ermutigung zum Kinde, die Freude an Kindern beanspruchen einen größeren Raum in unserer Verkündigung. Eines darf auf keinen Fall eintreten: Eheleute, die sich in Verantwortung zu einer größeren Familie entschlossen haben als üblich ist, dürfen nicht auch noch in der Kirche schief angesehen werden!

3.2.4.4 Ebenso deutlich wie das grundsätzliche Ja zu einer verantwortlichen Zahl von Kindern ist die Notwendigkeit auszusprechen, auf Grund gegebener Umstände *auf weitere Kinder zu verzichten. Die Methodenfrage* ist dabei zweitrangig, aber nicht unwichtig. Bei ihrer Wahl darf die Weisung von »Humanae vitae« nicht als indiskutabel beiseite geschoben werden. Wenn schon darüber gesprochen wird, darf die darin als einzig erlaubte Methode genannte Zeitwahl nicht unerwähnt bleiben. Sicher ist es falsch, »pauschal zur Zeitwahlmethode zu raten«, aber nicht, weil sie eine »hohe Versagerquote« hat (Lange 265), sondern weil es Situationen gibt, in denen jede weitere Schwangerschaft wegen tödlicher Gefährdung der Mutter zu verhindern ist und daher auch nicht das geringste Risiko eingegangen werden darf. Die Abqualifizierung der Zeitwahlmethode entspricht nicht den Forschungsergebnissen, die ihr in der Form der Temperaturmethode nach den Ovulationshemmern (»Pille«) die geringste Versagerquote bescheinigen (Döring 22; vgl. Rötzer; zur Diskussion um die Schädlichkeit: Häring und Hilgers).
Wenn die Zeitwahl nach redlicher, soweit möglicher, Prüfung nicht in Betracht kommt, aber um des Gesamtwohls der Ehe und der Familie willen die volle körperliche Hingabe unerläßlich ist, ist die Gewissensentscheidung der Eheleute für andere Methoden (die Abtreibung immer ausgenommen) voll zu respektieren. Nicht nur die Königsteiner Erklärung der Bischöfe (vgl. n. 16), sondern schon die einfache Achtung vor dem Gewissen als der letzten maßgebenden Instanz menschlichen Handelns berechtigt zu dieser Feststellung.
Sie wird, wie die Thematik der Geburtenregelung überhaupt, in einer Predigt wohl kaum ausführlich zur Sprache kommen. Doch

sollte der Prediger die Hintergründe und Grundsätze kennen, wenn er in Diskussionen oder im persönlichen Beratungsgespräch Stellung zu nehmen hat.

4. Hilfen für Ehe und Familie

Die Synode nimmt unter dieser Überschrift u. a. zu drei Problemen Stellung, die im Zusammenhang unserer Thematik nicht übergangen werden dürfen.

4.1 Ungewollte Schwangerschaft

4.1.1 Ob es sich um Eheleute handelt, die mit Sorge feststellen, daß sich ein an sich nicht gewolltes weiteres Kind anmeldet, oder um eine ledige Frau, die ein Kind erwartet, in jedem Falle ist nicht bedauerndes oder hämisches Reden, sondern *tätige Hilfe angebracht.* Ein deutliches Wort ist gegen manches unverantwortliche Reden seitens der Verwandtschaft nötig. Die ledige Mutter verdient Respekt und Unterstützung, wenn sie ihr Kind nicht, wie ihr – und auch manchen verheirateten ungewollt Schwangeren – geraten wird, abtreibt, sondern austrägt. Das ist keine Billigung ihres außerehelichen bzw. vorehelichen Verhaltens, sondern eine selbstverständliche Pflicht der Nächstenliebe. »Vorrangig geht es darum, die gesellschaftliche und innerkirchliche Diskriminierung von Müttern nichtehelicher Kinder abzubauen . . . Notfalls ist es Gewissenspflicht der Großeltern und anderer Verwandter, im Rahmen des Möglichen bei der Betreuung und Erziehung des Kindes mitzuhelfen. Auch ein zunächst nicht erwünschtes Kind hat ein Recht auf Liebe und braucht das Gefühl, angenommen zu sein« (Synode 3.3.2.2; vgl. 3.3.2 zu den notwendigen Hilfen).

4.1.2 Der *Schwangerschaftsabbruch* kommt als Lösung des Problems für den gläubigen Christen nicht in Betracht. Die Lockerung des § 218 gibt Anlaß, diesen Standpunkt neu und einsichtiger zu begründen.
Die Zahl der legal durchgeführten Abtreibungen ist seit Inkrafttreten der Neuregelung von etwa 20000 auf über 70000 im Jahr gestiegen. Zwei Drittel davon werden auf Grund der »Sozialen Indikation« vor-

genommen. Dies bedeutet, daß in einem Sozialstaat soziale Notstände mit Billigung des Gesetzgebers durch Tötung unschuldiger Menschen behoben werden. Die Kirche kann sich mit diesem Skandal niemals abfinden. Sie muß gegen die Aufweichung der Achtung vor dem Leben Stellung nehmen, die in der Abtreibungsfrage, in den Diskussionen um eine aktive Euthanasie und auf manchen anderen Gebieten deutlich zu beobachten ist. Im Zusammenhang unserer Thematik scheint mir diese Stellungnahme unerläßlich zu sein. Sie wird sich nicht nur auf das alleinige Verfügungsrecht Gottes über das menschliche Leben berufen, sondern auch allgemein-menschliche Angemessenheitsgründe beibringen müssen: Eine Gesellschaft kann auf die Dauer nicht bestehen, wenn nicht das Recht auf Leben unverfügbar bleibt.

Die Erfahrung lehrt, daß die strafrechtliche Lockerung der Meinung Vorschub geleistet hat: Was nicht verboten ist und nicht bestraft wird, ist erlaubt. Das Strafrecht ist jedoch nicht Richtmaß oder gar Inhalt der Sittlichkeit. Aber es soll den Grundbestand sittlicher Werte schützen. Es soll sittlichkeitsfördernd wirken. Im Falle der Abtreibung hat die neue Gesetzgebung die in sie gestellten und immer wieder beschworenen Erwartungen eines besseren Schutzes ungeborenen Lebens nicht erfüllt.

Im Gegenteil: Aus der begrenzten gesetzlichen Straffreiheit wird in manchen Stellungnahmen und Praktiken eine Art Rechtsanspruch abgeleitet. Ärzte, Krankenschwestern und Krankenhäuser werden in Mißkredit gebracht, wenn sie sich auf ihr Gewissen und ihr Recht berufen, Abtreibungen nicht vornehmen bzw. daran nicht mitwirken zu müssen. Wir sollten zu dieser Entwicklung nicht schweigen. Proteste helfen jedoch wenig, wenn nicht der wesentliche Unterschied zwischen Gewissen und Rechtsordnung erkannt wird und das Verhalten bestimmt. Unser Thema bietet Gelegenheit, Grundsätzliches und Praktisches darüber zu sagen, um zur Gewissensbildung beizutragen. Dazu gehört auch die Behandlung des Problemfalles der medizinischen Indikation, die ein Inkaufnehmen des Todes des Ungeborenen im Verlauf unverzichtbarer ärztlicher Maßnahmen zur Rettung der Mutter rechtfertigen kann.

Gewissensbildung ist auch in diesem Bereich Bewußtseinsbildung und Motivationsbildung. Beides muß mit der Frage nach den tieferen und umfassenderen Ursachen der sinkenden Achtung vor dem ungeborenen Leben geschehen, wobei sich ein Messen mit zweierlei Maß darin zeigt, daß die Öffentlichkeit die Tötung von Hunderttausenden von unschuldigen Ungeborenen billigt, anderseits sich nicht genugtun kann in bohrenden Fragen, warum in den 30er Jahren ein ganzes Volk dem Mord an Millionen Unschuldigen untätig zugesehen hat. Viele Faktoren tragen dazu bei, nicht zuletzt eine Einstellung, die auch im Sexualbereich Probleme auf rein technischem Wege glaubt lösen zu können.

4.2 Gefährdete und gescheiterte Ehen

4.2.1 Die Zahl der Ehescheidungen in der Bundesrepublik hat die Hunderttausend-Grenze überschritten. Viele Gründe können für die *größere Labilität* der Ehen von heute namhaft gemacht werden: das Verwiesensein der Eheleute auf den engen Raum der Kleinfamilie, das Phänomen der Isolierung und Vereinsamung, mangelnde Reife bei der Eheschließung, Zunahme außerehelicher Begegnungen in Beruf und Freizeit, Abschwächung der Verbindlichkeit des Treueversprechens, nicht zuletzt Glaubensschwäche und Glaubensschwund, die der Treue das Fundament der Treueforderung Jesu entziehen. Manche Ehe hätte gerettet werden können, wenn die beginnende Krise in ihren Ursachen rechtzeitig erkannt und ernsthaft Schritte zu ihrer Behebung unternommen worden wären. Um so mehr kann es Thema einer Predigt sein, Ursachen von Ehekrisen aufzudecken, über die Treue als Grundeigenschaft der Liebe zu sprechen und ihre Verankerung in der Treue Jesu bis zum Tode zu verdeutlichen. Zu diesem Thema gehört auch die Verantwortung von Angehörigen und Bekannten, mit Rat und Tat zu helfen. Es gehört dazu der Hinweis auf eine u. U. notwendige Eheberatung (vgl. Synode 3.4.2).

4.2.2 Manche Ehe ist, wie die Dinge liegen, praktisch nicht mehr zu heilen. In manchen Fällen ist es notwendig, daß die Eheleute *sich trennen,* weil ein Zusammenbleiben für den einen oder den anderen von ihnen oder für die Kinder schwerste Schäden heraufbeschwören würde. Die Betroffenen sollten wissen, daß sie seitens der Kirche Hilfe erwarten dürfen und nicht Vorwürfe hören müssen. Das Angebot der Hilfe dazu sollte ausdrücklich gemacht werden. Es umfaßt nicht allein wirtschaftliche und rechtliche Hilfen, sondern in allen Bemühungen ein Verständnis und eine Geborgenheit, die die Gescheiterten gerade in dieser Situation brauchen. Sie »warten mit Recht auf das mitfühlende Wort, den brauchbaren Rat und die spürbare Hilfe der christlichen Gemeinde. Sie möchten sich angenommen und aufgenommen wissen in der Gemeinschaft derer, die selbst vom Wort der Vergebung leben und zur Brüderlichkeit verpflichtet sind« (Synode 3.4.2.4).

4.2.3 Zur Hilfe für die Gescheiterten gehört auch u. U. die Regelung der zivilrechtlichen Scheidung, sofern sie zur Klärung von lebenswichtigen Ansprüchen notwendig ist. Sie kann jedoch *nicht als Auflösung des Sakramentes der Ehe* verstanden und angestrebt werden. Eine gültige und vollzogene Ehe unter Christen kann weder durch die Ehepartner noch durch die Gesellschaft noch durch die Kirche durch Scheidung aufgehoben werden. »Was Gott verbunden hat, das darf der Mensch nicht trennen« (Mk 10,9). Für den Christen ist die Hinnahme des Begriffs »Zerrüttung« der Ehe »eine äußerst problematische Kategorie« (Lehmann 71). Er kann und darf nicht jene Brücken abreißen, die Umkehr und Vergebung bedeuten.
Anderseits darf die Kirche die Not der in ihrer Ehe gescheiterten Christen nicht übersehen. Sie kann sich nicht mit der Feststellung begnügen, daß eine kirchliche Ehescheidung nicht möglich ist. Sie darf das Scheideverbot Jesu nicht aufheben und nicht abschwächen. Die Frage aber ist; wann und wie hat Gott die Eheleute so verbunden, daß ihre Ehe unauflöslich ist? Welche natürlichen Voraussetzungen und welcher Glaube müssen für die Unauflöslichkeit vorhanden sein? Besteht das Sakrament der Ehe noch, wenn dessen Zeichen, die Liebe, »tot« ist? Welche rechtlichen Möglichkeiten gibt es, die Nichtexistenz einer Ehe festzustellen?
Über diese und andere Fragen wird heute unter Kompetenten nachgedacht. Manches an Theorien und Vorschlägen gerät vereinfacht in die katholische Öffentlichkeit und stiftet Verwirrung. Unser Thema gibt Gelegenheit zur Klärung dessen, was die Ehe in ihrem Kern ausmacht, was die Sakramentalität für die Unauflöslichkeit bedeutet, wie die Zuständigkeit der Kirche in ihrem Wesen zu erklären ist, welche praktischen Ausdrucksformen sie im Laufe der Geschichte bis heute gefunden hat, welche heutigen psychologischen, soziologischen und andere Erkenntnisse die Voraussetzungen einer gültigen Ehe präzisieren, welche eherechtlichen Möglichkeiten für eine Nichtigkeitserklärung bestehen u. a. (s. S. 62–66). Es könnte wahrscheinlich weit mehr in ihrer Ehe gescheiterten katholischen Christen geholfen werden, wenn auf der Basis heutiger biblisch-theologischer und anthropologischer Erkenntnisse die bestehenden kirchlichen Eherechtsmöglichkeiten ausgeschöpft würden.

4.3 Wiederverheiratete Geschiedene

4.3.1 Allen kann auf diese Weise nicht geholfen werden. Sie sind als Christen gehalten, ihren Weg allein zu gehen. In der Sicht des Glaubens kann dieser Weg nicht schlechthin als unmöglich oder unzumutbar erklärt werden (s. S. 88–91). Dreiviertel aller Geschiedenen sehen ihn offenbar als unzumutbar an: Sie heiraten standesamtlich wieder. Weil nach kirchlicher Lehre eine Wiederheirat zu Lebzeiten des Ehegatten ausgeschlossen ist, ziehen sich die wiederverheirateten Katholiken den *Ausschluß von den Sakramenten* zu, wenn sie nicht in »cohabitatio fraterna« zusammen leben.

Diese Lehre und Praxis hat in den letzten Jahren besonders bei jenen immer mehr Unverständnis und Widerspruch hervorgerufen, die sich in der neuen Zivilehe um ein Leben aus dem Glauben und um eine gute christliche Erziehung ihrer Kinder bemühen. Die Trennung vom sakramentalen Leben trifft sie besonders hart, wenn die Kinder zur Erstkommunion gehen. Aber auch sonst verstehen sie nicht, warum sie in ihrer oft schwierigen Situation auf die Eucharistie verzichten müssen. Viele von ihnen werden auf diese Weise dem kirchlichen Leben entfremdet.

Die Synode hat sich eingehend und in geradezu leidenschaftlichen Diskussionen um einen Weg aus dem hier vorliegenden Dilemma bemüht. Sie hat in ihrem Dokument unter dem Titel »Moraltheologische Überlegungen« (3.5.2) die Gründe für und wider eine Zulassung zu den Sakramenten zusammengestellt. Sie bieten eine gute Handhabe, die Gewichtigkeit der Argumente darzulegen und die Auffassung zu entkräften, daß es sich hier nur um eine Frage wandelbarer kirchlicher Ordnungen handelt. Das Hauptargument *gegen* die Zulassung ist das klare Scheideverbot Jesu, dem die Kirche durch Zulassung widersprechen würde; der Hauptgrund *für* die Zulassung sind die neu eingetretenen sittlichen Verpflichtungen und die unbegrenzte Vergebung, die Jesus verheißen hat, wenn der Wille zu jener Wiedergutmachung gegeben ist, die hier und jetzt möglich ist. Die Synode sah sich »zum gegenwärtigen Zeitpunkt außerstande, ein Votum zu formulieren«, zumal die »notwendige Klärung der offenen theologischen, pastoralen und rechtlichen Fragen . . . nur in Übereinstimmung mit der Gesamtkirche gesucht und gefunden werden« kann. »Sie bittet die Deutsche Bischofskonferenz, die dringend notwendige Klärung weiter zu betreiben und baldmöglichst ein Votum in dieser Frage an den Papst weiterzuleiten. Unabhängig davon bittet die Synode den Papst, eine pastoral befriedigende Lösung herbeizuführen« (Synode 3.5.3.1).

4.3.2 Es ist nicht zu erwarten, daß eine generelle Wiederzulassung zugestanden wird. Es fragt sich, ob dieses Problem durch rechtliche Ordnungen zufriedenstellend gelöst werden kann. Was nicht sein soll – die Wiederheirat bei Lebzeiten des Ehepartners –, kann in seinen Konsequenzen nicht so geordnet werden, daß daraus ein Rechtsanspruch abgeleitet werden kann. »Die Kirche kann *an sich* nur eines: ›Gemäß der Lehre des Evangeliums und des Apostels‹ leben und lehren. Aber sie kann die Grenzfälle nicht völlig ausschließen, in denen sie zur Vermeidung von Schlimmerem unterhalb dessen verbleiben muß, was sie *eigentlich* sollte« (Ratzinger 51; Hervorh. im Text). Sie kann *»unterhalb der Schwelle«* des eigentlich Gesollten in Einzelfällen die Zulassung zur Eucharistie tolerieren. Diese schon in den ersten christlichen Jahrhunderten bezeugte Praxis (ebd. 40) ist auch heute zu verantworten, zumal dann, wenn die erste Ehe wegen eines trennenden Hindernisses nicht zustandegekommen ist, eherechtlich aber als nichtexistent nicht nachgewiesen werden kann. Von allen Theologen, welche die von Fall zu Fall zu prüfende Möglichkeit einer Wiederzulassung vertreten, wird auf die Voraussetzungen des Lebens aus dem Glauben, der Bewährung der zweiten Ehe als einer »sittlichen Realität«, der praktischen Unheilbarkeit der ersten Ehe, der entstandenen sittlichen Verpflichtungen und auf die Vermeidung berechtigten Ärgernisses hingewiesen (vgl. ebd. 52–56).
Es bedarf einer guten Kenntnis des einzelnen Falles, um die Wiederzulassung zu gestatten oder zu empfehlen. In der Predigt sollte auf Beratung mit einem Seelsorger gedrungen werden. Ich halte es für eine nicht zu billigende Praxis, wenn wiederverheiratete Geschiedene ohne solche Rücksprache zur Kommunion gehen.
Doch soll ihnen allen gesagt werden, daß sie nicht abgeschrieben sind, sondern Glieder der Kirche bleiben. Sie haben ihren Platz beim Gottesdienst auch ohne Eucharistieempfang. In ihrer Familie haben sie die gleichen Aufgaben der Glaubenspartnerschaft und Glaubensvermittlung. Sie brauchen Ermutigung zum Vertrauen auf Gott, dessen Gnade Wege kennt, die der Kirche in ihrem menschlich begrenzten Wissen und Können verschlossen sind.

B) Predigtvorlage

Vorbemerkung: Es ist unmöglich, die Fülle des in der thematischen Hinführung nur in Umrissen angesprochenen Stoffes in einer oder auch in mehreren Predigtvorschlägen zu verarbeiten. Die folgende Vorlage befaßt sich mit der grundlegenden Deutung und sittlichen Ordnung menschlicher Geschlechtlichkeit vor und in der Ehe. Sie ist eine stark gekürzte Zusammenfassung einer ausführlicheren Bearbeitung, die der Verfasser in acht Zykluspredigten mit Vorschlägen zu Gottesdiensten unter dem Titel »Sexualität und christlicher Glaube« veröffentlicht hat (Gottes Wort im Kirchenjahr 1974/III, S. 247–278, Echter Verlag, Würzburg).

Predigtvorlage VIII

Die Familie – Integrierte Sexualität:
Wie menschliche Sexualität sinnvoll gelebt werden kann

Es gibt wohl kaum einen Lebensbereich, in dem der Kirche so viel Rückständigkeit vorgeworfen wird wie im Bereich der Sexualität. Kann die Kirche da noch mitreden? Hat sie nicht jede Glaubwürdigkeit verloren? Die Sexualmoral der Kirche, so wird gesagt, ist eine »repressive« Moral. Sie hat unzähligen Menschen Jugend und Ehe verdorben. Sie ist schuld an verkrampften Existenzen, an unglücklichen Ehen und gescheiterten Priestern. Sie ist eine geschlechtsfeindliche, eine unmenschliche Moral. Sie steht im dringenden Verdacht, die Macht der Herrschenden festigen zu wollen. Die katholische Sexualmoral, so wird behauptet, ist ein »perfektes Modell autoritärer Herrschaft, das zum Untertan erzieht«.
Soll die Kirche zu diesem Thema lieber schweigen? Sie darf nicht schweigen, weil sie keinen Lebensbereich von den Konsequenzen eines gelebten Glaubens ausnehmen darf. Aber wie geht das zusammen: Sexualität und Glaube? Sexualität und Hauptgebot der Liebe? Gibt es eine Sexualordnung, die christlich und zugleich menschlich befreiend und beglückend ist? Darüber wollen wir heute nachdenken.

1. Sexualität und christlicher Glaube

»Befreite« Sexualität?

Die Sexualität müsse befreit werden, wird gefordert.
Daran ist manches Wahre. Die herkömmliche Sexualmoral hat dem Sexus mißtraut. Sie hat im Laufe der Geschichte auch unchristliche sexualfeindliche Elemente aufgenommen. Die offizielle Lehre der Kirche hat sich davon freigehalten. Aber sie hat die Sexualität auf das Ziel der Zeugung eingeengt. Jahrhundertelang wußte und sagte man es nicht anders. Der Protest gegen diese einseitige Deutung besteht zu Recht.
Aber nun schlägt er in das andere Extrem um: Die Sexualität verträgt keinerlei Normierung. Weil sie »Spaß macht«, weil sie glücklich macht, hat der Mensch ein ungehindertes Recht auf sexuelle Lust. Das Recht auf Glück als Recht auf Sex! In Bild und Ton, in Rede und Schrift wird uns diese Glückslehre eingeredet. Es gibt kein Haus und kein Schulzimmer, in das sie nicht eindringt. Wer dieses Glück nicht erlebt, ist kein wahrer Mensch. Er ist verbogen und frustriert und produziert gefährliche Aggressionen. Trieberfüllung macht glücklich, Triebversagung ist unnatürlich und schädlich.
Die Konsequenzen sind klar: Vorehelicher Verkehr ist erlaubt und sogar unerläßlich zur Persönlichkeitsentfaltung. Außerehelicher Verkehr kann notwendig sein. Die Unauflöslichkeit der Ehe ist eine unbewiesene Konstruktion. Selbstbefriedigung und Homosexualität sind völlig legitime und gleichwertige sexuelle Betätigungen.
Aber sind sie wirklich frei, die die absolute Freiheit der Sexualität fordern? Ist ihr Verhalten menschlicher, ungezwungener? Inzwischen wissen wir aus vielen Erfahrungen und aus Berichten von Ärzten, Psychologen und Pädagogen, daß der »befreite« Sex neue Formen von Unfreiheit bewirkt hat. Sex wurde zur Konsumware und zu einer Sache des Prestiges. Er muß jederzeit erreichbar und austauschbar sein, wie ein Fernsehprogramm, das durch Druck auf die Taste gewählt wird. Der Konsum-Mensch entscheidet nicht selbst. Er ist ein außengesteuerter Mensch, auch im Sexualbereich. Er unterliegt dem Konsumzwang wie jener, der vor den gefüllten Regalen der Kaufhäuser dem Kaufzwang erliegt. Er steht unter Leistungszwang, wenn sexuelles Erleben als Höchstmaß von Menschsein gepriesen wird. Was beim Kauf im Warenhaus die gefüllte Brieftasche ist, das ist bei der Ware Sex die Potenz, das ist die Orgasmusfähigkeit. Wer darin ver-

sagt, ist kein richtiger Mann, keine richtige Frau. Ein neuer Leistungsdruck ist entstanden, eine neue Erwartungsangst ist aufgetreten: der Orgasmuszwang, die Potenzfurcht. Sind solche Menschen frei? Sie sind es nicht.

Die Freiheit des Christen

Frei ist nicht, wer tut, wozu es ihn treibt. Frei ist der Mensch, wenn er zu sich selber findet. Er ist frei, wenn er sich zu dem verwirklicht, wofür er da ist. Frei ist er, wenn er menschlich denkt, redet und handelt.

Als Christen bekennen wir, daß Gott Sinn und Ziel des Menschen ist. Von Jesus wissen wir, woher wir kommen und wohin wir gehen. Er hat uns fähig gemacht, diesen Weg zu gehen, weil er uns von seinem Leben gab und uns freimachte von dem Verfallensein an das Böse. »Die Wahrheit wird euch freimachen«, sagt Jesus (Joh 8,32). Die »Wahrheit« – d. h. die Kunde, die Jesus uns von Gott gebracht hat, das Werk, das er an uns vollbracht hat, die Wahrheit, die er selber ist. »Freimachen« wird sie uns von der eigentlichen Unfreiheit: von der Sünde, von der Leere und Sinnlosigkeit, von der Heillosigkeit eines Lebens ohne Gott. Freimachen wird sie uns für Gott: für das Leben, das er mit uns teilen will; für die Liebe, die das Grundgesetz der Erlösten ist; für die Aufgaben, die er uns in diesem Leben gestellt hat.

Es stimmt: Auch die Sexualität muß befreit werden, aber nicht zu sich selbst, als genüge sie sich selbst. Sie muß als Grundausstattung des Menschen zusammen mit dem Menschen frei werden von allem, was unmenschlich ist, sie muß frei werden für ein volles, geglücktes Menschsein.

Menschliche Sexualität

Die Sexualität des Menschen ist nicht die gleiche wie die des Tieres. Eine biologistische Sicht, die das behauptet, wird dem Wesen des Menschen nicht gerecht. Er ist nicht wie das Tier instinktmäßig festgelegt und gesichert. Seine Antriebe sind auf Lenkung durch Verstand und Willen angelegt. Für ihn ist es nicht »natürlich«, immer den Trieben nachzugeben. Er muß sie menschlich begreifen, einordnen und beherrschen.

Die biologischen Strukturen und Vorgänge beim Menschen sagen nicht das Ganze aus. Wie eine Netzhautuntersuchung nichts über den Blick eines Liebenden aussagen kann, so sagt die Biologie der geschlechtlichen Ausstattung und Vorgänge noch nichts über menschliche Geschlechtlichkeit aus. Sie ist menschlich, wenn sie sein Menschsein ausdrückt, wenn sie integriert ist. Jede Abspaltung zum Zweck bloßer Lustgewinnung ist widersinnig und unmenschlich.

Schöpfung und Erlösung der Sexualität

Die Bibel versteht die Geschlechtlichkeit ganz als menschliche Geschlechtlichkeit. Gott hat den Menschen so erschaffen. »Als Mann und Frau erschuf er sie« als sein Ebenbild (Gen 1,27). Gott führt Mann und Frau zueinander. Er verbindet sie so, daß kein Mensch sie wieder trennen darf (vgl. Mk 10,9). So sehr ist diese Verbindung gottgewollt, daß sie zum Abbild des Bundes Gottes mit dem Volke Israel (vgl. Jes 54; Hos 2,21 f.) und des Bundes Christi mit der Kirche wird (vgl. Eph 5,32).

In der Bibel findet sich nicht der Schatten einer Verdächtigung der Sexualität. Sie ist gut, weil sie von Gott gewollt ist. Die Bibel wehrt aber auch jeder Vergötzung der Sexualität. Sie kennt keine Erlösung durch Sexualität oder zur Sexualität. Es ist genau umgekehrt: Wie der ganze Mensch, so muß auch seine Geschlechtlichkeit in die Erlösung durch Jesus Christus einbezogen werden. Der Mensch ist auch in diesem Bereich durch die Sünde bedroht. Wurde die sexuelle Sünde früher in der Kirche überbetont, so darf heute nicht so getan werden, als gäbe es sie nicht. Die Sexualität bejahen heißt nicht leugnen, daß sie entgleisen kann. »Sie schämten sich nicht voreinander«, sagt der Schöpfungsbericht bildhaft von jenem Zustand, in dem Gott Mann und Frau gewollt hat (Gen 2,25). Sie »versteckten sich« nach der Sünde, weil sie ihre Nacktheit erkannten (Gen 3,8–11) – das ist ein Bild für die Gefährdungen, welche die Sünde auch auf dem Gebiet des Geschlechtlichen verursacht. Die Bibel läßt keinen Zweifel daran, daß es hier Sünden geben kann, die sich folgenschwer auswirken. Paulus warnt eindringlich davor. Er mahnt, den Leib in Zucht zu nehmen (vgl. 1 Kor 6,13–19). Das gilt noch heute und gilt für jeden.

Die verkannte Tugend

Dafür braucht der Mensch eine Haltung und eine Kraft, deren Name heute nicht mehr verstanden wird. Man scheut sich fast, ihn auszusprechen. Es ist die Keuschheit. Dieses Wort klingt nach Unnatürlichkeit, nach Verdrängung und Freudlosigkeit.
Aber das genaue Gegenteil ist die Keuschheit: Sie ist kraftvolle Menschlichkeit. Sie befähigt den Menschen, sich geschlechtlich richtig, d. h. sach- und sinngemäß und darum gottgewollt zu verhalten. Keuschheit ist humanisierte, integrierte Geschlechtlichkeit. Sie ist die Tugend, d. h. die Tüchtigkeit des geschlechtlich bestimmten Menschen.
Keuschheit ist nicht mit Verzicht gleichzusetzen. Aber sie kann Verzicht fordern, wenn die Rücksicht auf den Partner oder der Lebensstand eine sexuelle Betätigung verbieten. Wenn dieser Verzicht aus Einsicht geschieht – und nur dann ist er Ausdruck der Keuschheit –, ist er keine Verdrängung, sondern Zeichen menschlicher Reife, »Frucht des Geistbesitzes«, d. h. des in Christus lebenden Menschen (1 Kor 6,19).
Das Richtmaß der Keuschheit ist positiv: die Ordnung und Einheit des geschlechtlich verfaßten Menschen, der Aufbau der vollmenschlichen Persönlichkeit. Das gelingt nicht ohne Grenzziehungen, ohne Triebbeherrschung und Triebversagung, wenn Freiheit und Würde des erlösten Menschen es fordern.
Keuschheit als Tüchtigkeit muß gelernt, gefestigt und bewahrt werden. Wie jede Tugend ist sie eine Lebensaufgabe. Ob sich ein Mensch zur Ehe entschließt, ob er vor oder in der Ehe oder nach der Ehe lebt, ob er ohne sein Wollen ehelos blieb oder »um des Himmelreiches willen« auf die Ehe verzichtet (Mt 19,12), in jedem Falle muß er keusch leben, d. h. seine Geschlechtlichkeit menschlich-christlich integrieren. Solange er aufrichtig darum bemüht ist, ist er der Haltung nach ein keuscher Mensch, auch wenn er in menschlicher Schwäche versagt.

Geschlechtlichkeit – Sprache der Liebe

Die Keuschheit erreicht ihr Ziel nicht, wenn sie nicht von der Liebe motiviert ist. Wie alles richtige und gute menschliche Verhalten erst durch die Liebe zur Vollendung kommt, so auch die Integration der Sexualität.

Liebe ist mehr als Sex. Sex allein zielt auf Besitzergreifen. Wer das Liebe nennt, liebt einen Menschen wie Essen und Trinken, wie das Auto und das Geld. Er liebt, weil er etwas davon hat. Das ist ein Zerrbild der Liebe. Wenn Menschen benutzt werden, um den Trieb zu befriedigen – auch wenn der Partner damit einverstanden ist –, dann ist das nicht Liebe, sondern Mißbrauch eines Menschen. Ein Mensch wird zur Sache. Liebe aber will schenken, sie will dem andern gut sein um seiner selbst willen. Im Sichverschenken macht sie glücklich.

Liebe ist auch mehr als Erotik. Erotik ist mehr Verliebtheit als Liebe. Auch sie will mehr haben als geben, wenn auch auf feinere Weise. Die Liebe umfaßt beide: Sexus und Eros. Sie bringt sie zum Sprechen.

Die Liebe bewirkt, daß die sexuelle Begegnung mehr ist als eine Paarung, mehr als ein Rauschzustand. Sie macht aus ihr eine menschliche Begegnung. Sie bewirkt, daß aus der Hingabe nicht eine Preisgabe wird. Durch die Liebe wird die Sexualität menschlich. Sie meint den ganzen Menschen und findet auch dann noch Möglichkeiten, sich leiblich auszudrücken, wenn Sexus und Eros nichts mehr zu bieten haben. Die Attraktivität ist nicht das Einzige, sie ist nicht das Wichtigste, worauf sie sich stützt. Sie liebt um des Menschen willen, um der Liebe willen, im Grunde so unbegreiflich und unerschöpflich, wie nur die Liebe sein kann, von der unser Glaube sagt, daß »Gott Liebe ist« (1 Joh 4,16).

Vor der Liebe, die Gott uns schenkt, muß sich jede menschliche Liebe verantworten. Sie muß sich ausweisen, ob sie in die Antwort jener Liebe eingefügt und Ausdruck jener Liebe ist, die Gott von uns erwartet. Wenn nicht, bleibt sie unvollkommen, verfehlt sie den Menschen und geht sie ins Leere. Auch von der Begegnung der Geschlechter gilt, was Paulus sagt: »Hätte ich die Liebe nicht, so wäre ich nichts« (1 Kor 13,2).

»Sex ohne Liebe«? Der Christ kann dieses Schlagwort nicht akzeptieren. Die es verbreiten oder gar mit vermeintlich »vernünftigen« Argumenten zu untermauern versuchen, übersehen das tiefe Suchen nach Geborgenheit, das Menschen zueinander führt. Auch junge Menschen empfinden sehr wohl den Widersinn der Trennung von Sexualität und Liebe. Sie sind, wie Befragungen ergeben, zwar für Freizügigkeit im sexuellen Verhalten, aber nur, »wenn man sich liebt«.

Sie suchen in überwältigender Mehrheit grundsätzlich nicht Zügellosigkeit, sondern die Annahme und Geborgenheit bei einem Menschen. Sie suchen die Liebe.
Freilich müssen sie sich fragen, ob ihr Verhalten ihrem Suchen entspricht. Sie müssen das Ausmaß dessen erkennen lernen, was Liebe ist. Die Liebe hat ihre innere Ordnung. Sie hat ihre »Gesetze«.

Freiheit und Bindung der Liebe

Das scheint sich zu widersprechen: Liebe und Ordnung, Liebe und Bindung. Aber es gehört zusammen. Jesus hat keinen Gegensatz zwischen dem Hauptgebot der Liebe und der Erfüllung der Gebote gesehen. Im Gegenteil: »Wenn ihr mich liebt, werdet ihr meine Gebote halten!« (Joh 14,15). Die Freiheit der Liebe, die Jesus gebracht hat, ist nicht Beliebigkeit und Willkür. Sie ist Freiheit in der Ordnung, die Gott in seine Schöpfung hineingelegt und durch Jesus bestätigt und vertieft hat.
Jesus hat uns gesagt und vorgelebt, daß Liebe sich auch im Gehorsam gegenüber dem Willen Gottes ausspricht. Der Christ ist überall vor die Frage gestellt: Was will Gott von mir? Was erwartet er von mir? Wie muß hier und jetzt die Antwort meiner Liebe aussehen?
Dazu braucht der Mensch die Hilfe sittlicher Gebote und Normen. Sie ersetzen nicht das Gewissen, sie sollen das Gewissen informieren. Das Gewissen kann sich irren. Es muß sich orientieren an dem, was gut und richtig ist. Eben dazu braucht es den Dienst der Normen. Eine »normenfreie« Sittlichkeit gibt es nicht, weder im Sexualbereich noch auf irgendeinem anderen Gebiet menschlichen Handelns. Sittliche Normen können nicht ersatzlos gestrichen werden. Wer es unternimmt, übernimmt andere Normen, vielleicht ohne es zu bemerken.
Wo aber finden wir die richtigen Normen für menschliches geschlechtliches Verhalten? Worin bestehen sie? Gott hat sie uns nicht in einer Liste von Paragraphen übergeben. Er gab uns den Verstand, er gab uns das Licht seines Evangeliums. Aus beiden Quellen kann der Mensch herausfinden, was integriertes, was menschliches, was christliches sexuelles Verhalten ist.
Wir können hier nur das Grundsätzliche hervorheben, was sich aus diesen Bemühungen ergeben hat.

Verantwortung gegenüber dem Partner

Da ist zunächst die Verantwortung gegenüber dem Partner. Die volle sexuelle Gemeinschaft ist ein solcher Ausdruck der Hingabe und Zugehörigkeit, ein solch umfassendes Symbol der Liebe, daß beide nicht so auseinandergehen können, als sei nichts gewesen. Wenn das Erlebnis des Einswerdens wirklich Ausdruck der Liebe war, kann es nicht mehr ausgelöscht werden. Die Liebenden haben sich so einander erschlossen, sie wissen so voneinander, daß sie nun zusammengehören. Ja, sie können sich verantwortlich in solcher Weise nur erschließen, wenn sie dabei den Willen zur Bindung für immer haben. Ihre geschlechtlich ausgedrückte Liebe ist auf bleibende Verantwortung füreinander angelegt. Sie kann nicht ohne den Willen zur Treue sein. Sonst wäre die Hingabe nicht Sprache der totalen Liebe, sonst geriete sie zur Preisgabe, zur Lüge. Die Liebe meint Bindung, sie will die Bindung und will sie ganz und ohne Rückversicherung. Sie bricht die Brücken des Rückzuges ab, indem sie auch offen bekennt, an wen sie sich gebunden hat.

Verantwortung gegenüber der Gemeinschaft

Die öffentliche Bekundung gehört zu dieser Liebe. Die Insel der Seligen, auf der die Liebenden allein sind, gehört in die Schlagertraumwelt. Die Realität ist anders. Die Liebe braucht den Schutz der Gemeinschaft. Die Gemeinschaft braucht die Liebenden. Sie wächst und erhält sich aus der Gemeinschaft dieser Liebe. Die geschlechtlich ausgedrückte Liebe ist auf neues Leben ausgerichtet. Sie findet im Kinde ihre »Krönung«, sagt das Konzil (Pastoralkonstitution n. 48). Um ihrer selbst willen muß sich die Gesellschaft für Mann und Frau interessieren. Das Kind braucht das Zusammenleben und die gemeinsame Sorge von Vater und Mutter. Was aus ihm wird, hängt sehr von den Eltern ab. Auf sie kommt es in hohem Maße an, was aus Gesellschaft und Staat wird. Daher finden wir in jeder uns bekannten Gesellschaftsform und Kultur, in den primitiven wie in den zivilisierten, feste Ordnungen für die sexuellen Beziehungen.
Was von der Gesellschaft gilt, trifft um so mehr auf die Kirche zu. Der Bund der Liebe zwischen Mann und Frau ist Abbild des Bundes zwischen Christus und der Kirche (vgl. Eph 5,32). Er ist ein Sakrament, Zeichen der lebendigen, wirksamen Gegenwart Christi. Chri-

stus lebt in ihm, die Kirche lebt in ihm. Mann und Frau lieben sich als Glieder der Kirche. Sie tragen mit an der Verantwortung für die Kirche. Sie sind Partner des Glaubens und Vermittler des Glaubens. Ihr Jawort gehört in die Öffentlichkeit der Kirche.

Die selbstverständliche Konsequenz

Eine so verstandene enge Lebens- und Liebesgemeinschaft, die den Menschen so tief in seinem leib-seelischen Dasein ergreift, die so sehr gegenseitige und unbedingte Annahme und Geborgenheit ausdrückt, ist ihrem innersten Wesen nach dem Wechsel der Gefühle und der Willkür entzogen. Sie ist auf Treue angelegt und als Treue gemeint. Sie ist hineingenommen in den Treuebund Gottes mit den Menschen. Sie kann sich in ihrer Fülle nur darstellen im Raum der gesicherten ehelichen Bindung.

Das bedeutet als Konsequenz aus allem Gesagten, daß die volle sexuelle Gemeinschaft von Mann und Frau ihren Platz in der Ehe hat. Es bedeutet, daß voreheliche und außereheliche sexuelle Beziehungen der vollen Sinndeutung der Sexualität des Menschen widersprechen. So wird es in der Bibel vorausgesetzt. So entspricht es dem Wesen der Beziehungen zwischen Mann und Frau. So hat die Kirche es immer gesagt. Daran hält sie fest. Das hat die Synode der Bistümer in der Bundesrepublik in ihrem Ehe- und Familiendokument bestätigt. Wir wissen, daß wir uns damit im Gegensatz zur herrschenden Theorie und Praxis befinden. Wir müssen damit rechnen, daß wir uns damit erneut dem Vorwurf der Sexualfeindlichkeit aussetzen.

Aber hier wie überall gilt nicht, was »man« sagt und denkt, was »in« ist, hier gilt letztlich nur das Suchen nach dem Willen Gottes. Wir dürfen den Ernst der Liebe nicht abschwächen, die Jesus von uns fordert. Er hat die geschlechtliche Gemeinschaft, das »Ein-Fleisch-Werden« als eine unauflösliche Bindung bekräftigt und betont, daß Gott sie von Anfang an so gewollt hat (vgl. Mt 19,4–10). Hat dann der Mensch ein Recht auf unverbindliche sexuelle Begegnungen? Die geschlechtliche Gemeinschaft ist Ausdruck der Einheit zwischen Christus und Kirche – darf dann ein Christ außerhalb der Ehe sexuelle Betätigung suchen? Jesus hat den totalen Verzicht um des Himmelreiches willen für möglich erklärt und den dazu Berufenen nahegelegt – dürfen wir dann den immerwährenden oder zeitweiligen Verzicht als unmöglich hinstellen?

3. Sexualität als Zeichen der Liebe

Nichts von der Bejahung der Sexualität wird durch ihre Ordnung und ihre Grenzen preisgegeben. Kein leiblicher Ausdruck der Liebe ist schlecht, wenn er wahrhaftig ist. Das ist die entscheidende Frage vor der Ehe und in der Ehe: Ist das, was ich tue, was wir tun, Zeichen unserer Liebe?

Auf dem Wege zur Ehe

Früher haben Theologen und Seelsorger sich bemüht, ganz genau zu sagen, »was man darf und was man nicht darf«. Auf solche Fragen aber kann nicht mit einer Liste von Geboten und Verboten geantwortet werden. Eindeutig ist die Grenze: die Einweisung der vollen Gemeinschaft in die Ehe. Im Vorraum der Ehe aber, so drückt sich die Synode aus, gibt es viele Ausdrucksformen der Beziehungen und »eine Stufenleiter der Zärtlichkeiten« (3.1.3.3). Sie können dann als gut und richtig gelten, wenn sie nicht intensiver sind, als es dem Stand der Beziehungen zwischen beiden entspricht, wenn sie Ausdruck des Vorläufigen und nicht des Endgültigen sind, mit anderen Worten: wenn sie wahrhaftig sind.
Wahrhaft Liebende werden die Grenzen erspüren, an denen der Ausdruck der Liebe zur leeren Spielerei oder zum sexuellen Begehren wird. Sie werden sich gegenseitig helfen, die Grenzen zu achten. Wo diese Grenzen der Liebe bewußt und gewollt überschritten werden, kann nicht mehr von Liebe, dort muß von Schamlosigkeit und Unkeuschheit gesprochen werden. Wir wollen die Dinge nennen, wie sie sind. Für Christen sind das keine Bagatellen, auch wenn sie von allen Seiten so hingestellt werden.
Schwierigkeiten und Versagen berechtigen nicht dazu, die Sinnziele der menschlichen Geschlechtlichkeit in Frage zu stellen. Gott allein steht das Urteil über Situation und Sünde eines Menschen zu. Das entbindet die Kirche nicht von der Pflicht, Ordnungen und Wegweiser des richtigen Verhaltens zu wahren. Sie muß sich bemühen, den Menschen unserer Zeit gerecht zu werden. Sie muß nachdenken, ob sie jene Normen einsichtig genug begründet, die den Menschen heute so schwer eingehen. Sie muß weit differenzierter über das tatsächliche Verhalten junger Menschen reden, als es früher geschehen ist. Sie muß ein irrendes Gewissensurteil ernst nehmen. Sie muß sich des

Wandels der Ausdrucksformen der Liebe bewußt sein und darf nicht Wandelbares als Unwandelbares hinstellen. Aber die »Entrümpelung« traditioneller Moralvorstellungen darf nicht die Grundlagen der Sexualmoral antasten.

In der Ehe

Auch die Ehe und gerade sie braucht die Zeichen der Liebe. In unzähligen kleinen Dingen des Alltags soll sie sich äußern: in Wort und Geste, im Tun und Unterlassen, in Arbeit und Freizeit, in Freude und Trauer. Die Zeichen der Liebe sind unerschöpflich. Wo immer sie wahrhaftig sind, nehmen sie am Zeichen des Sakramentes der Ehe teil. Sie sind Ausdruck der Liebe zu Gott in Jesus Christus.
Auch die volle sexuelle Gemeinschaft soll Zeichen so verstandener Liebe sein. Die Synode spricht von den vielfachen Möglichkeiten, die sie für Mann und Frau bietet, von der Vertiefung der Freude aneinander und von der Festigung der Ehe, die davon abhängen können. Kein Mißtrauen und keine Feindseligkeit gegenüber der Sexualität können aufkommen, wenn sie unter dem Grundgesetz der Liebe gelebt wird. Andererseits: Wenn das Wachstum zu den Grundeigenschaften der Liebe gehört, dann bedeutet auch die leiblich ausgedrückte Liebe ein immer tieferes Eingehen auf den Partner und ein beharrliches Freiwerden von den vielen möglichen Formen der Selbstsucht (vgl. Synode 2.2.1.1–3).

4. Verantwortete Elternschaft

In vergangener Zeit wurde die sexuelle Gemeinschaft einseitig unter dem Gesichtspunkt der Zeugung gesehen. Biologische Unkenntnisse und außerchristliches Denken haben dazu beigetragen. Das Konzil hat demgegenüber auch lehramtlich endlich Klarheit geschaffen: Die menschliche Sexualität hat ihren Sinn nicht nur in der Zeugung. Als Ausdruck der Liebe ist sie in sich selbst sinnvoll und »von sittlicher Würde« (Pastoralkonstitution n. 49). Die eheliche Liebe braucht dieses Zeichen. Sie selbst ist das einende und formende Prinzip für die mannigfaltigen Ausdrucksweisen dieses Zeichens. Sie sind gut und richtig, wenn sie »der Eigenart der beiden Partner entsprechen und in gegenseitiger Achtung, Rücksichtnahme und Liebe geschehen« (Synode 2.2.1.3).

Das grundsätzliche Ja zum Kind . . .

Die eheliche Liebe hat ihren Sinn aber auch in der Fruchtbarkeit. Die Zweisamkeit der Liebenden ist ausgerichtet auf die »Krönung« im Kind. Wurde dieses Sinnziel der Ehe früher einseitig in den Vordergrund gerückt, so darf es heute nicht verdrängt werden. Eheleute würden sich einer wesentlichen Eigenart ihrer Liebe versagen, wollten sie das Sinnziel der Nachkommenschaft ausschließen. Nach kirchlicher Lehre würde ein absoluter Ausschluß die Ehe gar nicht zustandekommen lassen.

Für die meisten Eheleute, auch für die meisten Jugendlichen, ist es selbstverständlich, daß zur Ehe auch das Kind gehört. Die Schwierigkeiten bestehen für viele gläubige Katholiken im Problem der Geburtenplanung. Früher nahm man die Kinder, »wie sie kamen«. Familien mit zehn Kindern waren keine Seltenheit. Man sprach von »Kindersegen«, obwohl viele Eltern den Segen so nicht empfunden haben. Kinder bedeuteten auch damals Belastungen, mehr als heute.

Heute fragen wir uns, warum nicht auch hier wie auf so vielen Gebieten des Lebens unnötige Belastungen vermieden werden sollten und ob nicht weniger Kinder, denen eine bessere Erziehung geboten werden kann, besser sind als viele. Wenn Wissenschaft und Technik eine perfekte Planung der Kinderzahl ermöglichen, warum sollte sie nicht erlaubt, ja sogar notwendig sein?

. . . und zur Familienplanung

Auf diese Fragen gibt es ein grundsätzliches klares Ja. Die Familienplanung ist nicht nur Recht, sie ist Gewissenspflicht der Eheleute. Darüber läßt auch die Kirche keinen Zweifel. Die Geburtenregelung widerspricht nicht dem Auftrag zur Fruchtbarkeit. Sie ist ein Auftrag zu menschenwürdiger Fruchtbarkeit. In ihrem Gewissen, d. h. letztlich vor Gott, müssen Eheleute entscheiden, wieviel Kindern und wann sie ihnen das Leben schenken wollen. Dabei sind viele Dinge zu berücksichtigen: die leiblich-seelischen Voraussetzungen der Ehegatten, besonders die Gesundheit der Mutter, die materiellen und gesellschaftlichen Möglichkeiten der Familie, die Situation der bereits vorhandenen Kinder, auch die Bevölkerungssituation u. a. Niemand kann den Eheleuten diese Entscheidung abnehmen, auch nicht die Kirche.

Das Methodenproblem

In der Geburtenregelung als solcher liegen also nicht die Schwierigkeiten. Die Frage nach den erlaubten Methoden ist es, die zu Konflikten führen kann. Sie ist nicht belanglos. Die Methode der Abtreibung z. B. scheidet für einen Christen aus, auch wenn das Strafgesetz des Staates sie unter bestimmten Voraussetzungen nicht unter Strafe stellt. Sittengesetz und Strafrecht sind nicht dasselbe. Nicht alles, was unsittlich ist, kann der Staat bestrafen; umgekehrt ist nicht alles erlaubt, was der Staat nicht bestraft.
Das Konzil hat zur Methodenfrage keine Stellung genommen. Es hat zwar das Problem angesprochen, sich aber darauf beschränkt, die Achtung vor dem göttlichen Gesetz in Erinnerung zu rufen, und die Entscheidung über noch ausstehende Fragen dem Papst überlassen (Pastoralkonstitution n. 51). Papst Paul VI. hat nach gründlicher Prüfung durch kompetente Fachleute die Entscheidung in »Humanae vitae« getroffen. Entgegen vielen Erwartungen, auch unter den Fachleuten, hat er die überkommene Lehre bestätigt, daß jeder eheliche Akt von sich aus auf Zeugung hingeordnet bleiben müsse. Alle künstlichen Mittel der Empfängnisverhütung, selbstverständlich auch die Abtreibung, werden als unerlaubt erklärt, weil sie widernatürlich seien. Nur der natürliche Weg der Wahl der unfruchtbaren Tage sei statthaft (Humanae vitae n. 11–14).
Wie Sie wissen, hat diese Enzyklika einen Sturm der Entrüstung hervorgerufen. Er hat sich inzwischen gelegt. In sachlichen Erörterungen unter Fachleuten und Eheleuten werden die Gründe für die päpstliche Entscheidung untersucht. Viele namhafte Forscher und Theologen sehen sie nicht für überzeugend an. Es wäre unredlich, dies zu verschweigen. Es gibt den Widerspruch zwischen dieser kirchlichen Lehre einerseits und der Überzeugung von Kennern und einer großen Zahl von betroffenen Eheleuten anderseits.

Ehrliche Auseinandersetzung

Ein katholischer Christ kann an der Weisung des Papstes nicht einfach vorbeisehen, so, als sei es eine Ansicht unter vielen anderen, die Meinung eines lebensfremden alten Mannes. Wer den Dienst des Lehramtes der Kirche ernst nimmt, muß sich mit diesem Rundschreiben ernsthaft auseinandersetzen.

Das so heftig kritisierte Verbot muß im Zusammenhang mit den anderen Aussagen der Enzyklika gesehen werden. Sie setzt voraus, was das Konzil über die eheliche Liebe und ihren sexuellen Ausdruck sagt, und bekräftigt es. Die Geburtenregelung in verantworteter Elternschaft wird nicht angetastet. Man muß auch sehen, daß der Papst gegen die sexuelle Bindungslosigkeit Stellung nehmen und auf die Gefahr von Manipulationen seitens gesellschaftlicher Mächte aufmerksam machen will. Er hat dafür auch in nichtkatholischen Kreisen Zustimmung gefunden. Der Papst übersieht auch nicht das Problem der Übervölkerung, aber er ist überzeugt, daß es auf andere Weise gelöst werden muß.

Die persönliche Gewissensverantwortung

Dennoch können Eheleute, und gerade engagierte und ihre Kirche liebende Christen, in Gewissenskonflikt mit diesem Wort des Papstes kommen, das von seinen Nachfolgern nicht zurückgenommen oder abgeschwächt worden ist. Sie können zu der Überzeugung gelangen, daß dieser Weg für sie nicht gangbar ist. Hat sich diese Überzeugung in ehrlicher Selbstkritik, in fachkundiger Beratung und unter Berücksichtigung aller Umstände gebildet und zur persönlichen Gewißheit gefestigt, dann dürfen, ja dann müssen sie diesem Gewissensurteil folgen. Die deutschen Bischöfe haben in ihrer bekannten Königsteiner Erklärung die Möglichkeit eines solchen Handelns anerkannt, wenngleich sie davor warnen, die Zuständigkeit des kirchlichen Lehramtes in Frage zu stellen (Wort der Bischöfe n. 12 f.; vgl. Synode 2.2.2.3).

Wer sich keiner schweren Schuld bewußt ist, oder wer als aufrichtig bemühter Christ darüber im Zweifel ist, darf die Eucharistie empfangen, ja er ist dringend dazu angehalten. Dieser allgemeine Grundsatz gilt auch für das eheliche Leben. Genauso gilt, daß der Geist der Bekehrung auch die eheliche Liebe im Sakrament der Versöhnung zu reinigen bemüht ist. Wer wollte behaupten, sie sei ausgenommen von den Anfechtungen des Egoismus und der Ansteckung durch einen unchristlichen Zeitgeist? Wer wollte sagen, er bedürfe nicht dieses Sakramentes und der Beratung durch den Dienst der Kirche?

Sind dies alles nicht höchst überflüssige Themen? Sollte man nicht endlich aufhören mit dem Reden über Geburtenregelung? Sollte man dies alles nicht dem Gewissen der Eheleute überlassen? Ist nicht die Liebe die Hauptsache?

Kein Zweifel: Das Gewissen ist die entscheidende Instanz, aber jenes Gewissen, das sich um sachliche Orientierung und beständige Weiterbildung bemüht. Kein Zweifel: Die Liebe ist die Hauptsache; sie ist wichtiger als die Methoden der Geburtenregelung. Aber es ist jene Liebe, die nach dem Willen Gottes sucht, die den Dienst der Kirche zur Gewissensbildung nicht ausschlägt, eine Liebe, die unaufhörlich wächst und reift und so zum wahren Glück von Ehe und Familie führt.

Fürbitten

Lasset uns beten zu unserem Herrn Jesus Christus für alle, die sich auf die Ehe vorbereiten oder in der Ehe leben:

- daß sie die Tiefe und Weite wahrer Liebe erkennen . . .
- daß sie zu einem Verständnis ihrer Geschlechtlichkeit finden, das ihrem Leben als Christen entspricht und sie glücklich macht . . .
- daß sie jene Zeichen der Liebe finden, die ihrer Situation auf dem Wege zu dir und mit dir entsprechen . . .
- daß die Eheleute ihre Kinder in Verantwortung, Dankbarkeit und Freude als die »Krönung« ihrer Liebe und als Geschenk deines Vertrauens annehmen . . .
- daß sie das Wort der Kirche nicht als Bevormundung, sondern als Hilfe zu rechter Gewissensentscheidung erfahren . . .

Sieh in Güte und Erbarmen auf alle herab, Herr, unser Gott, die einander Liebe und Treue versprochen haben, und laß ihr Einssein Zeichen deiner Gegenwart in der Welt sein, der du die Liebe bist und uns zur Liebe berufen hast. Amen.

V. Die »offene« Familie

A) Thematische Hinführung

1. Die Familie in Gesellschaft und Staat

Die Hervorhebung des Eigenwertes und der Eigenverantwortung der Familie kann als Geringschätzung ihrer Verflechtungen und Verpflichtungen gegenüber Gesellschaft und Staat mißverstanden werden. Dieser Aspekt des Themas Familie kann daher in der Verkündigung nicht übergangen werden.

1.1 *Die Familie steht zu Gesellschaft und Staat in einem Verhältnis wechselseitiger Abhängigkeit und Verantwortung.*

1.1.1 Obwohl die Familie nach Ursprung, Wesen, Rechten und Pflichten einen grundsätzlichen Vorrang gegenüber Gesellschaft und Staat besitzt, ist sie *darauf angewiesen,* von ihnen anerkannt und gefördert zu werden. Sie kann ohne sie nicht bestehen.

1.1.2 Die wechselseitigen Beziehungen und die jeweiligen Kompetenzen sind nach dem Prinzip der *Solidarität* zu ordnen. Die Familie kann sich nicht in ihren Innenraum zurückziehen und sich an den ge-

sellschaftlichen Aufgaben uninteressiert zeigen. Sie kann ihre eigenen Aufgaben nur erkennen und erfüllen, wenn sie sie in einem umfassenden sozialen Sinn angeht. Bestand und Zukunft von Volk und Staat sind ihr in Mitverantwortung aufgetragen.
Die Gesellschaft ist ihrerseits mitverantwortlich, daß die Familie gemäß ihrem Sinnziel leben und sich entfalten kann. Ihre meinungsbildenden Mächte sollen die Werte von Ehe und Familie respektieren. Der Staat hat durch seine Gesetzgebung den Lebensraum der Familie in jeder Hinsicht zu sichern, ihre finanziellen und anderweitigen Belastungen bestmöglich auszugleichen und direkte und indirekte Untergrabungen der Ehe und Familie zu unterbinden. Mehr als früher, stellt die Synode fest, bedarf die Familie heute »der Unterstützung durch den Staat und gesellschaftliche Institutionen. Diese Unterstützung muß die Familie als Institution stärken, alle einseitig belastenden Maßnahmen, z. B. in der Steuer-, Sozial-, Kultur- und Rechtspolitik, von ihr abwenden und die Freiheit der Gestaltung ihrer Lebensgemeinschaft gewährleisten« (2.1.3). Wir haben allen Grund, in der Verkündigung darauf hinzuweisen, daß die Familie diesen Schutz und diese Förderung in hohem Maße entbehren muß (s. S. 17–20, 36 f., 56–60).

1.1.3 Die immer wieder auftretenden schwerwiegenden Konflikte zwischen Familie und Kirche einerseits und Gesellschaft und Staat andererseits gehen zumeist auf die Mißachtung des Prinzips der *Subsidiarität* zurück, das zum Solidaritätsprinzip hinzutreten muß. Es besagt, daß alles, was die Familie in eigener Kompetenz und aus eigenen Kräften zu leisten vermag, ihr nicht von gesellschaftlichen Institutionen und staatlicher Gesetzgebung abgenommen werden darf. Die Familie besteht in ihrem Wesen nicht darin, Teil der Gesellschaft oder Beauftragte des Staates zu sein.

1.2 *Kompetenzüberschreitungen können am wirksamsten durch aktive Mitverantwortung der Familie abgefangen werden.*

1.2.1 Dazu gehört zunächst das *Wissen um die Tendenz,* »die Ehe immer stärker dem Privatbereich, die Kindessorge und Erziehung aber in zunehmendem Maße dem Staat zuzuordnen« (Synode 2.1.3). Ehe und Familie werden als private Angelegenheit angesehen, deren

Risiken der einzelne selber zu tragen hat. Eine solche individualistische Sicht muß Kinder als Einengung des persönlichen Lebens, seiner ungehinderten Entfaltung und seines vollen Glückes empfinden. Dieses Leitbild des freien Individuums verlangt die Emanzipation der Frau von den Fesseln der Familie und des Hauses. Ein zweckhaftes, funktionales Denken strebt danach, die Last der Erziehung außerfamiliären Einrichtungen zu übertragen, deren pädagogische Fachkräfte angeblich über eine höhere Kompetenz verfügen.
In dieser Einstellung zeigt sich eine grobe Unkenntnis der Bedeutung familiärer Lebensgemeinschaft für die Erziehung. Ein offenkundiges Mißtrauen zeigt sich andererseits in den gesetzgeberischen Bestrebungen, im pädagogischen Innenraum der Familie Einfluß zu gewinnen, das elterliche Sorgerecht zu beschneiden und die Förderungsleistungen für die Familie immer mehr an ihr vorbei unmittelbar den Kindern und Jugendlichen zukommen zu lassen – als ob die Familie grundsätzlich nicht besser für die Kinder sorgen könnte als gesellschaftliche oder staatliche Behörden. Die relativ wenigen Fälle, in denen die Familie versagt, werden zum Anlaß genommen, sie an den Rand zu drängen oder in den Dienst der Gesellschaft und des Staates zu stellen.
Schwerwiegender als die vielfältigen Umwelteinflüsse aus Gesellschaft und Staat »dürften die veränderten Einstellungen und Verhaltensweisen vieler Menschen sein. Sie machen sich oft gar keine Gedanken über die Werte von Ehe und Familie und ihre Bedeutung für das persönliche und gesellschaftliche Leben und glauben, vor allem im Konfliktfall mit anderen Gütern und Zielen, sie diesen unterordnen zu können« (Erklärung der Bischöflichen Kommission VI S. 3; vgl. 9–16).

1.2.2 Angesichts dieser Tendenzen besteht die aktive Mitverantwortung der Familie für Gesellschaft und Staat in ihrem Kern darin, daß sie sich nach Kräften bemüht, *ihren Aufgaben als menschliche Grundinstitution hinsichtlich der Ichfindung und der Wirfindung gerecht zu werden* (s. S. 33–37). Eine Familie, die ihre Kinder zu sozial denkenden und handelnden Mitgliedern der Gesellschaft erzieht, erbringt eine Sozialleistung, die mit noch so hohen Zahlen des Wirtschaftswachstums nicht ausgedrückt werden kann. Die hohen Beträge, die für Kinder und Jugendliche aufgewendet werden müssen, die durch Ausfall der Familie auf Abwege gerieten, könnten weitgehend eingespart werden, wenn die Familie wirkungsvoller unterstützt würde und diese Kinder Geborgenheit in der Familie erleben könnten. Die berufliche Tätigkeit der Mutter, die unter vielen Gesichtspunkten der Notwendigkeit, Nützlichkeit und Angemessenheit betrachtet werden kann, darf die vorrangige Aufgabe der Mutter, für ihre Kinder dazusein, nicht in einer für die Kinder unzumutbaren Weise erschweren. Es ist ein schlechtes Zeichen für einen Staat, der auf soziale Gerechtigkeit Wert legt, wenn Mütter aus wirtschaftlichen Gründen gezwungen sind zu arbeiten, obwohl sie sich lieber ihrer Familie widmen möchten (vgl. ebd. 27–30).

1.2.3 Unter den Bereichen, in denen am meisten Konflikte zwischen den Aufgaben der Familie und den Interessen von Gesellschaft und Staat auftreten, steht die *Schule* an erster Stelle. Die für das Kind unerläßliche Zusammenarbeit zwischen Elternhaus und Schule ist vielerorts einer schädlichen Konfrontation gewichen. Mancher Lehrer muß sich fragen lassen, ob er die Zusammenarbeit mit der Familie will, oder ob er, einer emanzipatorischen Ideologie und einer Konfliktstrategie verhaftet, die Kinder gegen ihre Eltern beeinflussen möchte. Hier besonders ist die aktive Mitarbeit der Väter und Mütter in den entsprechenden Gremien gefordert. Welcher Lehrer unterrichtet meine Kinder, welche Weltanschauung vertritt er, welche Schulbücher benützt er, welche Ansichten bringt er meinen Kindern bei? Das sind Fragen, die die Eltern bewegen und bei geeigneten Zusammenkünften zur Sprache bringen sollten.

1.2.4 Wo Väter oder Mütter in der Lage sind, *politische Verantwortung* zu übernehmen, sollten sie seitens der Seelsorge dazu ermuntert werden, wenn die Belange der Familie damit vereinbart werden können. Ob es sich um »kleine« oder »große« Politik handelt, auf unzähligen Gebieten ist die Familie von ihren Auswirkungen betroffen. Die unzureichende und in manchem verfehlte Familienpolitik dürfte u. a. auch darauf zurückzuführen sein, daß sie nicht von denen gemacht wird, die sie unmittelbar angeht.

2. Familie und Pfarrgemeinde

In der Sicht des Glaubens ist eine isolierte Betrachtung der Familie völlig undenkbar. Als »Selbstvollzug der Kirche« und »Kirche im kleinen« (s. S. 62–66) kann eine christlich gelebte Familie ohne gelebte Kirche nicht sein. Daraus ergeben sich gegenseitige Verpflichtungen im sichtbaren Raum der örtlichen Pfarrgemeinde.

2.1 Der Dienst der Pfarrgemeinde an der Familie

2.1.1 Die Synode begründet ihr Ehe- und Familiendokument mit der Feststellung: »Die Sorge um das Schicksal von Ehe und Familie gehört zu den grundlegenden Funktionen des Dienstes der Kirche an den Menschen« (0.3; vgl. 3).
Ehe- und Familienseelsorge werden in den Kontext des Dienstes der Kirche an den Menschen in der Welt von heute gestellt.
Der Dienst an der Familie erschöpft sich nicht in pastoraler Versorgung. Er versteht sich, heute mehr als früher, als die umfassende Bemühung, der Familie ihre Aufgabe als *Trägerin seelsorglicher Verantwortung* bewußtzumachen und sie zu befähigen und zu ermutigen, sich diesen Aufgaben zu stellen. Es ist der Dienst am Selbstverständnis der christlichen Familie und an seiner täglichen Verwirklichung.

2.1.2 Die Familie steht unter den Prioritäten pfarrlicher Arbeiten *an hervorragender Stelle*. Sie hat in allen Seelsorgsbereichen Anspruch auf Berücksichtigung ihrer Situation, ihrer Aufgaben, Chancen und Schwierigkeiten. Ihr steht in der gesamtpfarrlichen Arbeit ein legitimes Mitspracherecht zu. Wenn sie ihren Gliedern durch Bereitstellung des Zuhause die Voraussetzung für die Entfaltung zu Menschlichkeit und Mitmenschlichkeit im christlichen Sinne schaffen soll, braucht sie selber als Ganze das Zuhause in der Pfarrgemeinde. Als »Kirche im kleinen« ist sie auf die Erfahrung der »Kirche im großen« am Ort angewiesen. Sie braucht eine Art Heimatgefühl in ihrer Pfarrei: nicht als Rückzug in das Ghetto der »kleinen Herde«, sondern als Basis und Rückhalt für ihr christliches Leben in dieser Welt.

2.1.3 Zwar bedürfen die familienpastoralen Ziele und Leitlinien noch einer intensiveren theoretischen Bemühung und pastoralen Erprobung, wenn sie auf die stille Distanzierung vieler katholischer Familien von der kirchlichen Lehre und auf den Bedeutungsverlust der Pfarrgemeinde antworten sollen (vgl. Lange 209–280), doch ist auf den allgemeinen Problemfeldern und in den konkreten Problemlagen der Familie eine Fülle von Aktivitäten möglich. Sie wurden nicht erst heute erkannt und wahrgenommen. Allerdings lag der Akzent in der

Vergangenheit mehr auf einer punktuellen Ehevorbereitung. Er verlagert sich nach heutigen Erkenntnissen auf die breitere Basis familiärer Ehevorbereitung und auf die dringend notwendige pastorale Ehe- und Familienbegleitung.
Über die *Ehevorbereitung* sagt die Synode: »Die beste Voraussetzung für die Ehevorbereitung bietet das Leben in einer guten und harmonischen Familie.« »Die Ehevorbereitung außerhalb der Familie hat subsidiären Charakter« (3.1.1.1 u. 2). Die auf der familiären allgemeinen Ehevorbereitung aufbauende unmittelbare Vorbereitung sollte stärker als bisher von den Pfarrgemeinden mitgetragen werden: »etwa durch Gesprächskreise für verlobte und befreundete Paare, an denen auch Verheiratete teilnehmen. Auch Familiengruppen sollten Verlobte zu ihren Veranstaltungen einladen« (3.1.2.2).
Auch in der *Ehe- und Familienbegleitung* fallen den »Pfarrgemeinden, Gruppen, Organisationen und Fachinstituten in enger Zusammenarbeit wichtige Aufgaben« zu (2.3.2). Die Synode verwendet über die Hälfte ihres Dokumentes für das Thema »Hilfen für Ehe und Familie« (3) und die entsprechenden »Voten, Anordnungen, Empfehlungen« (4). Sie befaßt sich, nach Behandlung des Themas Ehevorbereitung (3.1), mit dem Problem der Isolierung, in die die Kleinfamilie in unserer Gesellschaft geraten kann. Die hierin zu beobachtende Not ist so weit verbreitet, daß alle Anstrengungen unternommen werden müssen, sie zu überwinden. »Den christlichen Gemeinden kommt dabei besondere Bedeutung zu. Stärker als bisher müssen die mit der Isolierung zusammenhängenden Probleme ins Bewußtsein der Gemeinden gerückt werden. Familien, Teilfamilien und Alleinstehende sollten immer wieder ermutigt werden, bestehende Kontakte im Familien- und Freundeskreis und untereinander aufrechtzuerhalten und, wenn möglich, zu erweitern. Vereine, Gruppen, Gesprächs- und Familienkreise sind bewährte Einrichtungen, in denen Isolierungen überwunden und praktische Hilfe gegeben wird; dabei sollten sich Familiengruppen auch um alleinerziehende Mütter, Geschiedene und Alleinstehende bemühen« (3.2.2.1).
Weitere Themen des Synoden-Dokumentes sind: Ungewollte Schwangerschaft (3.3), Gefährdete und gescheiterte Ehen (3.4), Geschiedene, die standesamtlich wiederverheiratet sind (3.5). Themen dieser Art eignen sich für Gesprächsrunden, für Vortragsabende mit Diskussion, für Wochenendseminare und andere ehe- und familienbildende Veranstaltungen. Sie lassen sich ohne Zwang aber auch in die Verkündigung hineinnehmen. Dazu besteht um so mehr Veran-

lassung, als viele, die von diesen Problemen betroffen sind, nicht an jenen Veranstaltungen, wohl aber an den sonntäglichen Gottesdiensten teilnehmen. Auch viele andere Themen, zu denen inzwischen eine Fülle von Material bereitgestellt wurde (vgl. u. a. Eglauer, Liß, Lange/Liß, Neysters, Zulehner/Baumgartner/Mühlek, Tröndle, Lebendige Seelsorge 30, 1979, H. 2), können im richtigen Zusammenhang im Sonntagsgottesdienst behandelt werden. Wenn sie helfend – nicht anordnend, therapeutisch – nicht richtend, führend – nicht autoritär, verstehend – nicht urteilend ausgeführt werden, treffen sie auf aufmerksame und dankbare Zuhörer.

2.2 Der Dienst der Familie an der Pfarrgemeinde

2.2.1 Entscheidend ist die *gelebte* christliche Familie, die wirksame Präsenz der »Kirche im kleinen« in ihren vielfältigen Verflechtungen und Begegnungen mit der Welt und den Menschen von heute. Was die Pastoralkonstitution des Konzils einleitend von der Kirche sagt, gilt tagtäglich von der Familie: »Freude und Hoffnung, Trauer und Angst der Menschen von heute, besonders der Armen und Bedrängten aller Art, sind auch Freude und Hoffnung, Trauer und Angst der Jünger Christi« (n. 1). Bei diesem Zeugnis in der Welt von heute ist nicht nur an die »kleine Herde« von wachen und engagierten Familien zu denken. »Es gilt zu fragen, welche neu hervortretenden Züge der Kirche auch ganz durchschnittliche oder sogar in Krisensituationen lebende Eheleute, Familienväter und -mütter gleichsam einladen, durch ihr ›normales‹ oder auch mühsames Leben in Ehe und Familie und Beruf Kirche präsent zu machen und zu bezeugen« (Dirks 87). Solche »Züge der Kirche« können sein: ihre Einstellung zu Sexualität, Liebe, Ehe und Treue; ihre Maßstäbe und Leitbilder im Umgang mit den wenig geachteten Mitmenschen; ihr Denken über Bleibendes und Wandelbares unter den menschlichen Werten und im christlichen Leben; vor allem: ihre Deutung von Sinn und Ziel des Menschen. Was hierin im Umgang mit den Menschen zur Sprache kommt oder einfach überzeugt gelebt wird, ist Dienst an der Kirche und Dienst der Kirche.

2.2.2 Die christliche Familie ist aufgerufen, durch gelebtes Christentum ein *Klima der Menschlichkeit* zu schaffen, das auf das *Evangelium* aufmerksam macht. Sie ist berufen, »Licht auf dem Leuchter« (Mt 5,15) in ihrer Umwelt zu sein und ratlosen, suchenden und

verzweifelten Menschen Hoffnung zu vermitteln. Sie bezeugt diese Hoffnung besonders dadurch, daß sie ihre Kinder nicht nur unter dem Gesichtspunkt der Belastung versteht, sondern auch und vor allem als Zuwachs an Freude und als Vertrauen in die Zukunft. Die Wirkung dieses Zeugnisses ist nicht zu unterschätzen. Es kann in den Gemeinden jenes familienfreundliche und familienbejahende Klima schaffen, das der Gesellschaft als Großverband heute so deutlich fehlt. »Nur so können die Jugendlichen, die später eine Ehe schließen und eine Familie gründen werden, die Vorerfahrungen machen, die einer sich ausbreitenden Ehe- und Familienfeindlichkeit entgegenwirken und ihnen Mut und Freude zur Familie von morgen geben« (Erklärung der Bischöflichen Kommission VI S. 34).
Daß es dazu der Weiterbildung bedarf, um in der Auseinandersetzung mit entgegenstehenden Leitbildern bestehen zu können, muß nicht erst bewiesen werden. Die Familie braucht die Glaubensbildung nicht allein für ihre Mitglieder, sie benötigt sie auch für ihre Umwelt.

2.2.3 Die tätige Mitverantwortung der Familie für die Pfarrgemeinde geschieht im *»Mitmachen«* auf den vielen Gebieten des pfarrlichen Lebens. Die wichtigsten seien im Folgenden nur aufgezählt. Zu jedem Punkt lassen sich, bezogen auf die jeweilige Gemeinde, Erläuterungen und Hinweise geben.

– Die Teilnahme am *sonntäglichen Gemeindegottesdienst:* Sie ist, bei aller Berechtigung, auch auswärts die Eucharistie mitzufeiern, ein Stück Pfarrbewußtsein. Für die Beheimatung der Kinder in der eigenen Pfarrei ist sie unverzichtbar. Der Prediger wird den Mut aufbringen müssen, Kritik an der Gestaltung seines Gottesdienstes ernstzunehmen. Er wird dazu ermuntern, aber auch zur aktiven Teilnahme und Vorbereitung, namentlich von Familiengottesdiensten, auffordern.

– Vorbereitung der Kinder auf *Erstkommunion, Erstbeichte und Firmung:* Die Übernahme dieses primären Rechtes der Eltern für ihre Kinder und, in Zusammenarbeit mit dem Seelsorger, auch für Kinder aus anderen Familien, ist eine ungemein vielseitige Chance zur Vertiefung pfarrlicher Mitverantwortung.

– Mitarbeit in *pfarrlichen Institutionen:* Wer Eignung und, nach ehrlicher Selbstprüfung, auch Zeit hat, im Pfarrgemeinderat, im Kirchenvorstand, in Pfarrausschüssen, im Pfarrbesuchsdienst und in anderen Gremien mitzuwirken, kann sich und seine Familie davon nicht dispensieren.

– Mitarbeit in *caritativen Diensten:* Die Mitsorge für die Kranken und die Alten, für die Behinderten und die Alleinstehenden, für die Gefährdeten und die Gescheiterten in Ehe, Familie und Beruf gehört zu jenen Formen aktiver Mitverantwortung, die am deutlichsten eine lebendige Pfarrgemeinde kennzeichnen.

– Kontaktnahme mit *Zugezogenen und Ausländern:* Die Erfahrung des eigenen Zuhause in der Pfarrgemeinde drängt dazu, auch anderen in der Pfarrfamilie Heimat zu vermitteln.

– Teilnahme an pfarrlichen und überpfarrlichen *Bildungsveranstaltungen:* Sie erweitert den Horizont und bietet Gelegenheit, die Beziehungen zwischen Familie und Gemeinde zu verlebendigen.

– Ausgleich des Ausfalls oder der Mängel des schulischen *Religionsunterrichtes:* Auf diesem Gebiet werden auf die Familie und auf manche ihrer Mitglieder Aufgaben zukommen, die noch viele Überlegungen und Initiativen notwendig machen. Besonders hier gilt, was die Synode feststellt: »Dennoch lebt die Kirche auch in unserer Zeit von der Kraft christlicher Familien« (2.1.1).

– Mitarbeit in *Familiengruppen:* Sie bietet hervorragende Möglichkeiten, die Erkenntnisse und Aktivitäten einer Kleingruppe für die Pfarrgemeinde in die Tat umzusetzen.

Nicht alles wird in der Verkündigung zur Sprache kommen können. Doch dürften konkrete Hinweise dieser und anderer Art nicht fehlen. Sie haben auch in anderen Zusammenhängen einer Sonntagspredigt ihren Platz. Die bevorstehenden einschneidenden Folgen des Priestermangels werden die pastorale Funktion der Familie in einem viel deutlicheren Licht erscheinen lassen. Es ist hohe Zeit, sie jetzt schon beharrlich ins Bewußtsein zu heben: nicht als »Ersatz« fehlender priesterlicher Tätigkeit, sondern als eine der christlichen Familie schon immer übertragene, bisher allerdings zuwenig erkannte Bestimmung.

B) Predigtvorlage

Vorbemerkung: Der folgende Predigtvorschlag versucht, grundlegende Elemente der Offenheit der Familie für Gesellschaft und Kirche bewußtzumachen und dem Familienegoismus zu wehren. Der Akzent liegt auf dem Offensein gegenüber der Pfarrgemeinde.

Predigtvorlage IX

Die Familie in der Gemeinde:
Wie Familie »offen« sein kann

Im Krieg und in der Gefangenschaft gab es manche, die sich vorgenommen hatten, sich niemals mehr für öffentliche oder politische Dinge zu interessieren. »Wenn ich wieder zu Hause bin, will ich von niemandem etwas wissen. Die Haustür wird abgeschlossen. Ich lebe nur noch für meine Familie!« So sehr waren sie durch die Folgen verbittert, die ihnen das Schlagwort eingebracht hatte: Du bist nichts, dein Volk ist alles!
Eine verständliche Reaktion! Aber sie ist unrealistisch. Wir können uns nicht einschließen, als brauchten wir die anderen nicht. Wir sind aufeinander angewiesen. Wir sitzen im gleichen Boot. Wir leben in einer ganz bestimmten Gesellschaft, in einem Staatsgebilde, dessen Aussehen und Funktionieren auch von uns abhängt. Und vor allem: Wir sind Glieder der Kirche. Wir können nicht Christen sein ohne sie. Wir selber sind ja Kirche.
Auch die Familie ist nicht unabhängig. Sie ist keine Insel. Sie lebt in Gesellschaft, Staat und Kirche. Zwischen ihr und ihnen gibt es unzählige Verflechtungen und Verpflichtungen. Wir können uns nicht in das Schneckenhaus unserer Familieninteressen zurückziehen. Das wäre praktisch unmöglich, das würde auch dem Wesen und der Aufgabe der Familie widersprechen.
Familie ist immer »offene« Familie: offen für Gesellschaft und Staat, offen für die Kirche. Darüber möchte ich heute sprechen, und zwar besonders über das Offensein der Familie gegenüber der Kirche am Ort: der Pfarrgemeinde. Ich möchte das Grundlegende, das hierin zu bedenken ist, unter die drei bekannten Lebensregeln zusammenfassen: »Sehen – Urteilen – Handeln«.

1. »Sehen«

Sehen muß die Familie, d. h., sie muß erkennen, was sie mit Gesellschaft und Kirche verbindet und was sich daraus an Aufgaben und Grenzen ergibt. Sie muß sich selber im Blick auf sie und in Auseinandersetzung mit ihnen verstehen lernen. Die Familie ist auf sie angewiesen und für sie mitverantwortlich.

Mitverantwortlich für Gesellschaft und Staat

Die Familie ist das Zuhause. Sie stellt einen Raum dar, der sich von allen anderen Gruppen durch eine unvergleichliche Intimität auszeichnet. Ihr Innenleben muß grundsätzlich dem Zugriff von außen entzogen sein.
Andererseits ist sie keine »Burg«, zu der niemand Zutritt hat, wie ein englisches Sprichwort mißverstanden werden kann. Sie lebt inmitten anderer Menschen und anderer Familien. Gemeinsame Interessen und gemeinsame Ziele verbinden sie mit ihnen. Das Schicksal der gesellschaftlichen Umwelt ist weitgehend auch das Schicksal der Familie. Aber auch das Umgekehrte gilt: Das Schicksal der Gesellschaft und des Staates hängt weitgehend davon ab, ob und wie die Familie ihre Aufgaben erfüllt. Sie ist die »Grund-Schule der Mitmenschlichkeit«, die »Brücke zur Welt«. In der Familie wird auf bestmögliche Weise das soziale Verhalten eingeübt. Diese Möglichkeit ist für sie Verpflichtung. Um ihrer selbst willen muß sie daran interessiert sein, daß Gesellschaft und Staat nach den richtigen Werten ausgerichtet sind. Um des Ganzen willen muß sie das Ihrige dazu beitragen, daß es in ihnen menschlich zugeht. Der Standpunkt »Ohne mich!« schadet ihr selbst und der Gesellschaft und ist Zeichen eines der Familie widersprechenden Familienegoismus.
Staat und Gesellschaft ihrerseits haben allen Grund, die Familie in ihrem Eigenwert und in ihren Eigenrechten anzuerkennen. Schon aus eigenem Interesse müßten sie die Familie schützen, fördern und helfend einspringen, wenn sie ihren Aufgaben nicht nachkommen kann oder will. Aber es war immer die Versuchung der Mächtigen, die Familie in ihren Dienst zu stellen – verständlich, wenn wir uns daran erinnern, daß die Familie die Weichen für die Entwicklung des Menschen stellt. Darum haben es alle Systeme, die den Menschen ganz zu vereinnahmen trachten, auf die Familie abgesehen. In allen Diktatu-

ren, gleich welcher Richtung, war sie Gegenstand gezielter Einflüsse und Veränderungen. Auch die Systemveränderer von heute setzen bei der Familie an. Sie ist das Haupthindernis für ihre Veränderungsstrategien.
Diesen Bestrebungen, seien sie offen oder versteckt, bewußt oder unbewußt, müssen wir »sehend« gegenüberstehen. Wir müssen wissen, was wir an der Familie haben und wie andere sie wollen. Die Familie hat Verpflichtungen gegenüber Staat und Gesellschaft, aber sie ist keine Funktionärin des Staates, sie erhält ihre wesentlichen Ziele und Aufgaben nicht von der Gesellschaft. Sie ist auf sie bezogen, aber unabhängig von ihr, was ihren inneren Sinn angeht. Sie geht nicht darin auf, Teil der Gesellschaft zu sein.
Wir müssen sehen, was sich in Öffentlichkeit und Schule, in Politik und Wirtschaft im Blick auf die Familie tut. Es gilt, die Manipulationen zu durchschauen, mit denen Ehe und Familie herabgesetzt werden. Eltern sollten wissen, was in den Schulbüchern ihrer Kinder über die Familie steht. Sie dürfen die Augen nicht davor verschließen, daß sie bei manchen Pädagogen als repressiv gelten und Gegenstand einer Konfliktstrategie sind. Ein waches Auge sollten wir gegenüber der öffentlichen Meinung und ihren Medien in Schrift, Funk und Bild haben. Wir müssen uns bewußt sein, daß vieles darin als selbstverständlich vorgebracht wird, was wir nicht anerkennen können: die Ehescheidung als etwas völlig Normales, die vorehelichen intimen Beziehungen als notwendige Persönlichkeitsbereicherung, außereheliche Beziehungen als liebenswerte Bagatellen, Abtreibung ungewollter Schwangerschaften als einklagbares Recht u. a.
Mitverantwortung als Kenntnis der Werte von Ehe und Familie und ihrer Einschätzung in unserer Zeit!

Mitverantwortung für die Kirche

Über das »Sehen« in dieser Richtung haben wir eingehend nachgedacht, als wir über die Familie als »Kirche im kleinen«, als »Partnerschaft im Glauben«, als »Schule des Glaubens« gesprochen haben (s. S. 75–103). Christlich gesehen, ist ein »Ohne-mich«-Standpunkt der Familie ganz und gar widersinnig. Die Familie ist Ausdruck der Kirche; die Kirche lebt aus und in der Familie. Die Familie ist nicht bloß Versorgungsgegenstand kirchlicher Seelsorge. So haben wir es wohl in der Vergangenheit meist gesehen: die Kirche – das ist der Pfarrer,

der Bischof, der Papst, das sind die kirchlichen Einrichtungen und Verordnungen. Sie betreuen die Gläubigen. Aber diese Sicht ist einseitig und darum als Ganze falsch. Kirche sind wir alle. Wir sind nicht nur Objekt der Seelsorge, wir sind, jeder an seiner Stelle, auch Träger der Seelsorge. Jeder ist dazu aufgerufen, die Botschaft und das Leben, die ihm geschenkt wurden, weiterzugeben.
Das gilt in besonderem Maße von der Familie. Ihre Glaubensvermittlung soll über den engen Raum der Familienangehörigen hinaus die Umwelt erreichen. Sie steht empfangend und gebend im Raum der Kirche am Ort: in der Pfarrgemeinde. Eine Gemeinde ist so lebendig wie ihre Familien lebendig sind. Sie ist so christlich wie ihre Familien christlich gelebte Familien sind. So selbstverständlich dies ist, so notwendig ist es, sich diese Wahrheit stets neu bewußtzumachen.

2. *»Urteilen«*

Das Wissen um das Richtige und Gute ist Voraussetzung für eine sachgerechte Meinungsbildung, für ein richtiges Gewissensurteil.

Gegenüber Gesellschaft und Staat

Die Gewissensbildung des Christen vollzieht sich auf anderen Wegen und kommt zu anderen Ergebnissen als jene, die nicht auf der Grundlage des Glaubens unternommen wird. Die Frage nach den maßgebenden Werten und bindenden Leitbildern stellt sich uns im Blick auf Gott, der sich uns in Jesus Christus kundgetan hat und uns durch den Dienst der Kirche den Weg zu unserem wahren Ziel und Glück führen will.
So kann für uns auch in bezug auf Ehe und Familie nicht maßgebend sein, was alle denken und tun, was das Strafrecht erlaubt oder verbietet oder was eine herrschende Ideologie uns vorschreiben will. Wenn die Mehrheit den Sinn des Lebens in noch mehr Verdienen, noch mehr Anschaffungen, noch mehr Genuß sieht, kann das nicht auch für unsere Familie bestimmend sein. Wenn es Mode geworden ist, nur ein Kind oder gar keines zu haben, kann dies nicht auch Leitbild einer christlichen Familie sein. Wenn die staatliche Gesetzgebung die Scheidung ermöglicht und die Abtreibung unter gewissen Bedingun-

gen straffrei läßt, ist dies für einen Christen nicht schon eine Gewissensrechtfertigung.

Wir kommen gar nicht umhin, in vielen Dingen anders zu urteilen als unsere Umwelt. Es wäre unredlich und sogar feige, wenn wir unsere Meinung als Christen verbergen würden. Wir sollten den Mut haben, dazu zu stehen. Wir sollten den Mut zum Anderssein, zum Nonkonformismus haben. Nicht in unbedingter Anpassung an das, was »in« ist oder den Mächtigen gefällt, besteht unsere Verantwortung für Gesellschaft und Staat, sondern darin, daß wir uns in überlegtem, sachgerechten Gewissensurteil für die Grundwerte unseres Zusammenlebens einsetzen.

In der Kirche

Ein sachgerechtes Urteil auch im kirchlichen Raum, sachliche Kritik an kirchlichen Lebensformen, an Einrichtungen und Personen – das sind keine Unbotmäßigkeiten, sondern Äußerungen der Mitverantwortung für die Kirche. Die Eltern haben ein spezielles Mitspracherecht. Sie sollen sich zu Wort melden, wenn die Belange der Familie zu kurz kommen. Sie sollen sich nicht scheuen zu sagen, was ihnen in Gottesdienst und pfarrlichem Leben unzureichend oder unpassend erscheint. Sie sollen sich auch dem Priester gegenüber freimütig zu Wort melden.

Kritik in der Kirche, Kritik an der Kirche – wir sind sie gewöhnt von Gegnern, Abständigen und sog. Teilintegrierten. Wir haben sie nicht als legitimes Recht und als Pflicht eines jeden Christen gelernt: eine Kritik, die nicht zersetzen, sondern aufbauen will, die nicht selbstgerecht, sondern bescheiden vorgebracht wird, die sich nicht in Worten erschöpft, sondern Vorschläge macht und zufaßt.

In den Bildungsveranstaltungen und in den Gremien der Pfarrei gibt es genügend Gelegenheit, sie anzubringen, im Dialog die andere Seite ernst zu nehmen, sich selber in Frage stellen und korrigieren zu lassen. Wo das gemeinsame Interesse an Familie und Kirche die Partner verbindet, wird das »Urteilen« zum Wachstum der Erkenntnis und zur Freude am Einsatz in der Kirche führen.

3. »Handeln«

Mitmachen in Gesellschaft und Staat

Das »Ohne mich« hat unserem Volk bittere Konsequenzen eingebracht. Wenn die Christen sich verweigern, haben die anderen allein das Sagen. Sie werden die Zukunft nach ihren Vorstellungen zu beeinflussen versuchen. Wir dürfen uns nicht wundern, daß sie unseren Vorstellungen von Ehe und Familie in vielem widersprechen. Es liegt auch an uns, wie die Zukunft unseres Volkes aussehen wird, welche Werte und welche Ordnung gelten werden. Wir können uns nicht darauf berufen, daß »die da oben« ja sowieso machen, was sie wollen, und daß wir daran nichts ändern können.
Wir können die Welt verändern. Wir können Einfluß auf die Zukunft nehmen. Wir können die kleine Welt unseres Lebens verändern. Wir können dazu beitragen, daß es darin menschlicher zugeht. Wir können ausgleichend und versöhnend wirken. Wir können uns zu den Grundwerten der Menschlichkeit und unseres Glaubens bekennen. Indem wir anders denken und anders handeln, indem wir nach unserem christlichen Gewissensurteil leben, nehmen wir Einfluß, vielleicht ohne es zu bemerken. Indem wir an der Unantastbarkeit der Ehe festhalten und uns zu ihrer Ordnung bekennen, indem wir Freude an unserer Familie zeigen und uns nicht sklavisch dem Leitbild der Keinkind- oder Einkindfamilie unterordnen, indem wir uns zur Unantastbarkeit des ungeborenen Lebens bekennen, sind wir »Licht auf dem Leuchter«, wie Jesus sagt (Mt 5,15), fördern wir eine sachgerechte christliche Meinungsbildung für viele Fragende und Suchende. Je mehr einzelne und je mehr Familien und Gemeinden auf solche Weise mitmachen, um so mehr werden sie in die größere Öffentlichkeit hineinwirken.
Dazu gehört auch, wo immer es möglich und angebracht ist, der öffentliche Protest gegen die Aushöhlung von Ehe und Familie, gegen die Einschränkung ihres Lebensraumes, gegen die Benachteiligungen der Mehrkindfamilie, gegen die zunehmende Mißachtung des ungeborenen Lebens unter Duldung der Gesetzgebung, gegen die Ideologisierung der Kinder durch familienunfreundliche oder -feindliche Lehrkräfte und Richtlinien. Es gehört dazu auch unser Verhalten gegenüber den Massenmedien. Was veranlaßt uns eigentlich, Schriften und Illustrierten zu kaufen, die immer wieder direkt oder indirekt unsere Auffassungen untergraben? Was hindert uns, Briefe an Redak-

tionen der Presse, des Rundfunks und Fernsehens zu schreiben? Viele Möglichkeiten bleiben ungenützt, weil wir sie nicht kennen oder uns nicht aufraffen, sie zu ergreifen. Das Beispiel mancher Bürgerinitiativen zeigt, was erreicht werden kann. Warum genieren wir uns, in die Öffentlichkeit zu gehen, wenn es um das Wohl unserer Familie und darin um das Wohl unseres Volkes geht?
Zum Mitmachen gehört auch die Mitarbeit im sozialen, politischen und wirtschaftlichen Bereich. Wer dazu geeignet ist und wer diese Arbeit mit seinen Aufgaben in der Familie vereinbaren kann – auch unter Opfern –, sollte darin eine ernste Gewissensfrage sehen.
Die beste Art der aktiven Mitverantwortung, jene, die von allen Familien geleistet werden kann, ist das überzeugende Leben. Das ist die gelebte christliche Ehe und Familie, die die Grundwerte der Menschlichkeit und Mitmenschlichkeit vorlebt und einübt und die Kirche als die Gemeinde der von Jesus Christus Erlösten präsent macht.

Mitmachen in der Gemeinde

Die Kirche präsent machen – das kann die Familie nur, wenn sie als »Kirche im kleinen« in der Gemeinde beheimatet ist. »Offene Familie« heißt sich in der Pfarrgemeinde zu Hause wissen und sich an ihrem Leben beteiligen. Es bedeutet mitmachen, eine lebendige Gemeinde darzustellen.
Vieles wäre hier zu nennen. Jeder Punkt verdiente es, näher darauf einzugehen. Da ist z. B. die Teilnahme an der Sonntagsmesse. Die Kirche stellt sich am dichtesten in der Feier der Eucharistie dar. Es ist schlimm, wenn wir darin nur die Erfüllung einer Pflicht sehen. Ohne Eucharistie gibt es keine Kirche, keine kirchliche Gemeinde. »Wir können ohne die Herrenfeier, ohne das Herrenmahl nicht sein!«, haben Christen in der Zeit der Verfolgung unter römischen Kaisern gesagt und lieber den Tod auf sich genommen, als sich von der Teilnahme zu dispensieren. An der Sonntagsmeßfeier zeigt sich, ob eine Gemeinde aus ihrer Mitte, aus Jesus Christus, lebt. Es gibt vieles daran auszusetzen, sicher auch in unserer Gemeinde. Kritik daran ist berechtigt und willkommen, wenn sie hilft, es besser zu machen. Das bloße Wegbleiben hilft niemandem. Es zeigt nur, daß man nicht begriffen hat, um was es geht. In einer anderen Kirche als in der eigenen Gemeinde mitzumachen, ist keinem verwehrt, der seine Gründe dafür hat. Für die Festigung des Pfarrbewußtseins allerdings ist es gut,

wenn die eigene Kirche der regelmäßige Ort unserer Eucharistiefeier ist, besonders für die Kinder. Sie brauchen die Erfahrung, zu welcher Gemeinde sie gehören.

Mitmachen in der Gemeinde – das kann bedeuten, sich an der Vorbereitung zu Erstkommunion, Erstbeichte und Firmung beteiligen. Viele Eltern tun es mit Freude und gutem Erfolg, für ihre eigenen Kinder und für Gruppen anderer Kinder.
Mitmachen in der Gemeinde – das ist z. B. die Mitarbeit in den Gremien, Ausschüssen und Institutionen der Pfarrei: im Pfarrgemeinderat, im Pfarrbesuchsdienst, bei der Vorbereitung und Durchführung kirchlicher Feste . . . Wir haben kein Recht zur Kritik, wenn wir uns weigern, Mitverantwortung zu tragen, wo es möglich ist.
Da sind ferner die vielen caritativen Aufgaben einer Pfarrgemeinde: die Sorge für die Alleinstehenden, die Kranken und Alten, für die Behinderten und die Ausländer. Es gibt mehr seelische und materielle Bedürftigkeit, als wir denken. Es gibt mehr Einsamkeit, als wir uns vorstellen können. Niemand kann alles tun. Etwas aber kann jeder tun, in der persönlichen wie in der organisierten Nächstenliebe. Wenn das Wort »Pfarrfamilie« nicht eine verhängnisvolle Selbsttäuschung sein soll, werden wir im Dienst am Mitmenschen zeigen müssen, ob wir den Namen »Gemeinde Jesu Christi« verdienen.
Es wäre gut, wenn über diese und andere Aufgaben der Familie in der Pfarrei und über die Aufgaben der Pfarrei an der Familie gesprochen würde, nicht nur im Pfarrgemeinderat, auch in den Gruppen und Verbänden, die es in unserer Gemeinde gibt: z. B. in den Jugendgruppen und in den Familiengruppen, in der Frauengemeinschaft und in der Kolpingsfamilie. Wenn die Gruppen, Verbände und Vereine die Anliegen der Pfarrei wahrnehmen wollen, wenn sie nicht nur auf ihre eigenen Interessen bedacht sind, muß ihnen das Wohlergehen unserer Familien am Herzen liegen. Wenn die Bildungsveranstaltungen unserer Gemeinde nicht am täglichen Leben vorbeidiskutieren wollen, müssen darin auch die Anliegen der Familie zur Sprache kommen.
Es liegt an einem jeden von uns, ob und wie unsere Familien sich als »Kirche im kleinen« darstellen, ob sie in unserer Pfarrgemeinde zu Hause sind und ob sie ihren Beitrag für eine lebendige christliche Gemeinde erbringen. Es liegt an uns: wie wir sie »sehen«, wie wir darüber »urteilen«, wie wir »handeln«.

Fürbitten

Herr Jesus Christus, du hast uns zur großen Familie der Kinder Gottes gerufen. Wir bitten dich:

– Laß unsere Pfarrfamilie ein lebendiges Zeichen deiner Gegenwart in unserer Welt sein . . .

– Laß sie lebendig sein durch das Zeugnis des Glaubens in unseren Familien . . .

– Laß uns in der Feier der Eucharistie immer wieder neu in Dank und Freude unsere Verbundenheit untereinander erfahren . . .

– Laß uns erkennen, wie wir in unseren Familien den Menschen unserer Umwelt den Weg zu dir erleichtern können . . .

– Laß uns an keinem vorbeisehen und vorbeigehen, der unser gutes Wort und unsere tatkräftige Hilfe braucht . . .

Bleibe bei uns, Herr, und leite uns den rechten Weg; gib uns ein waches und gelehriges Gewissen, daß wir dein Wort nicht überhören, und gibt uns die Kraft, ihm zu folgen. Amen.

VI. Die Zukunft der Familie

A)

Eine *thematische Hinführung* erübrigt sich. Alle vorausgehenden Reflexionen und Predigtvorlagen hatten im Grunde die Zukunft der Familie zum Thema. Die Familie hat Zukunft, weil sie dem Wesen und Suchen des Menschen entspricht und weil Gott sich ihr zugesagt hat. Die Familie zu ihrer Zukunft zu ermutigen, ist Ziel des folgenden letzten Predigtvorschlages.

B) Predigtvorlage

Predigtvorlage X

Die Familie – Mut zur Zukunft:
Warum die Familie bestehen kann

Heute schließen wir unsere Überlegungen über die Familie ab. Es soll ein ermutigender Abschluß sein. »Mut zur Zukunft der Familie« lautet das Thema. Damit meine ich nicht eine verzweifelte Durchhalteparole in auswegloser Situation. Im Gegenteil! Familie und Ehe – sie ist ja immer mitgemeint – haben Zukunft. Darum sollen sie auf ihre Zukunft vertrauen und Mut haben, an ihr zu bauen.

1. Die Gewißheit der Zukunft

Dies ist das erste, was wir uns nach all unseren Überlegungen noch einmal in Erinnerung rufen wollen: Die Familie hat Zukunft, trotz vieler Bestreitungen und Anfeindungen.

Verunsichert durch Krise und Kritik

Ehe und Familie haben keine Zukunft, sagen manche. Sie berufen sich auf die wachsende Zahl von gescheiterten und geschiedenen Ehen, auf die Zunahme der »Ehen ohne Trauschein«, auf die erschreckend vielen Kindesmißhandlungen, auf die Gewalttätigkeiten gegenüber Ehefrauen, auf die Jugendkriminalität, auf Selbstmorde von Jugendlichen und auf die um vieles höhere Zahl von Selbstmordversuchen. Es läßt sich eine lange Liste von Hinweisen darauf zusammenstellen, daß Ehe und Familie zutiefst getroffen sind. Der Trend, so heißt es, geht zu kurzfristigen Beziehungen und aufkündbaren Vereinbarungen. Der Partnerwechsel werde sich in immer kürzeren Abständen vollziehen. Die Kinder werden noch mehr und schließlich ganz der Gesellschaft zur »Aufzucht« – ein schreckliches Wort! – übergeben.
Ist es so? Sind Ehe und Familie tödlich getroffen? Viele haben diesen Eindruck, wenn sie die Realität sehen. »Opas Ehe ist tot! Opas Familie ist tot!« Sie bedauern es: Schade! Aber es ist nichts daran zu ändern. Man muß sich damit abfinden. Wir leben halt in einer anderen Zeit.
Andere sagen: Es ist gut so. Ehe und Familie müssen verschwinden. Sie sind überholt. Sie sind Überbleibsel einer aussterbenden Gesellschaftsordnung. Sie sind Einrichtungen zur Unterdrückung von Frauen und Kindern, Instrumente der Repression im Interesse der herrschenden Klasse, der kapitalistischen Wirtschaftsordnung. Nicht die freie Entfaltung des Menschen haben sie zum Ziel, sondern den Untertan. Um der Freiheit des Menschen willen müssen sie abgeschafft werden. Sie müssen und werden mit dem kapitalistischen System verschwinden.

Es bleibt nicht bei der Theorie. Aber die praktische Abschaffung von Ehe und Familie in manchen Ländern brachte nicht die Befreiung. Sie gefährdete Gesellschaft und Staat bis in die Wurzeln ihrer Existenz. Es geht offenbar nicht ohne Ehe und Familie. Also müssen sie gestützt werden. Um des Staates willen müssen sie funktionsfähig bleiben. Aber die Eltern sind in dieser Ideologie dem Staat verantwortlich. Sie sind »Funktionäre« der gesellschaftlichen Erziehung. Vorstellungen dieser Art können bei allen jenen nachgelesen werden, die von ihren ideologischen Voraussetzungen her Ehe und Familie beseitigen oder total vereinnahmen wollen, weil sie sich am wirksamsten ihren Manipulationen widersetzen.
Die Radikalen sagen es offen: Mit der Beseitigung der Ehe und der völligen Freigabe der Sexualität werde die bürgerliche Gesellschaft »aufgebrochen«; sie verliere ihr hauptsächliches Herrschaftsinstrument. Andere propagieren auf mehr psychologische und soziologische Art: Es ist unzumutbar, bei der heutigen Dauer einer Ehe Menschen für viele Jahrzehnte aneinanderzuketten. Das widerspricht der Freiheit. Das ist gegen die Selbstverwirklichung. Sie sollen auseinandergehen können, wann und aus welchem Grund auch immer sie wollen. Kein Staat und keine Kirche sollen sich da einmischen. Ein neues Menschenbild von heute braucht eine »neue Moral«, frei vom Zwang überholter Normen und Tabus. Liebe und Sexualität, Ehe und Sexualität, Familie und Sexualität sind der freien Verfügung zu überlassen. Wenn einer Kinder will, ist das seine Sache; dann soll er auch damit fertig werden, sagen die einen. Die andern meinen: Die Gesellschaft muß sich darum kümmern. Sie hat von den Kindern ihre eigene Zukunft zu erwarten, also soll sie die Frauen dafür bezahlen, daß sie Kinder in die Welt setzen. Ein sehr berühmter englischer Philosoph hat geschrieben, Frauen sollten »vom züchterischen Standpunkt aus« für das Kinderkriegen ausgewählt werden!
Solche Ideen, Vorschläge und Forderungen geistern durch die Massenmedien, durch Illustrierte, Rundfunk- und Fernsehsendungen. Dramatische Berichte über Ehe- und Familientragödien und das Beispiel von bekannten Leuten aus dem Show-Geschäft, die Sogwirkung des tatsächlichen Verhaltens und die Verunsicherung der herkömmlichen Normen tun ein übriges zur Festigung der Meinung, Ehe und Familie würden mit der Zeit als Institutionen auslaufen. Überspitzt ausgedrückt erscheint einer heute als nicht »normal«, der keine vorehelichen Beziehungen hat, der seinem Ehepartner treu ist und die Scheidung ablehnt.

Andererseits drängen junge Menschen auch heute in die Ehe. Die meisten wollen heiraten, auch wenn sie schon vorher zusammen leben. Sie verstehen ihre Beziehungen buchstäblich als vor-ehelich. Dreiviertel aller Geschiedenen heiraten wieder. Sie hoffen, daß sie nun den richtigen Lebenspartner gefunden haben. Die weit überwiegende Mehrheit will auch Kinder oder wenigstens ein Kind (s. S. 20 f.). Wenn Jugendliche aus ihrer Familie ausbrechen, suchen sie etwas vergleichbar Besseres.

Was suchen sie? Nur sexuelle Beziehungen? Die können sie auch außerhalb der Ehe haben, ohne Nachteile befürchten zu müssen. Suchen sie Versorgung durch einen Partner? Kaum einer bleibt heute unversorgt. Auch die Frauen können für sich selber sorgen, die Berufsausbildung sichert ihnen die Altersversorgung; für die Mittellosen kommt irgendeine Institution auf. Was suchen sie, die »auf Probe« zusammen leben und dann doch heiraten, die als Geschiedene zum zweiten und zum dritten Male heiraten?

Sie suchen eine andere Art von Versorgung. Es geht ihnen nicht allein um das materielle Auskommen. Sie suchen das Angenommensein, das Zuhause. Sie suchen jemanden, von dem sie ganz und gar bejaht werden. Junge Menschen sprechen von Liebe, wenn sie zusammenkommen. Es ist sicher oft ein verkürztes Verständnis von Liebe, aber zutiefst – vielleicht ohne es ausdrücken zu können – meinen sie damit mehr. Sie meinen damit auch Treue, wenigstens für die Zeit dieser Liebe. Irgendwie suchen sie auch die Gewißheit der Treue. Irgendwie empfinden die meisten, daß die Ehe diese Gewißheit bringt. Dieses Empfinden trügt nicht. Der Mensch braucht für seine Liebe den Schutzraum von Ehe und Familie. Er braucht ihn für die harmonische Entfaltung seiner Persönlichkeit. Wir haben darüber gesprochen, als wir über die Familie als das Zuhause des Menschen und als Brücke zur Welt nachdachten (s. S. 38–61). Es läßt sich überzeugend nachweisen, was an Fehlentwicklungen und Verfall an unmenschliche Formen eines Ersatz-Zuhause, z. B. in den Sekten, zu befürchten ist, wenn die Familie fehlt oder ihren Aufgaben in wichtigen Bereichen nicht nachkommt.

Die Art und Weise freilich, wie die Familie dem Suchen des Menschen nach Geborgenheit gerecht wird, kann sich ändern. Die frühere Großfamilie gibt es nicht mehr. Sie gründete auf Grundbesitz und Tradition. In ihr gab es eine klare Ordnung und Unterordnung. Es war eine patriarchalische Familienordnung. Alles hatte seinen Platz. Für alles gab es feste, grundsätzlich von allen anerkannte Werte, Maßstäbe und Regeln. Man war überzeugt, daß dies von Gott so gefügt ist, in der Familie wie im Staate. Eine Scheidung war damals so gut wie unmöglich.

Das ist vorbei. Unsere Familien sind Klein- und Kleinstfamilien. Ihre Existenzgrundlage ist nicht mehr das Erbe der Väter, sondern die Erwerbsarbeit. Die überkommenen Ordnungen sind mit der veränderten Wirtschafts- und Sozialordnung in Frage gestellt und in vielem über Bord geworfen worden. Ansichten und Praktiken dringen in den Innenraum der Familie, die sie von innen her gefährden. Familie und Arbeitsstelle sind nicht wie in den meisten Fällen früher dasselbe. Mancher Mann ist an seinem Arbeitsplatz länger mit anderen Frauen zusammen als zu Hause mit seiner eigenen. Mancher Vater sieht seine Kinder nur im Schlaf oder am Wochenende. Manche Mutter hat den größten Teil der Betreuung ihrer Kinder ihrer Mutter oder Schwiegermutter überlassen. Sie lehnt die Rolle der »Nur-Hausfrau« ab. Sie sieht in der Berufstätigkeit ein Stück Selbstbestätigung und Unabhängigkeit. Darf man sie dafür tadeln? Soll man sie oder ihren Mann zwingen, beim Partner zu bleiben, wenn ihre Liebe erloschen ist, wenn sie einen besseren Lebensgefährten gefunden haben? Warum sollen sie ihr Jawort nicht einvernehmlich zurückgeben dürfen?

Dies sind nur einige der Fragen, die sich junge Eheleute heute stellen. Dahinter steht ein anderes Verständnis von Ehe und Familie. Ältere Leute kommen damit nicht zurecht. Sie halten die Ehe und Familie für verloren, weil sie nicht mehr so sind wie früher. Aber sie verwechseln oft das Wandelbare mit dem Bleibenden. Auch in der Kleinfamilie, auch in der partnerschaftlich verstandenen Familie, auch in den neuen Ansichten und Praktiken kann das Bleibende gesehen und gesucht und verwirklicht werden. Die Kleinfamilie hat sogar größere Chancen, das zu bieten, was die Menschen nach wie vor suchen: Geborgenheit in der Liebe. Sie ist in der Lage, durch ihre Existenz nachzuweisen, daß es auch heute keinen Raum, keine Gruppe, keine Institution gibt, die in gleicher Weise in der Lage ist, dem Menschen das zu bieten, was wir mit dem treffenden deutschen Wort »Heimat« meinen. Sie ist nach wie vor die beste Schule der Menschlichkeit und Mitmenschlichkeit. Darum hat sie Zukunft.

Bestätigt durch Gottes Zusage

Für den Glaubenden ist die Zukunft der Familie verankert in der Zukunft, die Gott dem Menschen schenkt. Weil Gott den Menschen gewollt hat, weil er ihn so gewollt hat, wie er veranlagt und ausgerichtet ist, darum hat er auch Ehe und Familie gewollt. Darum haben beide Zukunft. Weil Gott den Menschen zum Partner seines Glückes will, weil Ehe und Familie Abbild seiner Verbindung mit uns in Jesus Christus sind, darum ist ihre Zukunft so gewiß, wie dieser Bund Christi mit der Kirche eine unwiderrufliche Zukunft hat. Sie haben Zukunft, weil Gott sich ihnen zusagt, weil er sich auf sie eingelassen hat.

Was immer an Menschlichkeit in Ehe und Familie gesucht und gefunden wird, findet sein Maß und seine Erfüllung im menschgewordenen Sohn Gottes. Was immer an Liebe in Ehe und Familie geschenkt wird, ist aufgenommen in Gott, der »die Liebe ist« (1 Joh 4,16); es ist gestaltgewordener Ausdruck antwortender Liebe gegenüber Gott. Was immer an Hoffnung in der Liebe geweckt wird, ist eingefügt in die christliche Hoffnung, daß Gott alles zu einem guten Ende, d. h. zu einem unvorstellbar neuen Anfang führen wird. Die Erwartungen von Menschen, die sich lieben, sind nicht auf Sand gebaut. Sie greifen nicht ins Leere.

Weil Gott den Menschen liebt, darum hat der Mensch Zukunft, darum haben Ehe und Familie Zukunft. Weil Gott die Liebe ist, haben sie Zukunft.

Über ihre Zukunft entscheiden nicht rein biologische, psychologische, soziologische und andere Faktoren. Entscheidend ist die Frage, ob sich Menschen zur Antwort auf diese Liebe entschließen, ob sie zu jener Liebe fähig sind, die Gott von ihnen erwartet.

2. *Mut zur Zukunft*

Wir sind dazu fähig, weil Gott uns dazu fähig macht. Der Mensch kann diese Liebe wagen, weil Gott sie ihm in Jesus vorgelebt hat und sie jetzt, hier und heute, mit ihm leben will. Der Mensch kann den Mut zum Risiko solcher Liebe aufbringen, weil Gott ihn dazu ermutigt.

Mut zur Familie! Das ist der zweite Gedankenkreis unserer heutigen abschließenden Überlegungen. Mir scheint, dies gehört zum Wichtigsten, was Eheleute und Eltern und was junge Menschen heute brauchen: Mut zur Familie! Mut zur Zukunft der Familie! Ich möchte diesen Mut in dreierlei Hinsicht beschreiben: als Mut zur Bindung, als Mut zur Treue und als Mut zum Kind.

Mut zur Bindung

Dies ist die Risiko-Frage, die sich junge Menschen heute stellen: Kann es ein vernünftiger Mensch noch wagen, eine Bindung für immer einzugehen? Kann ich mich auf einen anderen verlassen? Kann ich mich auf mich selber verlassen? Weiß ich, wie er sich oder ich mich entwickeln werden, wie wir später sein und später denken werden?

Aber gehen wir doch von dem aus, was Menschen erwarten, was sie auch aussprechen, wenn sie zueinander finden und beeinander bleiben wollen. Sie erwarten Liebe. Liebe aber kann nicht auf eine bestimmte Zeit begrenzt werden. Eine befristete Liebe ist ein Widerspruch in sich selbst. Manche Schlager drücken es durchaus richtig aus. Sie schwärmen von »ewiger Liebe«. Das heißt aber nichts anderes, als daß der Liebende möchte und von sich aus alles tun will, daß die Liebe mit Treue verbunden ist.

Weil aber Liebe und Treue immer gefährdet sind, brauchen sie Stützen, sie brauchen Absicherung gegen Willkür und Laune. Eine solche Absicherung ist die Bekundung der Liebe und Treue vor der Öffentlichkeit der Kirche und auch des Staates. In der Trauung, in der sich Mann und Frau die Treue zutrauen, geht es nicht nur um ein legitimes Interesse der Kirche. Sie ist nicht nur deswegen notwendig, weil die Ehe Abbild des Christus-Kirche-Verhältnisses ist, weil Ehe und Familie »Kirche im kleinen« sind, also die Kirche in jeder Ehe der Christen engagiert ist. Die Trauung ist auch um der Liebenden willen notwendig. Ihre Liebe braucht das öffentliche Bekenntnis: Wir gehören für immer zusammen. Sie braucht das öffentliche Jawort um ihrer selbst willen. Sie bricht gleichsam die Brücken hinter sich ab, die sie zum Rückzug versuchen könnten.

Es ist nicht leicht, jungen Menschen dies einsichtig zu machen. Viele meinen, sie müßten erst einmal sehen, ob sie zusammenpassen. Sie können auf die vielen Ehen hinweisen, die schon nach wenigen Jahren gescheitert sind. Fast die Hälfte aller geschiedenen Ehen scheiterte in den ersten fünf Jahren, zwei Drittel scheiterten in den ersten

zehn Jahren der Ehe (Becher 4). Ist dies ein Grund, es erst einmal zu »probieren«?
Was heißt das denn: »ausprobieren«? Kann man Menschen ausprobieren wie ein Gerät oder ein Tier, das man kaufen will? Ist es nicht ein schlimmes Wort: »Man kauft doch keine Katze im Sack!« Wieso Katze? Wieso kaufen? Wieso Sack? Darf man mit einem Menschen so umgehen? Wo wir heute so viel von Freiheit und Menschenwürde reden?
Ist etwa die sexuelle Harmonie das Entscheidende bei der Probe? Kenner weisen darauf hin, daß sie vor der Ehe nicht geklärt werden könne; das Liebesverhältnis vor der Ehe sei nicht typisch für das Erlebnis in der Ehe. Sind es gemeinsame Interessen oder wirtschaftliche Gründe, die z. B. Jugendliche während ihrer Ausbildungszeit zusammenziehen lassen? Rechtfertigen diese Gründe zur vollen sexuellen Gemeinschaft, die den Menschen zutiefst in seiner leib-seelischen Ganzheit erfaßt? Nur weil man sich mag?
Kann sich ein Mensch so leichthin verschenken? Gibt es eine »Probe-Liebe« in der »Probe-Ehe«? Und was ist, wenn die beiden auseinandergehen, weil die Interessen sich nicht mehr treffen, weil der Versuch des Zusammenpassens mißlungen ist? Ist das wie ein technischer Versuch, den man beliebig mit anderen Partnern wiederholen kann? Wieviel Zeit ist anzusetzen, um herauszubekommen, ob er gelingt oder mißlingt? Und was ist, wenn der eine Teil meint, er werde schon noch gelingen, aber der andere nicht mehr will? Gibt es dann nicht auch die Trümmer der Liebe, auch ohne Scheidungsbürokratie?
Junge Menschen, die ohne Bindung zusammen leben wollen, müssen sich fragen, was sie eigentlich wollen: eine ernsthafte Liebe oder »das Pseudoideal unverpflichtender Liebe« (Gründel 22), eine radikale Liebe oder eine Liebe »als ob«, ein ganzes Ja oder nur ein halbes, d. h. gar kein Ja. Die großen Dinge im Leben können nur ganz oder gar nicht getan werden. Eine Liebe, die sich den Rückzug offenhalten will, die unter der Voraussetzung beginnt, aufzuhören, wenn »es nicht mehr klappt«, bleibt auf halbem Wege stehen. Sie ist nicht ernst gemeint. Wer sich »seine Freiheit vorbehält«, wieder zu gehen, belügt seinen Partner und sich selbst, auch wenn es vorher so abgesprochen wird. Es ist nicht die wahre Liebe, die beide im Grunde suchen.

Liebe ist Mut zum Wagnis der Bindung für immer. Sie ist das Ja, das auch dann durchgehalten wird, wenn die Entwicklung eines Menschen anders verläuft als erhofft wurde. Eine Bindung der Liebe, in der die Scheidung als Möglichkeit schon eingeplant ist, trägt den Keim der Zersetzung in sich. Die Freiheit, die in solcher Absicherung gesucht wird, ist eine Täuschung.

Freiheit bedeutet, über sein Leben entscheiden zu können. Der Entschluß, zu einem Menschen zu stehen, was immer auch kommen mag, stellt ein Höchstmaß an Freiheit dar. Er legt keinem der Partner Fesseln an, sondern bejaht ihn in seiner Eigenart und in seiner Entfaltung. Die in Freiheit gebundene Liebe läßt beide zu menschlicher Größe heranwachsen, weil sie sie von der Kleinlichkeit, den Vorbehalten und Unwahrhaftigkeiten des Egoismus befreit. Wer unentschieden bleibt oder seine Bindung nur bedingt versteht, wird in seiner vermeintlichen Freiheit bald durch andere Mächte, nicht selten durch bloße Bedürfnisbefriedigung gesteuert. Ein solches Verhalten ist unreif und unmenschlich. Der Mensch verweigert, was er werden könnte, und tut dem Unrecht, der sich ihm ganz schenkte.

Keine Statistik kann erfassen, welches Meer von Leid hinter den nüchternen Scheidungszahlen steht. Kein Mensch kann erfassen, was die Untreuen einer einzigen Ehe an Demütigungen einbringen. Allein schon der Respekt vor diesem Leid sollte das leichtfertige und törichte Reden über die Scheidung verbieten und junge Menschen davor warnen, leichtsinnig mit dem Glück eines Menschen zu experimentieren.

Aber wie sollen sie es einsehen, wenn sie es nicht in der eigenen Familie erleben, was Liebe und Treue sind? Es wäre ein hervorragender Dienst, den Eltern ihren Heranwachsenden leisten, wenn sie es fertigbrächten, mit ihnen auch über die Schwierigkeiten ihrer eigenen Ehe zu sprechen: warum sie beisammengeblieben sind und beisammenbleiben werden; wie sie mit ihren Enttäuschungen fertig wurden; warum das Bild von Ehe und Familie nicht zutrifft, das die Massenmedien vorstellen; daß es die Mehrzahl der Ehen ist, in denen die Eheleute zu ihrem Wort stehen und glücklich sind. Es wäre eine Ermutigung zur künftigen Ehe und Familie ihrer Kinder, wenn die Eltern mit ihnen über solche Themen sprechen könnten. Wer das Glück hatte, die goldene Hochzeit seiner Eltern zu erleben, wer die stille Treue kennt, in der sie auch in schweren Zeiten ganz füreinander und

für ihre Kinder da waren, der steht in Hochachtung vor der inneren Größe ganz einfacher Menschen; dem kommt das Reden von der Unzumutbarkeit lebenslänglicher Bindung leer und unfrei vor; dem können jene nur leid tun, die ihre Treue nicht durchhalten. Über niemanden darf ein Urteil gefällt werden, aber der innere Sinn, die Selbstverständlichkeit und die Möglichkeit einer Bindung der Liebe in Treue für immer sollten für einen Christen außer Zweifel sein.
Unsere Familien leisten einen unschätzbaren Dienst an der heranwachsenden Generation, wenn sie diese Treue vorleben. Gesellschaft und Kirche werden von ihr getragen. Eine Familie, in der das Jawort ernst, tod-ernst genommen wird, ist der beste Schutz gegen die Selbstsucht, die die Menschen auseinander- und gegeneinander treibt. Sie ist eine Insel der Menschlichkeit inmitten der Härte, der Kälte und Hoffnungslosigkeit, die sich breitmachen. Sie bewahrt Grundwerte menschenwürdigen Zusammenlebens. Sie schützt gegen die Sinnleere und den Verfall an die vielen Formen des modernen Religionsersatzes und der modernen Götzen. Sie ist ein Zeichen der Hoffnung und Ermutigung in unserer Zeit.
Es gibt diese Familien, mehr als wir vermuten. Sie stehen nicht im Rampenlicht der Öffentlichkeit, aber wir alle leben von ihrer Treue. Sie haben ihre Schwierigkeiten und Probleme. Aber sie haben die Kraft, sie zu bestehen, weil sie den Mut zu kompromißloser Treue haben. Sie haben als Christen diesen Mut, weil sie sich an Gott gebunden wissen, der sich für immer an sie gebunden hat.

Mut zu Kindern

Mut braucht die Familie noch in anderer Hinsicht. Sie braucht den Mut zum Kind, den Mut zu Kindern. Wir haben dieses Thema schon einmal berührt, als wir über die verantwortete Elternschaft sprachen (s. S. 162–166). Damals stand der Gesichtspunkt der verantworteten Beschränkung der Kinderzahl im Vordergrund. Es gibt aber auch den Aspekt des verantworteten Ja zu mehr Kindern.

Der Geburtenrückgang

Jeder kennt den außerordentlich rapiden Geburtenrückgang in unserem Land. Wir stehen am Ende der Skala in der Welt. Inzwischen machen sich auch Politiker und andere Verantwortliche darüber Gedanken, wie denn die Zukunft eines Volkes aussehen wird, das immer mehr aus Rentnern besteht.

Wir können hier nicht den Ursachen nachgehen, die zu dieser Entwicklung geführt haben. Es werden mancherlei Gründe angegeben: die Einengung des persönlichen Lebensspielraumes durch Kinder, die Behinderung der Erwerbstätigkeit der Frau, die kinderunfreundliche Öffentlichkeit u. a. Alle bisherigen Untersuchungen haben ergeben, daß das Streben nach sozialer und wirtschaftlicher Gleichstellung mit anderen meistens den Ausschlag gibt, auf Kinder oder auf weitere Kinder zu verzichten. Die Benachteiligung ist so stark, daß eine Mehrkindfamilie im Blick auf den durchschnittlichen Lebensstandard sozial deklassiert ist. Befragungen junger Menschen zeigen, daß fast alle mehr als ein Kind haben wollen. Erst die Erfahrung der Belastungen durch das erste Kind läßt sie von einem weiteren Abstand nehmen.

Den äußeren Ursachen liegt oft aber auch eine veränderte Einstellung zugrunde: Wenn Kinder das einkalkulierte Maß von Einschränkung überschreiten, werden sie abgelehnt. Das Wort vom »Wunschkind« kann einen deutlichen Egoismus verraten: Das Kind wird mehr für das eigene Glück als um seiner selbst, um der Familie und um des schon vorhandenen Kindes willen gewünscht.

Schließlich kann es auch einfach die Angst vor dem Risiko sein: Wer kann in dieser Zeit Kinder verantworten? Und wer sich seiner Ehe nicht ganz sicher ist, wird auch den Gedanken an die zusätzlichen Belastungen bei einer Scheidung nicht ausschließen. Er hat sogar recht. Denn die Kinder sind die Hauptleidtragenden der Scheidung. Viele Kinder, die zum »Jahr des Kindes« aufgefordert wurden, Wünsche zu äußern, haben geschrieben: »Ich wünsche mir, daß Vater und Mutter zusammenbleiben; ich wünsche mir, daß meine Eltern sich nicht scheiden lassen!« Besonders für das Vorschulkind bedeutet es eine unvorstellbare Grausamkeit, daß die Eltern, wenn es beide liebt, auseinandergehen, noch mehr, wenn es auch von seinen Geschwistern getrennt wird. Davon ist im Denken und Reden über die Scheidung und in der Scheidungsgesetzgebung wenig die Rede. Wenn aber Eheleute von Anfang an mit diesem Risiko rechnen und deswegen keine oder nur ein Kind wollen, ist von Anfang an die Liebe fragwürdig.

Denn Kinder gehören zum inneren Sinn der ehelichen Liebe. Sie sind, wie das Konzil sagt, ihre »Krönung« (Pastoralkonstitution n. 48). Sie verändern die Situation der Ehe. Kinder entbinden Fähigkeiten und Kräfte, die Mann und Frau vorher nicht kannten: das Vatersein und das Muttersein. Sie binden sie enger aneinander und lehren sie, die Welt mit anderen Augen zu sehen. Kinder helfen den Eltern, über sich hinauszuwachsen. Sie engen die Freiheit nicht ein, sie befreien sie aus egoistischer Engführung. Kinder bringen Mühe und Sorgen. Wer weiß das besser als Sie, liebe Väter und Mütter! Aber Kinder sind nicht nur Last. Sie machen die Ehe nicht ärmer, sie machen sie reicher. Sie erweitern den Blick. Sie bringen einen unerschöpflichen Gesprächsstoff und eine stets neue Erfahrung der Weite der Liebe in die Ehe und Familie.

Dem Glaubenden begegnet im Kind die Liebe Gottes. Gott kam als Kind in unsere Welt, als Kind, das ganz auf die Liebe der Menschen angewiesen war, denen es anvertraut wurde. Dieses Kind hat sich als Erwachsener das Herz eines Kindes bewahrt. Jesus hat die Arglosigkeit und Offenheit eines Kindes zur Voraussetzung für das Eingehen in das Reich Gottes gemacht (vgl. Lk 18,16 f.).

In jedem Kind klopft Gott an die Tür: nicht als Spielverderber, nicht als Konkurrent der Freiheit, sondern als der Liebende, der unserem Leben Sinn und Erfüllung gibt. In jedem Kind wartet Gott auf die Antwort unserer Liebe. Wenn Kinder nur störend empfunden werden, wenn wir für Tiere und für eine Menge Dinge Platz haben, aber nicht für Kinder, wenn sie mit allen Mitteln verhindert oder sogar getötet werden, bevor sie zur Welt kommen, obwohl Platz genug für sie da wäre, dann ist zuinnerst etwas faul in den Menschen, die so handeln. Dann fehlt es ihnen an fundamentaler Menschlichkeit. Und eine Gesellschaft, die aus Gründen »sozialer« Notlage die Tötung der Ungeborenen zuläßt, widerspricht sich selbst. Zwei Drittel von den über 70000 legalen Abtreibungen des Jahres 1978 wurden nach der Reform des § 218 in unserem Lande auf Grund sozialer Indikation vorgenommen. Welch ein unbegreiflicher Widerspruch, sich im »Jahr des Kindes« für die Rechte der Kinder einzusetzen und das Lebensrecht ungeborener Kinder zu mißachten! Welch eine Perversion, soziale Notlagen durch Tötung Unschuldiger beheben zu wollen!

Und wie kann man sich – mit vollem Recht – über die Tötung von Millionen Unschuldiger in der NS-Zeit erregen und zugleich die Tötung von Hunderttausenden Ungeborener als rechtens ansehen!
In jedem Kind klopft Gott an: Gott, der uns zu größter Freiheit befreien will. Es geht hier, wie Kardinal Ratzinger einmal gesagt hat, um etwas sehr Tiefes, nämlich darum, wie wir unser Menschsein verstehen: als einen Egoismus, der sich von allen Seiten bedroht sieht, oder als eine vertrauende Freiheit, die die Freiheit eines Kindes annehmen kann, weil sie sich letztlich von Gott getragen und zur Freiheit der Liebe miteinander berufen weiß.
Jedes Kind ist ein Verweis auf die Zukunft, ein lebendiges Zeichen der Hoffnung. Das Ja zum Kind ist ein Ja zur Zukunft, ein Zeichen der Hoffnung, daß Gott uns Zukunft schenkt. Gewiß bringt jedes Kind ein Mehr an Sorgen und Lasten. Gewiß darf nicht unbesehen dem Kinderreichtum das Wort geredet werden. Gewiß muß die Zahl der Kinder von den Eltern verantwortet werden. Niemand kann ihnen die Entscheidung darüber abnehmen. Gewiß gibt es eine unerläßliche Beschränkung. Aber es gibt auch das grundsätzliche Ja zum Kind. Mir scheint, daß nach so vielen Jahren des Redens über Geburtenkontrolle und Empfängnisverhütung auch dieser Akzent wieder mehr Beachtung verdient: der Mut zu Kindern, zu einer verantworteten Zahl von Kindern. Kann nicht die Verweigerung auch ein Ausdruck lebensfeindlicher Angst, einer egoistischen Verhaftung an das Jetzt, an den Besitz, an den Genuß sein? Das eine ist sicher: eine aus egoistischen Gründen kinderarme Welt ist eine an Hoffnung arme, eine an Freuden arme Welt.
Ich weiß, daß mit diesen allgemeinen Aussagen die Probleme des Alltages mit Kindern nicht gelöst sind. Ich bin aber überzeugt, daß in der Rückbesinnung auf den Platz und die Bedeutung des Kindes in der Familie, wie der Glaube sie uns sehen läßt, der Mut zu Kindern und die Kraft zur Bewältigung der Schwierigkeiten wachsen können. Alle sollten dazu beitragen, den Mut zu Kindern zu fördern: nicht nur Gesellschaft und Staat durch Abbau der Nachteile für die Mehrkindfamilien, durch eine kinderfreundlichere Umwelt, durch ein neues Image der Mehrkindfamilie; nicht nur die Kirche durch mehr Sorge und Hilfe für diese Familien, in denen sie lebt und sich entfaltet; nicht nur die Priester und Ordensleute, die ihre Existenz ja auch den Familien verdanken: den Familien, aus denen sie stammen, und den Familien, deren Kinder auch für sie den späteren Lebensunterhalt sichern. Sie sind den Familien zu Dank verpflichtet. Dieser Dank an

die Eltern sei an dieser Stelle einmal aufrichtig und von Herzen ausgesprochen.
Aber nicht nur die Institutionen, wir alle müssen umdenken zum Mut für die Zukunft. Wir müssen frei werden von der Haltung einer bloßen Bedürfnisbefriedigung, von der Ideologie des wirtschaftlichen und Wohlstandswachstums um jeden Preis, von der Besessenheit, noch mehr haben, noch mehr erleben zu müssen, von einem bloßen Rechts- und Anspruchsdenken, von der fixen Idee, immer erst oder nur zu fordern statt zu geben und um anderer willen zurückzustehen. Wir müssen den Mut haben, nach den Maßstäben Gottes zu fragen, nach den Maßstäben der Liebe, wie er sie versteht und in Jesus Christus uns vorgelebt hat.
Dann wird es auch den Eltern leichter, Mut und Freude in ihrer Familie zu haben. Dann werden sie eher den Mut zur Erziehung haben, den Mut zu klaren Ordnungen und Grundsätzen, den Mut zur Festigkeit, den Mut zum Anderssein gegenüber dem Zeitgeist, den Mut zu geduldigen Gesprächen, den Mut zum Aushalten, den Mut zum Glauben, den Mut zu einer Liebe zu ihren Kindern, die in allem ganz für sie da ist. Dann wird es ihnen leichter fallen, ihren Kindern das zu schenken, worauf sie am meisten Anspruch haben, das wichtigste Recht, das ihnen – nicht nur im »Jahr des Kindes« – zusteht: eine gute Familie.
Mut zur Familie! Mut zur Bindung, Mut zur Treue, Mut zum Kind! Je mehr und je tiefer wir bedenken, was Familie für uns Christen ist, um so mehr Beweggründe, um so mehr Kraft, um so mehr Hoffnung, um so mehr Freude werden wir darin finden.

Fürbitten

Laßt uns beten zu Gott, unserem Vater, für die Eheleute und Eltern in unserer Pfarrgemeinde:

– daß sie zu dem Wort stehen, daß sie einander gegeben haben, und in Schwierigkeiten und Konflikten sich an der Treue Gottes aufrichten . . .

– daß sie in ihren Kindern ein Geschenk Gottes und den Erweis seines Vertrauens sehen . . .

– daß sie durch das Beispiel ihrer Liebe und Treue, ihrer Zuversicht und Freude ihren heranwachsenden Kindern zum rechten Verständnis der Liebe verhelfen . . .

– daß sie sich nicht beirren lassen durch das Unverständnis und die Unfreundlichkeit mancher Mitmenschen, sondern Freude an ihrer Familie zeigen . . .

– daß sie durch ein Leben aus dem Glauben für ihre Familie und für die Menschen ihrer Umwelt Mut zur Zukunft gewinnen . . .

Herr, unser Gott, du bist allzeit treu in deiner Liebe. Laß deine Treue in unseren Ehen und Familien lebendig sein, durch Jesus Christus, deinen Sohn, der uns deine Liebe kundgetan hat. Amen.

Literaturverzeichnis

(Die Zahlen verweisen auf die Seiten, auf denen der jeweilige Titel zitiert wird.)

Adenauer, P.
(Hrsg.), Ehe und Familie. Ein pastorales Werkbuch. Mainz 1972. — (22)

Arbeitspapier
der Sachkommission IV der Gemeinsamen Synode der Bistümer in der Bundesrepublik Deutschland: Sinn und Gestaltung menschlicher Sexualität. Sekretariat der Synode, Bonn 1973. — (133, 134, 135, 136, 137)

Becher, P.
Die Situation von Ehe und Familie in Gesellschaft, Politik und Recht. Analyse, Beurteilung und Folgerungen für die kirchliche Arbeit. In: informationen & materialdienst, hrsg. vom Referat Ehe und Familie der Hauptabteilung Seelsorge im Erzbistum Köln, Juli—August 1977, S. 3—12. — (20, 193)

Bleistein, R.
Ehefähigkeit und Ehebereitschaft junger Menschen. In: Lebendige Seelsorge 28 (1977) 175—183. — (70)

Böckle, F.
Ethos der Liebe. In: Böckle, F./Köhne, J., Geschlechtliche Beziehungen vor der Ehe. Die Lage bei der studentischen Jugend. Mainz 1968, 3. A., 7—37. — (135, 136)

Bsteh, I.
Angebot Sexualität. Erlebtes und Beobachtetes. Ein Vergleich mit Positionen der Massenmedien und der Bildungsarbeit. München 1978. — (138)

Dietrich, A. u. L.
Zur Spiritualität der Ehe. In: Platz, V. (Hrsg.), Ehe- und Familienpastoral. Konkrete Aufgaben und spirituelle Grundlegung. Kevelaer 1977, 43—66. — (27, 104, 105)

Dirks, M.
Ehe und Familie als Präsenz der Kirche in unserer Welt. In: Adenauer (s. o.) 86—94. — (174)

Döring, G. K.
Empfängnisverhütung. Ein Leitfaden für Ärzte und Studenten. Stuttgart 1967, 3. A. — (145)

Eglauer, V.
Arbeitsmappe Ehe + Familie. Hrsg. vom Internationalen Kolpingwerk, Köln 1970. — (22, 173)

Erklärung
der Bischöflichen Kommission VI (Gesellschaftliche — soziale — caritative Fragen). In: Pressedienst des Sekretariats der Deutschen Bischofskonferenz, Bonn 8. 5. 1979. — (170, 171, 175)

fermemt
5/6 (1978). Zeitschrift des Pallottiner-Verlags, Gossau (Schweiz). — (138)

Giese, H./Schmidt, G.
Studentensexualität. Verhalten und Einstellung. Eine Umfrage an 12 westdeutschen Universitäten. Reinbek 1968. — (21)

Greinacher, N.
Die Familie in der Gemeinde. In: Böckle/Greinacher/Betz, Ehe in der Diskussion. Was hat die Kirche zur Ehe zu sagen? Freiburg 1969, 91—103. Auch in: Handbuch der Pastoraltheologie, Bd. IV, Freiburg 1969, 85—94. — (12)

Gründel, J.
Die Zukunft der christlichen Ehe. Erwartungen — Konflikte — Orientierungshilfen. München 1978. — (58, 65, 105, 193)

Häring, B.
Neue Dimensionen verantworteter Elternschaft. In: Theologie der Gegenwart 19 (1976) 1—12. — (145)
Vgl. auch *Häring, B.*, Krise um »Humanae vitae«. Bergen-Enkheim 1968

Handbuch der Pastoraltheologie.
Praktische Theologie der Kirche in ihrer Gegenwart. Bd. IV. Hrsg. von Arnold, F. X., u. a., Freiburg 1969. — (23)

Handreichungen
für den pastoralen Dienst: Ehe und Familie. Hrsg. von Adenauer, P., u. a., Mainz 1973. — (23)

Hilgers, Th. W.
Menschliche Fortpflanzung. Drei Fragen für den Moraltheologen. In: Theologie der Gegenwart 21 (1978) 140—151. — (145)

Hörmann, K./Jäger, A./Meyer, H. B.
Brautgespräch und Trauung. Innsbruck—Wien—München 1975. — (22)

Humanae vitae,
Enzyklika Papst Pauls VI. über die rechte Ordnung der Weitergabe menschlichen Lebens. Von den deutschen Bischöfen approbierte Übersetzung. Trier 1968, 2. A. — (142, 164)

Kasper, W.
Zur Theologie der christlichen Ehe. Mainz 1977. — (23, 63, 65)

Kirchenkonstitution:
Dogmatische Konstitution des Zweiten Vaticanums über die Kirche. In: Rahner, K./Vorgrimler, H. (Hrsg.), Kleines Konzilskompendium. Freiburg 1966, 2. A. — (66)

Köcher, R.
Sind Ehe und Familie noch zeitgemäß? Eine Allensbacher Untersuchung zu Ehe und Familie in Deutschland. In: Lebendige Seelsorge 30 (1979) 87—91. — (17, 88)

Köhne, J.
Ehe und Familie 1978. In: Pastoralblatt für die Diözesen Aachen, Berlin, Essen, Köln, Osnabrück 30 (1978) 324—334. — (16, 19, 20)

Lange, J.
Ehe- und Familienpastoral heute. Situationsanalyse — Impulse — Konzepte. Wien—Freiburg—Basel 1977. — (14, 22, 23, 24, 26, 76, 77, 141, 144, 145, 172)

Lange, J./Liss, B.
Zielgruppe Familie. Materialien für Familiengruppen und kirchliche Familienarbeit. Wien—Freiburg—Basel 1977. — (22, 67, 174)

Lebendige Seelsorge 30 (1979):
Die christliche Familie. — (174)

Lehmann, K.
Zur Sakramentalität der Ehe. In: Ehe und Ehescheidung. Diskussion unter Christen. Hrsg. von Henrich, F. und Eid, V. München 1972, 57—72. — (149)

Liss, B.
Thema Ehe — Familie. Wien—Freiburg—Basel 1974. — (22, 173)

neue gespräche
Handreichungen für Familiengruppen und Gesprächskreise. Hrsg. von der Arbeitsgemeinschaft für katholische Familienbildung, Bonn. — (23)

Neysters, P.
Erfahrungen mit Liebe und Partnerschaft. Gespräche mit jungen Paaren. Würzburg 1977. — (22, 33, 76, 174)

Pastoralkonstitution
des Zweiten Vaticanums über die Kirche in der Welt von heute. In: Rahner/Vorgrimler (s. o.). — (33, 65, 82, 140, 141, 159, 162, 164, 174, 197)

Platz, V.
(Hrsg.), Ehe- und Familienpastoral. Konkrete Aufgaben und spirituelle Grundlegung. Kevelaer 1977. — (22)

Pompey, H.
Glaubenshaltungen und Glaubenspraxis kirchlich orientierter Jugendlicher in bezug auf die religiöse Situation des Elternhauses. In: Lebendiges Zeugnis 34 (1979) H. 1. S. 61—82. — (15, 21, 24, 68, 70, 71, 106, 107)

Pross, H.
Die Ehe ist stabiler als ihr Ruf. Notizen zur gegenwärtigen Situation. In: Evangelische Kommentare 4 (1971) 501—504. — (21)

Rahmenordnung
für die Priesterbildung. Verabschiedet von der Deutschen Bischofskonferenz 1978. Hrsg. vom Sekretariat der Deutschen Bischofskonferenz, Bonn 1978. — (23)

Ratzinger, J.
Zur Frage nach der Unauflöslichkeit der Ehe. Bemerkung zum dogmengeschichtlichen Befund und zu seiner gegenwärtigen Bedeutung. In: Ehe und Ehescheidung (s. o.) 35—56. — (141)

Rötzer, J.
Menschenbild, Sexualität und Ehe. Grundriß einer evolutiven Anthropologie. — Bergen-Enkheim 1969. — (145)

Scheel, W.
Weihnachtsansprache 1978. In: information & materialdienst (s. o.) Januar—Februar 1979, 14—16. — (58)

Schmidt, G./Sigusch, V.
Arbeiter-Sexualität. Eine empirische Untersuchung an jungen Industriearbeitern. Neuwied-Berlin 1971. — (21)

Schmitt, K.-H.
Familie als Träger der Glaubensverkündigung. In: signum 50 (1978) 69—73. — (74, 106)

Strätling, B.
Von der Kameradschaft zur Liebe. Ein offenes Wort an junge Männer. Donauwörth 1972. — (138)

Synode:
Christlich gelebte Ehe und Familie. Ein Beschluß der Gemeinsamen Synode der Bistümer in der Bundesrepublik Deutschland. Synodenbeschlüsse Nr. 11. Hrsg. vom Sekretariat der Dt. Bischofskonferenz, Bonn 1975. — (27, 31, 32, 41, 55, 62, 64, 90, 106, 123, 133, 134, 136, 137, 138, 139, 140, 141, 143, 144, 146, 148, 149, 150, 151, 161, 162, 165, 169, 172, 173, 176)

Tilmann, K.
Um die Arbeitsmethoden in unserer Seelsorge. Würzburg 1955. — (14)

Tröndle, D. R.
Familie und Gemeinde. Familienarbeit im Pfarrgemeinderat. Regensburg 1973. — (22, 174)

Vascovics, L. A.
Einfluß der Familie auf die religiöse Praxis der Kinder. Dargestellt auf Grund religionssoziologischer Untersuchungen. In: Lebendige Seelsorge 17 (1966) 54—63. — (68)

Wort der deutschen Bischöfe
zur seelsorglichen Lage nach dem Erscheinen der Enzyklika »Humanae vitae«. In: Humanae vitae (s. o.) 63—71. — (142, 145, 165)

Zulehner, P. M.
Heirat — Geburt — Tod. Eine Pastoral zu den Lebenswenden. Wien—Freiburg—Basel. 1976. —(29, 66)

Zulehner, P. M./Baumgartner, I./Mühlek, K.
Ehe bauen. Arbeitshilfen für die Ehevorbereitung. Limburg 1978. — (22, 33, 174).

Zweiter Familienbericht:
Bericht der Bundesregierung über die Lage der Familie in der Bundesrepublik Deutschland. Bonn 1975. — (19)
NB. Der inzwischen vorliegende *Dritte Familienbericht* (Bonn 1979) kommt zu erheblich realistischeren Feststellungen und familiengerechteren Forderungen.

Ehe bauen

Arbeitshilfen für die Ehevorbereitung.

Von Paul Zulehner, Isidor Baumgartner und Karl Mühlek.
197 Seiten, Paperback, DM 19,80. OFFENE GEMEINDE, Bd. 30

». . . Das Buch enthält eine Fülle erprobten Materials aus verschiedenen Diözesen für die Durchführung von teilnehmerzentrierten Intensivkursen. Allein schon diese Zusammenstellung rechtfertigt seine Herausgabe. Wer für die Weiterentwicklung einer pastoralen Strategie der Ehevorbereitung in irgendeinem Bereich der Kirche verantwortlich ist, sollte das Buch als Pflichtlektüre in die Hand bekommen. . . Das Buch ist auch eine Herausforderung für die Pastoral an der Basis, Brautleute für die anspruchsvolleren Veranstaltungen zu motivieren, die dann in vermehrter Zahl angeboten werden könnten.«
Theologisch-praktische Quartalschrift, Linz, Heft 1/79.

Gemeinde lebt von Kontakten

Leitlinien und Aufgabengebiete einer christlichen Gemeinde.

Von Josef Scharrer und Felix Schlösser.
170 Seiten, Paperback, DM 19,80. OFFENE GEMEINDE, Bd. 32

Dieses Buch will zum Konzept einer missionarischen Gemeinde beitragen, das Gemeinden aufbauen hilft, in denen die Menschen zueinander und zu Christus hinfinden können. Es wendet sich an Menschen, die glauben und ihre Überzeugung anderen Menschen weitergeben.
»Es ist ein offensives Buch, das die beiden Autoren geschrieben haben. Es wird jene beunruhigen, die Gemeinde nur als Lebensraum für Gottesdienstbesucher verstehen. Pfarrgemeinderäte, die ihre Arbeit darüber hinausrichten, erhalten viele Anregungen und Hilfen, die aus der Praxis resultieren.«
Forum für Pfarrgemeinderäte, Bonn.
